JN092687

興味の尽きることのない漢字学習

漢字文化圏の人々だけではなく、
世界中に日本語研究をしている人が数多くいます。
漢字かなまじり文は、独特の形を持ちながら
伝統ある日本文化を支え、
伝達と文化発展の基礎となってきました。
その根幹は漢字。
一字一字を調べていくと、
その奥深さに心打たれ、興味がわいてきます。
漢字は、生涯かけての
勉強の相手となるのではないでしょうか。

「漢検」級別 主な出題内容

10級 …対象漢字数 80字
漢字の読み／漢字の書取／筆順・画数

9級 …対象漢字数 240字
漢字の読み／漢字の書取／筆順・画数

8級 …対象漢字数 440字
漢字の読み／漢字の書取／部首・部首名／筆順・画数／送り仮名／対義語／同じ漢字の読み

7級 …対象漢字数 642字
漢字の読み／漢字の書取／部首・部首名／筆順・画数／送り仮名／対義語／同音異字／三字熟語

6級 …対象漢字数 835字
漢字の読み／漢字の書取／部首・部首名／筆順・画数／送り仮名／対義語・類義語／同音・同訓異字／三字熟語／熟語の構成

5級 …対象漢字数 1026字
漢字の読み／漢字の書取／部首・部首名／筆順・画数／送り仮名／対義語・類義語／同音・同訓異字／誤字訂正／四字熟語／熟語の構成

4級 …対象漢字数 1339字
漢字の読み／漢字の書取／部首・部首名／送り仮名／対義語・類義語／同音・同訓異字／誤字訂正／四字熟語／熟語の構成

3級 …対象漢字数 1623字
漢字の読み／漢字の書取／部首・部首名／送り仮名／対義語・類義語／同音・同訓異字／誤字訂正／四字熟語／熟語の構成

準2級 …対象漢字数 1951字
漢字の読み／漢字の書取／部首・部首名／送り仮名／対義語・類義語／同音・同訓異字／誤字訂正／四字熟語／熟語の構成

2級 …対象漢字数 2136字
漢字の読み／漢字の書取／部首・部首名／送り仮名／対義語・類義語／同音・同訓異字／誤字訂正／四字熟語／熟語の構成

準1級 …対象漢字数 約3000字
漢字の読み／漢字の書取／故事・諺／対義語・類義語／同音・同訓異字／誤字訂正／四字熟語

1級 …対象漢字数 約6000字
漢字の読み／漢字の書取／故事・諺／対義語・類義語／同音・同訓異字／誤字訂正／四字熟語

※ここに示したのは出題分野の一例です。毎回すべての分野から出題されるとは限りません。また、このほかの分野から出題されることもあります。

日本漢字能力検定採点基準 最終改定：平成25年4月1日

❶採点の対象
筆画を正しく、明確に書かれた字を採点の対象とし、くずした字や、乱雑に書かれた字は採点の対象外とする。

❷字種・字体
①2～10級の解答は、内閣告示「常用漢字表」（平成二十二年）による。ただし、旧字体での解答は正答とは認めない。
②1級および準1級の解答は、『漢検要覧 1／準1級対応』（公益財団法人日本漢字能力検定協会発行）に示す「標準字体」「許容字体」「旧字体一覧表」による。

❸読み
①2～10級の解答は、内閣告示「常用漢字表」（平成二十二年）による。
②1級および準1級の解答には、①の規定は適用しない。

❹仮名遣い
仮名遣いは、内閣告示「現代仮名遣い」による。

❺送り仮名
送り仮名は、内閣告示「送り仮名の付け方」による。

❻部首
部首は、『漢検要覧 2～10級対応』（公益財団法人日本漢字能力検定協会発行）収録の「部首一覧表と部首別の常用漢字」による。

❼筆順
筆順の原則は、文部省編『筆順指導の手びき』（昭和三十三年）による。常用漢字一字一字の筆順は、『漢検要覧 2～10級対応』収録の「常用漢字の筆順一覧」による。

❽合格基準

級	満点	合格
1級／準1級／2級	二〇〇点	八〇％程度
準2級／3級／4級／5級／6級／7級	二〇〇点	七〇％程度
8級／9級／10級	一五〇点	八〇％程度

※部首、筆順は『漢検 漢字学習ステップ』など公益財団法人日本漢字能力検定協会発行図書でも参照できます。

日本漢字能力検定審査基準

10級

程度 小学校第1学年の学習漢字を理解し、文や文章の中で使える。

領域・内容

《読むことと書くこと》 小学校学年別漢字配当表の第1学年の学習漢字を読み、書くことができる。

《筆順》 点画の長短、接し方や交わり方、筆順および総画数を理解している。

9級

程度 小学校第2学年までの学習漢字を理解し、文や文章の中で使える。

領域・内容

《読むことと書くこと》 小学校学年別漢字配当表の第2学年までの学習漢字を読み、書くことができる。

《筆順》 点画の長短、接し方や交わり方、筆順および総画数を理解している。

8級

程度 小学校第3学年までの学習漢字を理解し、文や文章の中で使える。

領域・内容

《読むことと書くこと》 小学校学年別漢字配当表の第3学年までの学習漢字を読み、書くことができる。

- 音読みと訓読みとを理解していること
- 送り仮名に注意して正しく書けること（食べる、楽しい、後ろ　など）
- 対義語の大体を理解していること（勝つ―負ける、重い―軽い　など）
- 同音異字を理解していること（反対、体育、期待、太陽　など）

《筆順》 筆順、総画数を正しく理解している。

《部首》 主な部首を理解している。

7級

程度 小学校第4学年までの学習漢字を理解し、文章の中で正しく使える。

領域・内容

《読むことと書くこと》 小学校学年別漢字配当表の第4学年までの学習漢字を読み、書くことができる。

- 音読みと訓読みとを正しく理解していること
- 送り仮名に注意して正しく書けること（等しい、短い、流れる　など）
- 熟語の構成を知っていること
- 対義語の大体を理解していること（入学―卒業、成功―失敗　など）
- 同音異字を理解していること（健康、高校、公共、外交　など）

《筆順》 筆順、総画数を正しく理解している。

《部首》 部首を理解している。

6級

程度　小学校第5学年までの学習漢字を理解し、文章の中で漢字が果たしている役割を知り、正しく使える。

領域・内容

《読むことと書くこと》　小学校学年別漢字配当表の第5学年までの学習漢字を読み、書くことができる。

- 音読みと訓読みとを正しく理解していること
- 送り仮名や仮名遣いに注意して正しく書けること（求める、失うなど）
- 熟語の構成を知っていること（上下、絵画、大木、読書、不明　など）
- 対義語、類義語の大体を理解していること（禁止―許可、平等―均等など）
- 同音・同訓異字を正しく理解していること

《筆順》　筆順、総画数を正しく理解している。

《部首》　部首を理解している。

5級

程度　小学校第6学年までの学習漢字を理解し、文章の中で漢字が果たしている役割に対する知識を身に付け、漢字を文章の中で適切に使える。

領域・内容

《読むことと書くこと》　小学校学年別漢字配当表の第6学年までの学習漢字を読み、書くことができる。

- 音読みと訓読みとを正しく理解していること
- 送り仮名や仮名遣いに注意して正しく書けること
- 熟語の構成を知っていること
- 対義語、類義語を正しく理解していること
- 同音・同訓異字を正しく理解していること

《四字熟語》　四字熟語を正しく理解している（有名無実、郷土芸能　など）。

《筆順》　筆順、総画数を正しく理解している。

《部首》　部首を理解し、識別できる。

4級

程度　常用漢字のうち約1300字を理解し、文章の中で適切に使える。

領域・内容

《読むことと書くこと》　小学校学年別漢字配当表のすべての漢字と、その他の常用漢字約300字の読み書きを習得し、文章の中で適切に使える。

- 音読みと訓読みとを正しく理解していること
- 送り仮名や仮名遣いに注意して正しく書けること
- 熟語の構成を正しく理解していること
- 熟字訓、当て字を理解していること（小豆／あずき、土産／みやげなど）
- 対義語、類義語、同音・同訓異字を正しく理解していること

《四字熟語》　四字熟語を理解している。

《部首》　部首を識別し、漢字の構成と意味を理解している。

3級

程度　常用漢字のうち約1600字を理解し、文章の中で適切に使える。

領域・内容

《読むことと書くこと》　小学校学年別漢字配当表のすべての漢字と、その他の常用漢字約600字の読み書きを習得し、文章の中で適切に使える。

- 音読みと訓読みとを正しく理解していること
- 送り仮名や仮名遣いに注意して正しく書けること
- 熟語の構成を正しく理解していること
- 熟字訓、当て字を理解していること（乙女／おとめ、風邪／かぜ　など）
- 対義語、類義語、同音・同訓異字を正しく理解していること

《四字熟語》　四字熟語を理解している。

《部首》　部首を識別し、漢字の構成と意味を理解している。

※常用漢字とは、平成22年（2010年）11月30日付内閣告示による「常用漢字表」に示された2136字をいう。

準2級

程度　常用漢字のうち1951字を理解し、文章の中で適切に使える。

領域・内容

《読むことと書くこと》　1951字の漢字の読み書きを習得し、文章の中で適切に使える。

- 音読みと訓読みとを正しく理解していること
- 送り仮名や仮名遣いに注意して正しく書けること
- 熟語の構成を正しく理解していること
- 熟字訓、当て字を理解していること（硫黄／いおう、相撲／すもう　など）
- 対義語、類義語、同音・同訓異字を正しく理解していること

《四字熟語》　典拠のある四字熟語を理解している（驚天動地、孤立無援　など）。

《部首》　部首を識別し、漢字の構成と意味を理解している。

※1951字とは、昭和56年（1981年）10月1日付内閣告示による旧「常用漢字表」の1945字から「勺」「錘」「銑」「脹」「匁」の5字を除いたものに、現行の「常用漢字表」のうち、「茨」「媛」「岡」「熊」「埼」「鹿」「栃」「奈」「梨」「阪」「阜」の11字を加えたものを指す。

2級

程度　すべての常用漢字を理解し、文章の中で適切に使える。

領域・内容

《読むことと書くこと》　すべての常用漢字の読み書きに習熟し、文章の中で適切に使える。

- 音読みと訓読みとを正しく理解していること
- 送り仮名や仮名遣いに注意して正しく書けること
- 熟語の構成を正しく理解していること
- 熟字訓、当て字を理解していること（海女／あま、玄人／くろうと　など）
- 対義語、類義語、同音・同訓異字などを正しく理解していること

《四字熟語》　典拠のある四字熟語を理解している（鶏口牛後、呉越同舟　など）。

《部首》　部首を識別し、漢字の構成と意味を理解している。

準1級

程度　常用漢字を含めて、約3000字の漢字の音・訓を理解し、文章の中で適切に使える。

領域・内容

《読むことと書くこと》　常用漢字の音・訓を含めて、約3000字の漢字の読み書きに慣れ、文章の中で適切に使える。

- 熟字訓、当て字を理解していること
- 対義語、類義語、同音・同訓異字などを理解していること
- 国字を理解していること（峠、凧、畠　など）
- 複数の漢字表記について理解していること（國―国、交叉―交差　など）

《四字熟語・故事・諺》　典拠のある四字熟語、故事成語・諺を正しく理解している。

《古典的文章》　古典的文章の中での漢字・漢語を理解している。

※約3000字の漢字は、JIS第一水準を目安とする。

1級

程度　常用漢字を含めて、約6000字の漢字の音・訓を理解し、文章の中で適切に使える。

領域・内容

《読むことと書くこと》　常用漢字の音・訓を含めて、約6000字の漢字の読み書きに慣れ、文章の中で適切に使える。

- 熟字訓、当て字を理解していること
- 対義語、類義語、同音・同訓異字などを理解していること
- 国字を理解していること（怺える、毟る　など）
- 地名・国名などの漢字表記（当て字の一種）を知っていること
- 複数の漢字表記について理解していること（鹽―塩、颱風―台風　など）

《四字熟語・故事・諺》　典拠のある四字熟語、故事成語・諺を正しく理解している。

《古典的文章》　古典的文章の中での漢字・漢語を理解している。

※約6000字の漢字は、JIS第一・第二水準を目安とする。

※常用漢字とは、平成22年（2010年）11月30日付内閣告示による「常用漢字表」に示された2136字をいう。

個人受検の申し込みについて　申し込みから合否の通知まで

1　受検級を決める

受検資格　制限はありません

実施級　1、準1、2、準2、3、4、5、6、7、8、9、10級

検定会場　全国主要都市約170か所に設置
（実施地区は検定の回ごとに決定）

2　検定に申し込む

● **インターネットで申し込む**

ホームページ https://www.kanken.or.jp/ から申し込む
（クレジットカード決済、コンビニ決済、楽天ペイが可能です）。

下記の二次元コードから日本漢字能力検定協会ホームページへ簡単にアクセスできます。

● **コンビニエンスストアで申し込む**

・ローソン「Loppi」
・セブン-イレブン「マルチコピー」
・ファミリーマート「マルチコピー」
・ミニストップ「MINISTOP Loppi」

検定料は各店舗のレジカウンターで支払う。

※申込方法など、変更になることがございます。
最新の情報はホームページをご確認ください。

注 意

①家族・友人と同じ会場での受検を希望する方は、検定料のお支払い完了後、申込締切日の3営業日後までに協会（お問い合わせフォーム）までお知らせください。

②障がいがあるなど、身体的・精神的な理由により、受検上の配慮を希望される方は、申込締切日までに協会（お問い合わせフォーム）までご相談ください（申込締切日以降のお申し出には対応できかねます）。

③検定料を支払われた後は、受検級・受検地を含む内容変更および取り消し・返金は、いかなる場合もできません。また、次回以降の振り替え、団体受検や漢検CBTへの変更もできません。

3　受検票が届く

● 受検票は検定日の約1週間前にお届けします。4日前になっても届かない場合、協会までお問い合わせください。

お問い合わせ窓口

電話番号　フリーコール **0120-509-315**（無料）
（海外からはご利用いただけません。
ホームページよりメールでお問い合わせください。）

お問い合わせ時間　月～金　9時00分～17時00分
（祝日・お盆・年末年始を除く）
※検定日とその前日の土、日は開設
※検定日は9時00分～18時00分

メールフォーム　https://www.kanken.or.jp/kanken/contact/

4 検定日当日

検定時間

2級	：10時00分～11時00分（60分間）
準2級	：11時50分～12時50分（60分間）
8・9・10級	：11時50分～12時30分（40分間）
1・3・5・7級	：13時40分～14時40分（60分間）
準1・4・6級	：15時30分～16時30分（60分間）

持ち物　受検票、鉛筆（HB、B、2Bの鉛筆またはシャープペンシル）、消しゴム

※ボールペン、万年筆などの使用は認められません。ルーペ持ち込み可。

注意

①会場への車での来場（送迎を含む）は、周辺の迷惑になりますのでご遠慮ください。

②検定開始時刻の15分前を目安に受検教室までお越しください。答案用紙の記入方法などを説明します。

③携帯電話やゲーム、電子辞書などは、電源を切り、かばんにしまってから入場してください。

④検定中は受検票を机の上に置いてください。

⑤答案用紙には、あらかじめ名前や生年月日などが印字されています。

⑥検定日の約5日後に漢検ホームページにて標準解答を公開します。

5 合否の通知

検定日の約40日後に、受検者全員に「検定結果通知」を郵送します。合格者には「合格証書」・「合格証明書」を同封します。欠席者には検定問題と標準解答をお送りします。受検票は検定結果が届くまで大切に保管してください。

注目

進学・就職に有利！ 合格者全員に合格証明書発行

大学・短大の推薦入試の提出書類に、また就職の際の履歴書に添付してあなたの漢字能力をアピールしてください。合格者全員に、合格証書と共に合格証明書を2枚、無償でお届けいたします。

合格証明書が追加で必要な場合は有償で再発行できます。

次の❶～❹を同封して、協会までお送りください。約1週間後、お手元にお届けします。

❶合格証明書再発行申請書（漢検ホームページよりダウンロード可能）もしくは氏名・住所・電話番号・生年月日、および受検年月日・受検級を明記したもの

❷本人確認資料（学生証、運転免許証、健康保険証など）のコピー

❸住所・氏名を表に明記し切手を貼った返信用封筒

❹証明書1枚につき発行手数料として500円の定額小為替

団体受検の申し込み

学校や企業などで志願者が一定以上まとまると、団体申込ができ、自分の学校や企業内で受検できる制度もあります。団体申込を扱っているかどうかは先生や人事関係の担当者に確認してください。

「漢検」受検の際の注意点

【字の書き方】

問題の答えは楷書で大きくはっきり書きなさい。乱雑な字や続け字、また、行書体や草書体のようにくずした字は採点の対象とはしません。

特に漢字の書き取り問題では、答えの文字は教科書体をもとにして、はねるところ、とめるところなどもはっきり書きましょう。また、画数に注意して、一画一画を正しく、明確に書きなさい。

《例》

○熱　×[illegible]

○言　×[illegible]

○糸　×[illegible]

【字種・字体について】

(1)日本漢字能力検定2～10級においては、「常用漢字表」に示された字種で書きなさい。つまり、表外漢字（常用漢字表にない漢字）を用いると、正答とは認められません。

《例》

○交差点　×交叉点　（「叉」が表外漢字）

○寂しい　×淋しい　（「淋」が表外漢字）

(2)日本漢字能力検定2～10級においては、「常用漢字表」に示された字体で書きなさい。なお、「常用漢字表」に参考として示されている康熙字典体など、旧字体と呼ばれているものを用いると、正答とは認められません。

《例》

○真　×眞

○渉　×涉

○飲　×飮

○迫　×迫

○弱　×弱

(3)一部例外として、平成22年告示「常用漢字表」で追加された字種で、許容字体として認められているものや、その筆写文字と印刷文字との差が習慣の相違に基づくとみなせるものは正答と認めます。

《例》

餌 ➡ 餌　と書いても可

遜 ➡ 遜　と書いても可

葛 ➡ 葛　と書いても可

溺 ➡ 溺　と書いても可

箸 ➡ 箸　と書いても可

注意

(3)において、どの漢字が当てはまるかなど、一字一字については、当協会発行図書（2級対応のもの）掲載の漢字表で確認してください。

漢検

漢検 分野別問題集

改訂三版

4級

漢検 公益財団法人 日本漢字能力検定協会

もくじ

本書の特長と使い方

本書は、「日本漢字能力検定」の4級合格を目指した問題集です。読み、部首、熟語の理解、対義語・類義語、四字熟語、送りがな、同音・同訓異字、書き取りの分野で構成しており、学習をスムーズに進められるように工夫されています。また練習問題は、「ウォーミングアップ」→「練習1」→「練習2」と基礎的なものから順にレベルアップしていきますので、無理なく学習に取り組むことができます。

まずは、要点整理 漢検おもしろゼミ

各分野の問題に取り組む前に、ぜひ知っておいてほしい基礎知識を解説しています。

❶漢字のまめ知識なども取りあげていますので、読書感覚で読むことができます。

❷わかりにくい項目などは、表やイラストで解説しています。

❷ 練習前の肩ならし ウォーミングアップ

基礎力をチェックしましょう。

❶**チェック欄**

できなかった問題、間違えた問題、自信のない問題はここにチェックして、復習に役立てましょう。

❷**ミニコラム（ONE Point）**

問題を解く上でのテクニック・注意点・ポイントなどを述べています。

❸ いろいろな練習問題に挑戦(ちょうせん) 練習1・練習2

練習1→練習2と学習を進めることで、検定に必要な漢字能力を正しく確実に身につけましょう。

❶実施日記入欄

❷解答の手助けとなる「ヒント」や「意味」を掲載しているので、漢字の成り立ちや意味などをきちんと理解した上で、問題を解くことができます。

❸間違えやすい問題や難易度の高い問題にはアイコンをつけています。アイコンのついた問題を解くことができれば、自信を持ってよいでしょう。

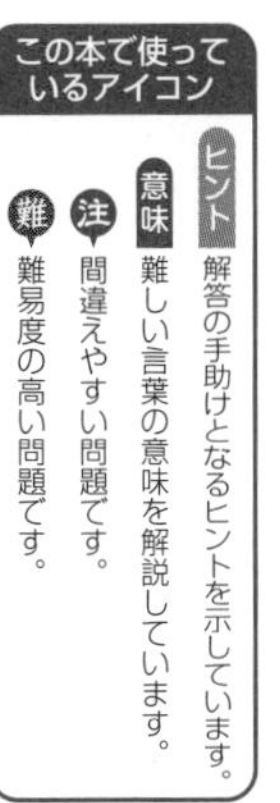

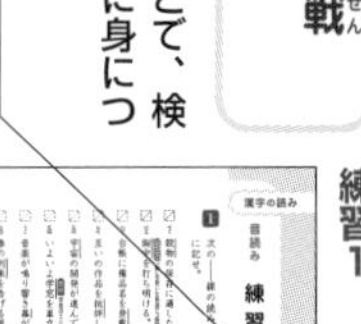

練習1

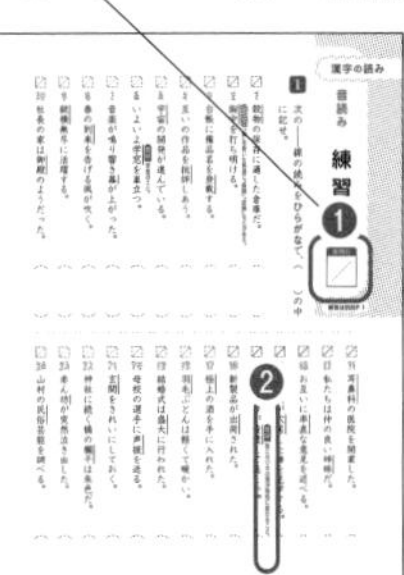

練習2

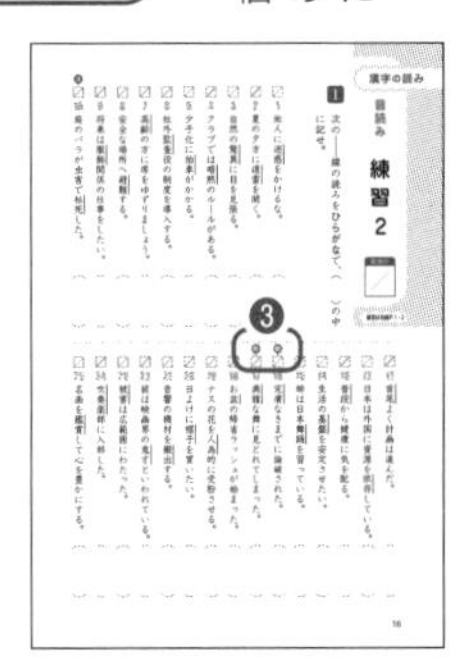

❹ バッチリ力をつけよう　実力完成問題

全分野の練習を終えたら、審査基準に則した出題形式の実力完成問題にチャレンジしましょう。自己採点して、苦手分野は再度復習しましょう。

❺ 検定直前ポイント整理　巻末資料

配当漢字の一覧や四字熟語など、確認しておきたい資料や、各種漢字表をまとめました。日々の学習や検定直前の見直しに活用しましょう。

漢字の音と訓

「音・訓」の違いの正しい理解を！

「紅一点」は「くれない」の花？

タイトルの「紅一点」は、「こういってん」と読みます。この言葉は中国の北宋時代の王安石の詩の中の一句、「万緑叢中紅一点」から出た言葉といわれています。「一面の緑の中に、ただ一つ咲いているくれないの花」をたたえた句で、多くの男性の中にいる、ただ一人の女性のたとえとして用いられています。

ところで、「くれない」とは真っ赤な色のことですが、漢字ではどう書くのでしょうか。「くれない」は、漢字で「紅」と書きます。

つまり、「紅」は「コウ」とも読み、「くれない」とも読むのです。このとき、「コウ」と読む読み方を音読み、「くれない」と読む読み方を訓読みといいます。「常用漢字表」では、「紅」の音読みに「コウ・ク」、訓読みに「べに・くれない」が挙げられています。

なお、熟語では音読み・訓読みの違いによって意味が変わってくることもあります。例えば、同じ「気骨」でも、「気骨のある人」は「キコツ」（強い意志）、「気骨が折れる」は「キぼね」（気苦労）のように、「音・訓」の違いによって、意味や読み方が異なることがあるので、注意して読むこと

■漢字の「音」
日本に伝来した当時の中国での発音をまねた読み方。

■漢字の「訓」
漢字そのものが持つ意味と、和語（漢字が伝わる以前から使っていた日本の言葉）を結びつけた読み方。

■呉音・漢音・唐音

頭痛	呉音…奈良時代以前の五～六世紀。中国における南北朝時代。長江（揚子江）下流一帯（呉の地方）から伝えられた南方系の音。
頭部	漢音…奈良時代～平安時代の七～八世紀。隋・唐の時代。遣唐使や留学僧・留学生などによって伝えられた北方系の音。
饅頭	唐音…鎌倉時代～江戸時代。宋・元・明・清の時代。禅宗の僧や貿易商人などによって伝えられた音。

が大切です。

また、なかには「生」のように、音読みが二つに対して訓読みが十通りもある漢字もあるので（8ページ参照）、注意深く意味をくみ取るようにしましょう。そのほか、音読みだけの漢字（例えば「僧」）や、訓読みだけの漢字（例えば「峠」）などもあります。

では、その音読み、訓読みについて見ていくことにしましょう。

漢字の「音読み」は大別して三つ

「音読み」は、中国での発音をまねた読み方です。

中国でも漢字の読み方は、時代や地域によって異なります。日本に伝来した時代や、どの地域から伝わったかによって、同じ漢字でも異なる読みがもたらされることになりました。その読みは大きく三つ、**呉音**（ごおん）・**漢音**（かんおん）・**唐音**（とうおん）に分けられます。例えば「下」という漢字では、「ゲ」が呉音、「カ」が漢音です。

また、これらのほかに、日本で生じた**慣用音**というものもあります。

ちなみに、辞書などでは音と訓と区別するために、音はカタカナ、訓はひらがなを用いることが多く、「常用漢字表」の表記もこれに従っています。

［呉音］…仏教用語を中心に日常語にも残る

日本では奈良時代以前の五～六世紀に、中国の長江（ちょうこう）（揚子江（ようすこう））下流一帯（呉の地方）から伝えられた、中国南方系の音は、呉音といわれています。当時の中国は南北朝時代で、特に南朝は仏教が盛んでした。そのため、今日でも呉音は仏教用語に多く見られます。日常語では「正直・天然・人間」などが残されています（「天」は漢音でも「テン」）。

仏教用語に残る「呉音」の例

開眼（かいげん）…新しく作った仏像や仏画に目を描いて、仏の魂（たましい）を迎え入れること。

経文（きょうもん）…仏教の経典やその文章。お経。

解脱（げだつ）…迷いや悩みから解放されて、悟（さと）りの境地に達すること。

権化（ごんげ）…仏や菩薩（ぼさつ）が、人々を救うためにこの世に現れること。

金堂（こんどう）…寺院の中心をなす建物で、本尊を安置する堂。本堂。

建立（こんりゅう）…寺院や堂塔などを建てること。

修行（しゅぎょう）…悟りを開くために、仏の教えを実践（じっせん）すること。

殺生（せっしょう）…生き物を殺すこと。また、むごいこと。ひどく残酷（ざんこく）なこと。

日常語に見られる「呉音」と「漢音」

漢字	呉音	漢音
会	会釈（えしゃく）	会社（かいしゃ）
音	音楽（おんがく）	福音（ふくいん）
万	巨万（きょまん）	万全（ばんぜん）
口	口調（くちょう）	口頭（こうとう）
下	下校（げこう）	下流（かりゅう）
気	気配（けはい）	気力（きりょく）
家	家来（けらい）	家庭（かてい）

漢字	呉音	漢音
白	黒白（こくびゃく）	紅白（こうはく）
自	自分（じぶん）	自然（しぜん）
正	正体（しょうたい）	正確（せいかく）
日	初日（しょにち）	休日（きゅうじつ）
男	長男（ちょうなん）	男子（だんし）
名	本名（ほんみょう）	名人（めいじん）
文	文句（もんく）	文章（ぶんしょう）

【漢音】…現在では最も多い漢字音

七～八世紀の隋から唐の時代にかけて、日本の遣唐使や留学生、また、来日した中国人らによって伝えられた、北方系の音をいいます。漢音は、日本で平安時代に漢字の標準音として学者たちの間で重用され、呉音よりも広く一般的に使われるようになりました。

漢音の語は「自然・人権・人生」などをはじめ、たくさんあります。現在、私たちが使う音のうち、漢音が最も多い読みといわれています。

【唐音】…道具の名前などに残る程度

唐音とは、必ずしも唐代だけの音という意味ではなく、唐以後の宋・元・明・清などの音を便宜的にまとめて呼ぶ言い方で、「唐宋音」ということもあります。

鎌倉時代は留学僧や貿易商人によって、江戸時代は来日した禅宗の僧や中国の通事（通訳。商務官を兼ねることも）らによって伝えられたとされています。内容に特に共通点はなく、極めて雑多なものとなっています。日常語における使用範囲も狭く、今日では一部の道具の名前などに残されている程度に過ぎません。「行火・扇子・明朝」などが唐音にあたります。
（「火」「扇」は呉音、「朝」は漢音）

三種類の音読みを持つ字もある

呉音	漢音	唐音
修行（しゅぎょう）	行動（こうどう）	行脚（あんぎゃ）

■道具などの名に多い「唐音」

行火（あんか）　行灯（あんどん）　杏子（あんず）　銀杏（ぎんなん）
和尚（おしょう）　布団（ふとん）　提灯（ちょうちん）　風鈴（ふうりん）
花瓶（かびん）　椅子（いす）　暖簾（のれん）

■呉音・漢音・唐音の読み分け

漢字	呉音	漢音	唐音
脚	脚気（かっけ）	脚本（きゃくほん）	脚立（きゃたつ）
行	行列（ぎょうれつ）	行動（こうどう）	行宮（あんぐう）
経	経文（きょうもん）	経書（けいしょ）	看経（かんきん）
外	外科（げか）	外国（がいこく）	外郎（ういろう）
京	東京（とうきょう）	京師（けいし）	南京（なんきん）
明	明年（みょうねん）	明月（めいげつ）	明朝（みんちょう）

■主な慣用音

愛想（あいそ）　音頭（おんど）　合戦（かっせん）　宮司（ぐうじ）
激流（げきりゅう）　攻撃（こうげき）　格子（こうし）　早急（さっきゅう）
磁石（じしゃく）　信仰（しんこう）　正副（せいふく）　接続（せつぞく）
反物（たんもの）　茶会（ちゃかい）　弟子（でし）　独立（どくりつ）
出納（すいとう）　納得（なっとく）　納戸（なんど）　女房（にょうぼう）
法度（はっと）　拍子（ひょうし）　母音（ぼいん）　輸入（ゆにゅう）

［慣用音］…日本で言い慣らされた漢字音

呉音・漢音・唐音のいずれでもなく、日本で広く使われて一般化した読みを「慣用音」といいます。

例えば「茶」の漢音・唐音は「サ」で、「茶飯事（さはんじ）」などで使用しますが、「茶の湯」「番茶」などの「茶」は「チャ」と読みます。この「チャ」は「サ」が変化した慣用音で、訓読みのようですが音読みです。

訓読みは漢字の翻訳（ほんやく）

漢字が日本に伝えられたとき、漢字は音読みしかありませんでした。しかし、漢字が表す内容と同じ意味の日本語の言葉（和語）がすでに多く存在していました。そこで、音読みしかなかった漢字に、字そのものが持つ意味を結びつけた読み方が開発されました。

このように、漢字が持つ意味に近い日本語を当てはめたものとして誕生したのが、訓読みです。つまり訓読みは漢字に同じ意味の日本語の言葉を当てはめた読み方ということになります。

「山」は伝来当時「サン」と読んでいたけれど…

多くの訓を持つ漢字

	音	訓
上	ジョウ・ショウ	うえ・うわ・かみ・あ-げる・あ-がる のぼ-る・のぼ-せる・のぼ-す
下	カ・ゲ	した・しも・もと・さ-げる・さ-がる くだ-る・くだ-す・くだ-さる お-ろす・お-りる

送りがなのつく「語幹が3音節以上の4級配当漢字」

※高は高校で学習する読み

扱（あつか-う）
汚（きたな-い）
鑑（かんが-みる）高
戯（たわむ-れる）高
驚（おどろ-く・おどろ-かす）
傾（かたむ-く・かたむ-ける）
彩（いろど-る）高
瞬（またた-く）高
占（うらな-う）
蓄（たくわ-える）
滴（したた-る）高
被（こうむ-る）
傍（かたわ-ら）高
鋭（するど-い）
戒（いまし-める）
輝（かがや-く）
伺（うかが-う）
慎（つつし-む）
訴（うった-える）
珍（めずら-しい）
闘（たたか-う）
忙（いそが-しい）
麗（うるわ-しい）高

訓読みは、漢字一字に対して多くの読みが存在する場合があります。例えば「生」は、「常用漢字表」で音が二つであるのに対して、訓は十通りも記載されています。

生	
音	セイ・ショウ
訓	い-きる・い-かす・い-ける・う-まれる・う-む・お-う・は-える・は-やす・き・なま

なお、「快(こころよ-い)」のように音節数の多いものや、「勤める・務める・努める」のような同訓異字も、学習の際は注意が必要です。

音読みだけ、訓読みだけの字もある

「慣用音」の説明で挙げた、「茶」という漢字の音読みと訓読みを調べてみましょう。

「常用漢字表」では、「茶」には訓読みがありません。これは、「茶」という漢字が日本に伝来したとき、日本には茶そのものがなかったためなのです。そこで、「茶」の読みは音読みの「サ(チャ)」がそのまま日本語として使用されることになりました。

このように、漢字には音読みと訓読みの両方があるとは限りません。そのほか、初めは訓読みがあったけれどしだいに使われなくなり、現在は「常用漢字表」で訓読みの記載がない漢字もあります。逆に「常用漢字表」で、訓読みだけで音読みが認められていない例もあります。

また、漢字には日本で作られた「国字」もあります。これは、基本的に訓読みのみの漢字ばかりですが、「働」のように音読み(ドウ)と訓読み(はたら-く)の両方を持つ国字もあります。

■「常用漢字表／付表」熟字訓・当て字 (中学校で学習するもの)

※▲は3級以上の配当漢字

あずき—小豆
いおう—硫▲黄
いくじ—意気地
いなか—田舎
うなばら—海原
うば—乳母
うわつく—浮つく
えがお—笑顔
おじ—叔▲父・伯▲父
おとめ—乙▲女
おば—叔▲母・伯▲母
おまわりさん—お巡りさん
かじ—鍛▲冶▲
かぜ—風邪▲
かたず—固唾▲
かな—仮名
かわせ—為替
ここち—心地
さおとめ—早乙▲女
さしつかえる—差し支える
さつき—五月
さなえ—早苗▲
さみだれ—五月雨
しぐれ—時雨
しっぽ—尻▲尾
しない—竹刀
しにせ—老舗
しばふ—芝生
しゃみせん—三味線
じゃり—砂利
しらが—白髪
すもう—相撲▲
ぞうり—草履▲
たち—太刀
たちのく—立ち退く
たび—足袋▲
つゆ—梅雨
でこぼこ—凸▲凹▲
なごり—名残
なだれ—雪崩
はたち—二十・二十歳
はとば—波止場
ひより—日和
ふぶき—吹雪
みやげ—土産
むすこ—息子
もみじ—紅葉
もめん—木綿
もより—最寄り
やまと—大和
やよい—弥▲生
ゆくえ—行方
わこうど—若人

特別な読み方をする漢字

ゆく秋の大和の国の薬師寺の塔の上なる一ひらの雲

歌人・佐佐木信綱（ささきのぶつな）のよく知られた短歌です。ここで歌われている「大和」は「やまと」と読みますが、一字ずつ分けたときの読みは、どうなるのでしょうか。「大（やま）和（と）」でしょうか。それとも、「大（や）和（まと）」でしょうか。

実は、これは「大和（やまと）」でひとまとまりの分解できない読みなのです。このように、漢字一字ずつに読みが分解できない特別な読み方を「**熟字訓**（じゅくじくん）」といい、「大和（やまと）」のほかにも、「明日（あす）」「五月雨（さみだれ）」「眼鏡（めがね）」「若人（わこうど）」など、多数あります。

また、「父」の読み方を調べてみましょう。「常用漢字表」の「父」の読みには「父さん」の「とう」が記載されていません。「母さん」「お巡りさん」も同様で、これらも特別な読みとして「常用漢字表」の「付表」に記載されています。

なお、「常用漢字表」で認められている音訓には、特別なものや用法のごく狭いものがあります。例えば「天」の「あま」（天の川）や「石」の「シャク」（磁石）・「コク」（千石船）、「読」の「トウ」（句読点）など。

これらの特別な読みも、正しく読めるようにしておきましょう。

「常用漢字表」中の特別な音訓と用語例（中学校で学習するもの）

※赤字は3級以上の配当漢字

漢字	音訓	用語例
遺	ユイ	遺言（ゆいごん）
唄	うた	小唄（こうた）・長唄（ながうた）
仮	ケ	仮病（けびょう）
夏	ゲ	夏至（げし）
牙	ゲ	象牙（ぞうげ）
街	カイ	街道（かいどう）
胸	むな	胸板（むないた）・胸騒ぎ（むなさわぎ）
境	ケイ	境内（けいだい）
仰	コウ	信仰（しんこう）
嫌	ゲン	機嫌（きげん）
献	コン	献立（こんだて）・一献（いっこん）
紅	ク	真紅（しんく）・深紅（しんく）
黄	こ	黄金（こがね）
歳	セイ	歳暮（せいぼ）
財	サイ	財布（さいふ）
児	ニ	小児科（しょうにか）
手	た	手綱（たづな）・手繰る（たぐる）
舟	ふな	舟遊び（ふなあそび）・舟歌（ふなうた）
修	シュ	修行（しゅぎょう）
出	スイ	出納（すいとう）
旬	シュン	旬（しゅん）の野菜
緒	チョ	情緒（じょうちょ）
除	ジ	掃除（そうじ）
神	かん	神主（かんぬし）
仁	ニ	仁王（におう）
井	ショウ	天井（てんじょう）
声	こわ	声色（こわいろ）
星	ショウ	明星（みょうじょう）
精	ショウ	精進（しょうじん）・不精（ぶしょう）
静	ジョウ	静脈（じょうみゃく）
石	コク	石高（こくだか）・千石船（せんごくぶね）
昔	シャク	今昔（こんじゃく）
切	サイ	一切（いっさい）
早	サッ	早速（さっそく）・早急（さっきゅう）
曽	ゾ	未曽有（みぞう）
贈	ソウ	寄贈（きそう）
爪	つま	爪先（つまさき）・爪弾く（つまびく）
弟	デ	弟子（でし）
度	タク	支度（したく）
稲	いな	稲作（いなさく）・稲穂（いなほ）
丼	どん	牛丼（ぎゅうどん）・天丼（てんどん）
内	ダイ	内裏（だいり）・参内（さんだい）
納	ナッ	納得（なっとく）・納豆（なっとう）
納	トウ	出納（すいとう）
拍	ヒョウ	拍子（ひょうし）
反	タン	反物（たんもの）
彼	かの	彼女（かのじょ）
眉	ミ	眉間（みけん）
苗	なわ	苗代（なわしろ）
夫	フウ	夫婦（ふうふ）・工夫（くふう）
奉	ブ	奉行（ぶぎょう）
坊	ボッ	坊（ぼっ）ちゃん
暴	バク	暴露（ばくろ）
目	ボク	面目（めんぼく）
露	ロウ	披露（ひろう）

音読み ウォーミングアップ

実施日 ／

解答は別冊P.1

1 次の**音**を持つ漢字を後の□の中から選び、（　）にその漢字を**すべて**記せ。

1 ドウ（　　）
2 ド（　　）
3 シン（　　）
4 キ（　　）
5 シュン（　　）

輝 旬 努 狩 針 網 薪 導
軒 策 奴 襲 貴 春 胴 舟

2 次の**漢字**の**音**をカタカナで記せ。また、同じ音を持つ**漢字**を後の□の中から選び、「　」にその**漢字**を**すべて**記せ。

1 肪（　　）「　　」
2 翼（　　）「　　」
3 浮（　　）「　　」
4 塔（　　）「　　」
5 紹（　　）「　　」

糖 象 欲 負 耐 父 討
帽 翌 亡 贈 称 暴 富

3

次の――線の読みをひらがなで、（　）の中に記せ。

経

1 経験を積む。（　）

2 僧がお経を読む。（　）

性

3 役者の個性を生かす。（　）

4 彼は気性が激しい。（　）

有

5 有利な条件がそろう。（　）

6 合格に有頂天になる。（　）

望

7 娘の希望をかなえる。（　）

8 本望をとげる。（　）

御

9 朝御飯を食べる。（　）

10 攻撃は最大の防御だ。（　）

罰

11 罰が当たる。（　）

12 罰を受ける。（　）

柔

13 柔道を習う。（　）

14 柔和な表情だ。（　）

拠

15 建物が占拠される。（　）

16 証拠を集める。（　）

執

17 執念を燃やす。（　）

18 手術は院長が執刀した。（　）

ONE Point

音としての読み方が多いもの（常用漢字表内）

●コウ 67字 ●ショウ 66字 ●シ 50字

●カン 46字 ●トウ 41字 ●キ・ソウ 39字

●セイ 35字 ●カ・ケイ・ケン 32字

漢字の読み

音読み 練習 1

実施日 ／

解答は別冊P.1

1 次の――線の読みをひらがなで、（　）の中に記せ。

1 穀物の保存に適した倉庫だ。（　）
2 胸中を打ち明ける。（　）
ヒント 「胸」を用いた熟語に「胸囲」「度胸」などがある。
3 台帳に備品名を登載する。（　）
4 互いの作品を批評しあう。（　）
5 宇宙の開発が進んでいる。（　）
6 いよいよ学窓を巣立つ。（　）
意味 学校のこと。
7 音楽が鳴り響き幕が上がった。（　）
8 春の到来を告げる風が吹く。（　）
9 縦横無尽に活躍する。（　）
10 社長の家は御殿のようだった。（　）

11 耳鼻科の医院を開業した。（　）
12 私たちは仲の良い姉妹だ。（　）
13 お互いに率直な意見を述べる。（　）
14 古代人が穴居した跡を見学する。（　）
15 イチョウが黄葉して美しい。（　）
意味 秋になり木の葉が黄色に変わること。
16 新製品が出荷された。（　）
17 極上の酒を手に入れた。（　）
18 羽毛ぶとんは軽くて暖かい。（　）
19 結婚式は盛大に行われた。（　）
20 母校の選手に声援を送る。（　）
21 玄関をきれいにしておく。（　）
22 神社に続く橋の欄干は朱色だ。（　）
23 赤ん坊が突然泣き出した。（　）
24 山村の民俗芸能を調べる。（　）

25 間違った箇所を直す。

26 被害者が犯人を告訴する。

27 大雨のため川は濁流となった。

28 駅前に巨大なビルが建った。

29 災害で経済的な打撃を受けた。

30 友人は三か国語を駆使する。
意味 思い通りに使いこなすこと。

31 恋愛小説を読む。

32 人工衛星が大気圏に入った。

33 この湖では毎年白鳥が越冬する。

34 社会の恥部をあばいた記事だ。
意味 人に知られたり、見られたりするとはじとなる部分のこと。

35 祖父は僧職にあった。

36 話が誇張されて広まる。

37 隣人とあいさつをかわす。

38 新郎新婦が式場に入場した。

39 病人の介抱をする。
意味 病人やけが人の世話をすること。

40 白昼の事件に現場は騒然となった。

41 夏祭りで太鼓をたたく。

42 恐怖のあまり声が出ない。

43 毎年恒例の月見の会が楽しみだ。

44 鋭意努力いたします。
意味 一生懸命(けんめい)。そのことだけにつとめること。

45 丹精こめて野菜を育てる。
意味 心をこめて物事を行うこと。

46 チームは劣勢に立たされた。

ONE Point

熟語の読みの原則 その①

「発言(はつげん)」「作文(さくぶん)」のように、上の字を音読みすれば、下の字も音読みするのが原則です。

音読み 練習 1

実施日 ／

解答は別冊P.1

2 次の――線の読みをひらがなで、（　）の中に記せ。

1 至急、連絡をとる。（　）
2 県外へ遠征試合に出かける。（　）
3 前日の疲労が残っている。（　）
4 明日はクラス対抗の球技大会だ。（　）
5 身に受けた汚名をそそぐ。（　）
6 食後のデザートに白桃が出された。（　）
7 海岸沿いに砂丘が広がる。（　）
8 受賞作家として脚光を浴びる。（　）
意味「脚光を浴びる」＝世間から注目される。
9 全身に闘志がみなぎっている。（　）
10 高価な香水をいただいた。（　）

11 大学では教育学を専攻している。（　）
12 事件は衆人環視の中で起こった。（　）
意味「衆人環視」＝多くの人が取り囲んで見ていること。
13 護送中の犯人が逃亡した。（　）
14 洗った衣類を乾燥機にかける。（　）
15 必要事項を記入する。（　）
16 父は行儀作法にうるさい。（　）
17 芸の道に精進する。（　）
意味 一つのことに集中して努力すること。
18 山道は濃霧に包まれていた。（　）
19 異彩を放つ絵画に足を止める。（　）
20 鉛筆を一ダース買う。（　）
21 寝る時は扇風機を切る。（　）
22 大会の日程が変更された。（　）
23 豪快な笑い声が聞こえた。（　）
24 製菓の専門学校に進学する。（　）

25 紫外線から皮膚を守る。（　　）

26 強国に隷従して生きのびる。（　　）
意味 部下・家来となって仕え従うこと。

27 兄は薬剤師になった。（　　）

28 政界に隠然たる力を持つ。（　　）
意味 かげて実質的な力をにぎっているさま。

29 臨時国会が召集された。（　　）

30 漫然と毎日を過ごしてはいけない。（　　）
意味 目的がなくぼんやりしている様子。

31 この建物は耐久性に優れている。（　　）

32 縁起もののだるまを飾る。（　　）
ヒント 「起」を「キ」と読まないように。

33 グラウンドで円陣を組む。（　　）

34 参加者は真剣な表情で訓練した。（　　）

35 期日までに原稿を書きあげる。（　　）

36 内需の拡大をねらった企画（きかく）だ。（　　）
意味 国内の需要。

37 幼いころの記憶はあいまいだ。（　　）

38 町の産業を振興させる。（　　）

---

39 ついに雌雄を決する時が来た。（　　）
意味 「雌雄を決する」＝勝敗を決める。

40 悲しみをこらえ気丈に振る舞う。（　　）

41 豪雨のためダムが決壊した。（　　）

42 新入部員を歓迎する。（　　）

43 「人人」のような言葉を畳語という。（　　）

44 油脂を多く含む食物を避ける。（　　）

45 爆音とともに飛行機が飛び立った。（　　）

46 社会的な規範を身につける。（　　）

ONE Point

意符（いふ）と音符（おんぷ）って？

形声文字（意味と音それぞれを表す字を組み合わせて新たにできた漢字）で、意味を表す部分を「意符」、発音を表す部分を「音符」といいます。

音読み 練習2

解答は別冊P.1・2

1 次の――線の読みをひらがなで、（　）の中に記せ。

1 他人に迷惑をかけるな。（　）
2 夏の夕方に遠雷を聞く。（　）
3 自然の驚異に目を見張る。（　）
4 クラブでは暗黙のルールがある。（　）
5 少子化に拍車がかかる。（　）
6 社外監査役の制度を導入する。（　）
7 高齢の方に席をゆずりましょう。（　）
8 安全な場所へ避難する。（　）
9 将来は服飾関係の仕事をしたい。（　）
注 10 庭のバラが虫害で枯死した。（　）

11 首尾よく計画は進んだ。（　）
12 日本は外国に資源を依存している。（　）
13 普段から健康に気を配る。（　）
14 生活の基盤を安定させたい。（　）
15 姉は日本舞踊を習っている。（　）
難 16 完膚なきまでに論破された。（　）
難 17 典雅な舞に見とれてしまった。（　）
18 お盆の帰省ラッシュが始まった。（　）
19 ナスの花を人為的に受粉させる。（　）
20 日よけに帽子を買いたい。（　）
21 音響の機材を搬出する。（　）
22 彼は映画界の鬼才といわれている。（　）
23 被害は広範囲にわたった。（　）
24 吹奏楽部に入部した。（　）
25 名画を鑑賞して心を豊かにする。（　）

26 金魚やコイは淡水魚だ。
27 物音に敏感に反応する。
28 インフルエンザが猛威を振るう。
29 販路の拡大を目指す。
30 注 新車の購入（こうにゅう）を即決した。
31 難 会社の再建に腐心する。
32 論文は痛烈な批判を浴びた。
33 けが人は奇跡的に救出された。
34 幼児が童謡を口ずさんでいる。
35 心の陰影をたくみに演じ分ける。
36 微妙な色彩の変化が美しい絵だ。
37 機械を使って音を増幅させた。
38 海外進出の是非を考える。
39 進退に関しては言及を避けた。
40 不屈の精神を持つ選手だ。

41 明日は六時に起床する予定だ。
42 部活動で後輩の指導にあたる。
43 遠浅の海を干拓地にする。
44 難 富士山の偉容に感動する。
45 伝統の技術を継承する。
46 学校内に同姓同名の人がいる。
47 見事な技に感嘆の声があがった。
48 光沢のある布のかばんを買う。
49 三人で知恵を出し合う。
50 生年月日を西暦で記入する。

ONE Point

漢字の音読みをとらえるには漢字の音符（おんぷ）に注目！

次の漢字の音は？

①稿　②釈　③疲

①こう　②しゃく　③ひ

音読み 練習2

実施日

解答は別冊P.2

2 次の――線の読みをひらがなで、（　）の中に記せ。

難 1 天賦の才を生かして成功する。（　）
2 腕白な弟に手を焼く。（　）
3 趣味は映画鑑賞だ。（　）
難 4 慢心が失敗を招いた。（　）
5 端整な顔立ちをした人形だ。（　）
6 健康維持のために運動をする。（　）
7 あまりにも唐突な質問に困った。（　）
8 俳句に自分で朱を入れる。（　）
9 両者の力の差は比較にならない。（　）
10 議員が辞職を勧告された。（　）

11 容器にカレーの色が沈着した。（　）
12 長い歳月が彼を変えた。（　）
13 この像は自由の象徴だそうだ。（　）
14 提案はあえなく却下された。（　）
15 粒子の細かい歯みがき粉を使う。（　）
16 善意の行動として解釈する。（　）
17 新作の戯曲を発表する。（　）
18 将来は獣医になりたい。（　）
19 論文の要旨をまとめる。（　）
20 生徒会長は秀才といわれる。（　）
21 北極点は北緯九十度にあたる。（　）
22 路傍に咲く花に力強さを感じた。（　）
23 山の斜面を果樹園にする。（　）
24 天候不順で凶作が続く。（　）
25 問題の解決に苦慮する。（　）

26 志望校に合格して狂喜乱舞する。

27 理不尽な要求に激怒した。

28 道に迷って途方に暮れた。

29 自宅から駅までの距離を測る。

30 (難) 電話の応対に忙殺される。

31 戦争での悲惨な体験を語る。

32 祝儀袋（しゅうぎぶくろ）に「壱万円」と記す。

33 思わぬ苦杯をなめてしまった。

34 あまりの恐怖に絶叫する。

35 自動車の盗難が相次いだ。

36 その説明は矛盾だらけだ。

37 後輩の無鉄砲な行動を制止する。

38 電車の運行状況を確認する。

39 故障した投手は今も療養中だ。

40 (難) この雑誌は旬刊です。

41 金弐千円を領収いたしました。

42 友人に婚約者を紹介する。

43 店舗を駅前に移転する。

44 一瞬の表情をカメラに収める。

45 政治家の一言が波紋を広げた。

46 不況で工場が閉鎖された。

47 平凡な毎日を送っている。

48 (難) 法律に抵触するおそれがある。

49 美辞麗句では本心は伝わらない。

50 諸般の事情で中止になった。

ONE Point

複数の音を持つ漢字もある！

次の場合、ⓐⓑどちらで読む？

・この仕事は性に合わない。　ⓐせい　ⓑしょう

(q)

訓読み ウォーミングアップ

実施日　／

解答は別冊P.3

1 次の漢字の**訓読み**を**ひらがな**で、（　　）の中に記せ。

1 桜（　　）
2 梅（　　）
3 剣（　　）
4 倉（　　）
5 幹（　　）
6 縦（　　）
7 卵（　　）
8 綿（　　）
9 潮（　　）
10 蚕（　　）

2 次の漢字の**訓読み**を**ひらがな**で、（　　）の中に記せ。

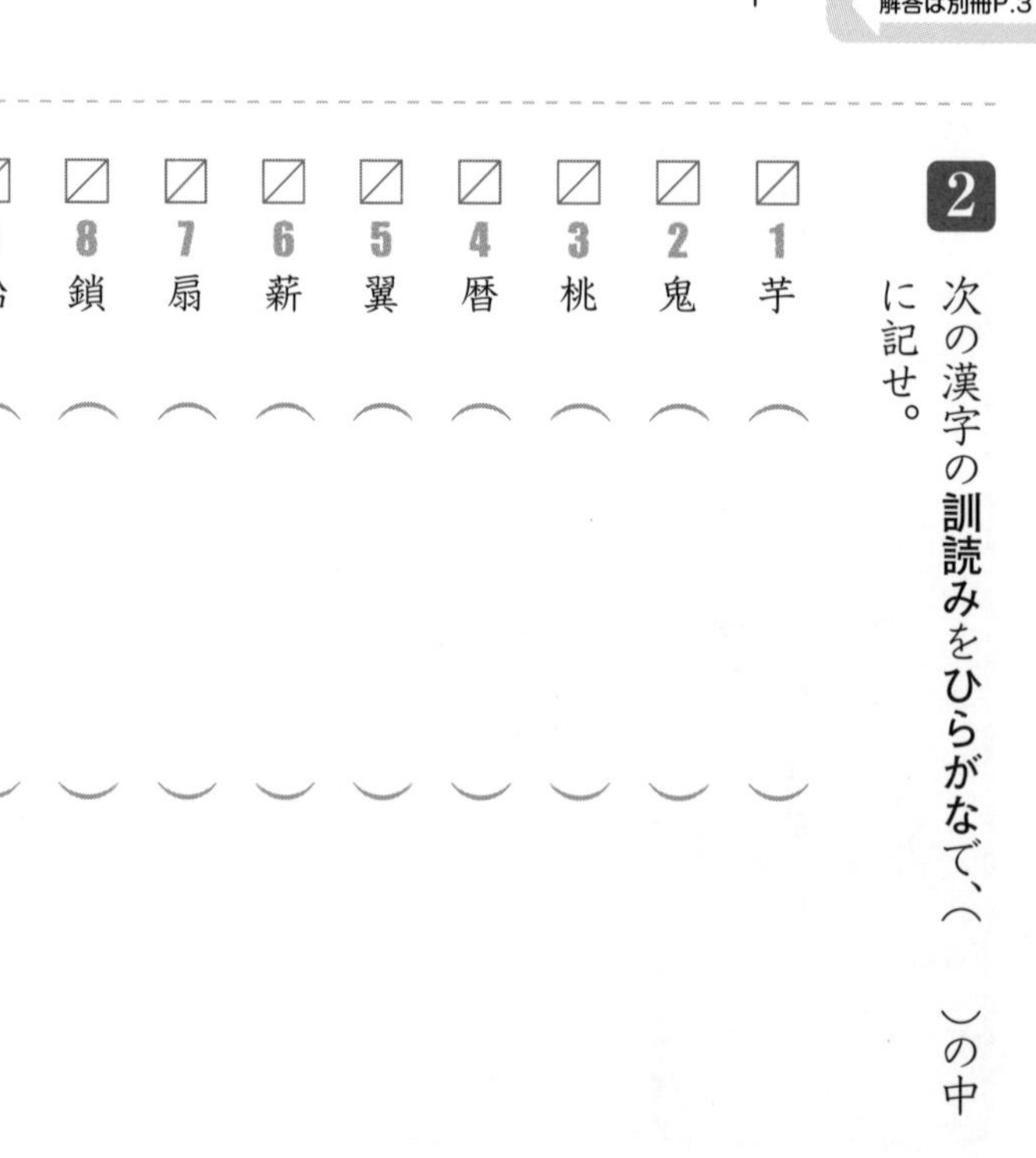

1 芋（　　）
2 鬼（　　）
3 桃（　　）
4 暦（　　）
5 翼（　　）
6 薪（　　）
7 扇（　　）
8 鎖（　　）
9 鉛（　　）
10 趣（　　）
11 紫（　　）
12 雷（　　）

3 次の――線の読みをひらがなで、（　）の中に記せ。

1 いとも軽やかに飛び越えた。（　）（　）
2 夕食前に軽い食事をとる。（　）
3 割に合わない仕事を引き受けた。（　）
4 高価な皿を割ってしまった。（　）
5 風の薫（かお）りに春の訪れを感じた。（　）
6 友人の新居を訪ねる。（　）
7 ドアを静かに閉める。（　）
8 容疑者は口を閉ざしている。（　）
9 ランナーは後ろを見た。（　）
10 先頭集団から後れる。（　）
11 体に変調を来した。（　）
12 待ちに待った合格通知が来た。（　）

13 完成を危ぶむ声が多い。（　）
14 危ない橋は渡らない。（　）
15 体育館の床をモップでふく。（　）
16 床の間に花を生ける。（　）
17 言い逃れはできまい。（　）
18 現実から逃げてはいけない。（　）
19 壁の汚れが目立つ。（　）
20 汚い部屋を片付ける。（　）
21 家の前の道は狭い。（　）
22 力の差が狭まってきた。（　）

ONE Point

次の読み方は音読み？　訓読み？

①駅―えき
②供―とも
③場―ば

①音読み　②訓読み　③訓読み

訓読み 練習 1

実施日 ／

解答は別冊P.3

1 次の――線の読みを**ひらがな**で、（　）の中に記せ。

1 線路に沿って道が続いている。（　）
2 セーターが縮んでしまった。（　）
3 山の頂に到着した。（　）
4 師の尊い教えに触れる。（　）
5 鏡に自分の姿を映す。（　）
6 二人の子を授かった。（　）
7 夕食の前に宿題を済ます。（　）
8 こつこつと貯金を殖やす。（　）
9 お年寄りを敬う気持ちは大切だ。（　）
10 すっかり日が暮れてしまった。（　）

11 好きな人に恋文を書く。（　）
意味 ラブレターのこと。
12 もう公にしてもいいころだ。（　）
13 手間の要る仕事だった。（　）
14 素直に謝って許しを求める。（　）
15 足の速さでは彼が勝る。（　）
16 サービスの向上を図る。（　）
17 通勤途中で彼女を見初めた。（　）
意味 「見初める」＝ひと目見て好きになること。
18 彼を説得するのは至難の業だ。（　）
19 庭の一角に花園を造りたい。（　）
20 式は厳かに行われた。（　）
21 職人の技が光る一品だ。（　）
22 結婚式で二人の門出を祝う。（　）
23 練習試合で実力を試す。（　）
24 方位磁針が大きく振れた。（　）

25 人をだました報いを受ける。（　　）

26 乳飲み子をあやす。（　　）

意味 「乳飲み子」＝乳を飲む時期の幼い子どものこと。

27 この新製品は盛んに宣伝されている。（　　）

28 革のくつを新調した。（　　）

29 つらい訓練に耐える。（　　）

30 失敗続きで気持ちが沈んでいる。（　　）

31 ノートの端に小さくメモをとる。（　　）

32 返事に困って言葉を濁す。（　　）

33 何度も繰り返して練習する。（　　）

34 旅行を目前に胸が弾む。（　　）

ヒント 送りがなに注目。

35 夕焼けで空が紅に染まっている。（　　）

36 すっかり話し込んでしまった。（　　）

37 使者を遣わして交易を求める。（　　）

38 パーティーの飾りつけをした。（　　）

39 山へ狩りに出かける。（　　）

40 母は淡い色調の着物が似合う。（　　）

41 ビルの間を強い風が吹いている。（　　）

42 辺りに梅の香がただよっている。（　　）

ヒント 「かおーり」ではないことに注目。

43 校庭に犬が入り大騒ぎになった。（　　）

44 このつぼは大切に扱ってください。（　　）

45 相手の良心に訴える。（　　）

46 孫をつい甘やかしてしまう。（　　）

ONE Point

熟語の読みの原則　その②

「獣道（けものみち）」「弱腰（よわごし）」「小柄（こがら）」のように、上の字を訓読みすれば、下の字も訓読みするのが原則です。

訓読み 練習 2

実施日 ／

解答は別冊P.3・4

1 次の――線の読みをひらがなで、（　）の中に記せ。

1 ついに油絵の大作を描き上げた。（　）
2 難 話の矛先がこちらに向いた。（　）
3 計画は宙に浮いたままだ。（　）
4 柱時計が狂ってしまった。（　）
5 動物との触れ合いを大切にする。（　）
6 注 一気に杯を干す。（　）
7 昨晩、恐ろしい夢を見た。（　）
8 丘の上に登り海を一望した。（　）
9 注 岩室に仏像が安置されている。（　）
10 この柱は腐っていて危険だ。（　）

11 軒下で雨宿りをした。（　）
12 怖い話を聞いてしまった。（　）
13 飛び立つキジを鉄砲で撃った。（　）
14 大勢の前で恥をかいた。（　）
15 難 牛の脂を料理に使う。（　）
16 忙しくて連絡を忘れた。（　）
17 注 薄情な態度に怒りを覚える。（　）
18 このブドウは粒が大きい。（　）
19 色とりどりの花が咲き乱れている。（　）
20 姉はとても口が堅い。（　）
21 病人のためにふとんを敷く。（　）
22 遠慮なくお召し上がり下さい。（　）
23 唐草模様のふろしきに包む。（　）
24 奇抜な服装に驚いた。（　）
25 湖の底まで透けて見える。（　）

26 肉と野菜をじっくりと煮込む。（　　）
27 苦悩の色が濃くなってきた。（　　）
難 28 法律を盾に取って反論する。（　　）
29 最近、業績が振るわない。（　　）
30 世間の荒波にもまれてきた。（　　）
31 突然、不安に襲われた。（　　）
32 足を止めて月を仰いだ。（　　）
33 海で大きな魚を捕まえた。（　　）
注 34 ヘチマには雌花と雄花がある。（　　）
35 目先の利益に惑わされるな。（　　）
36 馬が草原を駆けていく。（　　）
37 山中で獣道を見つけた。（　　）
38 敵の城を攻めた。（　　）
39 家族と静かに年を越す。（　　）
40 恵まれた環境で育つ。（　　）

41 平和のために闘おう。（　　）
42 更に話し合いは続いた。（　　）
43 自転車のサドルが夜露にぬれた。（　　）
44 両者の橋渡しに一役買った。（　　）
45 暇を盗んで本を読む。（　　）
46 わが国が誇る伝統芸能を守る。（　　）
47 駅まで祖母を迎えに行った。（　　）
48 不注意で花を枯らしてしまった。（　　）
49 意表を突いた意見だ。（　　）
50 合唱コンクールで指揮を執る。（　　）

ONE Point

送りがなに注意して読み分けよう！

次の場合、ⓐⓑどちらで読む？

・兄は心が優しい。

ⓐやさ
ⓑすぐ

ⓐ

訓読み 練習2

実施日 ／

解答は別冊P.4

2 次の――線の読みをひらがなで、（　）の中に記せ。

1 実家では犬を四匹飼っている。（　）
2 夜空に星が輝いている。（　）
3 髪をばっさり切った。（　）
4 偉ぶった態度をたしなめる。（　）
5 弱った足腰をきたえる。（　）
6 空は青く澄みきっている。（　）
7 友人との関係を壊したくない。（　）
8 昔、この辺りは沼だった。（　）
9 運動会でフォークダンスを踊る。（　）
10 今は知識を蓄えておく時期だ。（　）
11 霧深い山里の風景を絵にする。（　）
12 橋は流されて跡形もない。（　）
13 考える時間を与えられた。（　）
14 沖の小島でつりを楽しんだ。（　）
15 去年に比べて背丈がのびた。（　）
16 鋭い観察力を持つ。（　）
17 娘は今年中学校に上がった。（　）
18 家の裏に古い井戸がある。（　）
19 注 ライオンが獲物をねらっている。（　）
20 畳の上にふとんを敷く。（　）
21 かばんに荷物を詰めた。（　）
22 赤ん坊の安らかな寝息が聞こえる。（　）
23 夕暮れ時は影が長くのびる。（　）
24 来年の運勢を占う。（　）
25 注 木陰のすずしさに一息つく。（　）

難 26 電車の遅延で迷惑を被った。（　）

27 訪問先でお茶を勧められた。（　）

28 客人に料理の腕を振るう。（　）

29 洗ったくつ下はもうすぐ乾く。（　）

30 父は黙って話を聞いてくれた。（　）

難 31 幾久しくお幸せに。（　）

32 病は峠を越えたようだ。（　）

33 残業続きで疲れている。（　）

34 負けず劣らずの名勝負だ。（　）

35 先祖代々の家業を継ぐ。（　）

36 いすの脚が折れてしまった。（　）

37 細心の注意を払って運転する。（　）

38 自分の身の上を嘆く。（　）

39 庭の草をきれいに刈った。（　）

40 ラッシュを避けて通勤する。（　）

41 網で魚を捕る。（　）

42 池の縁からコイを見ている。（　）

難 43 沢伝いに山を登る。（　）

注 44 ほうきの柄が折れてしまった。（　）

45 話し合いは深夜にまで及んだ。（　）

46 本に押し花がはさんであった。（　）

47 この鳥は尾が長い。（　）

48 中庭の芝は緑が美しい。（　）

49 先生の話には奥行きを感じる。（　）

50 折り紙で舟を作る。（　）

ONE Point

音読みと間違いやすい訓読み

片—かた　粉—こ　巣—す

関—せき　束—たば　辺—べ

紅—べに　身—み　夕—ゆう

漢字の読み　漢字の部首　熟語の理解　対義語・類義語　四字熟語　送りがな　同音・同訓異字　書き取り

特別な読み
ウォーミングアップ

解答は別冊P.4

1 次の**熟語**には**二通りの読み方**がある。その読みを**ひらがな**で、（　）の中に記せ。

1 今日（　）（　）
2 昨日（　）（　）
3 明日（　）（　）
4 今年（　）（　）
5 博士（　）（　）
6 眼鏡（　）（　）
7 紅葉（　）（　）
8 白髪（　）（　）
9 梅雨（　）（　）
10 土産（　）（　）

2 次の――線の読みを**ひらがな**で、（　）の中に記せ。（＊は特別な読み）

1 一切＊の責任を負う。（　）
2 大切に保管する。（　）
3 早速＊準備に取りかかる。（　）
4 早朝マラソンに参加する。（　）
5 境内＊＊はひっそりとしていた。（　）
6 当時の心境を語る。（　）
7 食事の支度＊をする。（　）
8 度重なる被害に見舞われた。（　）
9 彼は筆不精＊なのか返事がない。（　）
10 一年で精神的に成長した。（　）
11 声高＊に持論を主張する。（　）
12 美しい歌声が聞こえる。（　）

特別な読み　練習 1

実施日　／

解答は別冊P.5

1 次の——線の読みをひらがなで、（　）の中に記せ。

- □ 1 自宅で家事を手伝う。（　）
- □ 2 河原でバーベキューをする。（　）
  ヒント「原」を「ハラ」と読まないように。
- □ 3 車窓からの景色が美しい。（　）
- □ 4 アリが砂糖に群がっている。（　）
- □ 5 岩の間から清水がわき出ている。（　）
- □ 6 父は三人兄弟だ。（　）
- □ 7 家族旅行で家を留守にする。（　）
- □ 8 再来年に新校舎が完成する。（　）
  ヒント「再」を「サイ」と読まないように。
- □ 9 宮中に参内する。（　）
  意味 高貴なところに行くこと。参上すること。
- □ 10 大豆は体によい食べ物だ。（　）
- □ 11 八百屋で大根を買った。（　）
- □ 12 しめ切りは二十日だ。（　）
- □ 13 弟が遊園地で迷子になった。（　）
- □ 14 句読点は適切につけること。（　）
- □ 15 グラウンドで雪合戦をした。（　）
- □ 16 天の川がはっきり見える。（　）
- □ 17 老舗の旅館で接待する。（　）
- □ 18 デザートは果物の盛り合わせだ。（　）
  ヒント「かぶつ」と読むこともある。
- □ 19 問題集には努力の名残があった。（　）
  意味 物事が終わったあとに、なおも残っている気分や気配のこと。
- □ 20 最寄りの駅まで歩く。（　）
  意味 一番近いということ。

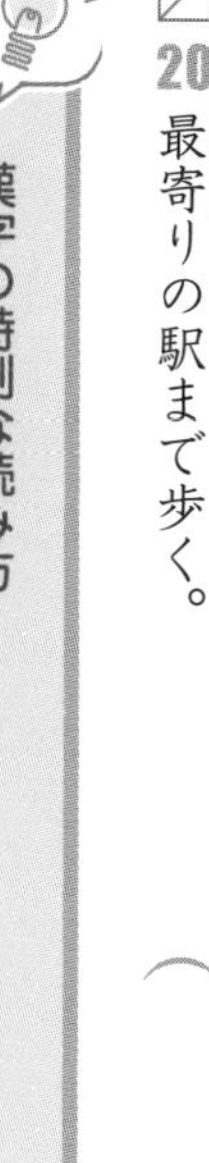

ONE Point

漢字の特別な読み方

常用漢字表に載っている音訓の中には、特別なものや、用法がごく狭いとされる読み方があります。また「付表」には当て字や熟字訓がまとめられており、本書ではこれらを「特別な読み」として扱っています。

特別な読み 練習 2

実施日 ／

解答は別冊P.5

1 次の――線の読みを**ひらがな**で、（　）の中に記せ。

1 木綿のハンカチを買う。（　）
2 漢字に仮名を振る。（　）
3 帰る途中で吹雪になった。（　）
難 4 仕事に差し支えないようにする。（　）
5 姉は今年二十になった。（　）
6 自然には太刀打ちできない。（　）
7 五月雨の季節になった。（　）
8 勝敗の行方を見守る。（　）
9 あっさり勝利し拍子抜けした。（　）
10 坊ちゃん育ちで考えが甘い。（　）

11 信仰の自由は憲法で保障されている。（　）
12 五月晴れの空が快い。（　）
13 砂利をトラックで運搬する。（　）
注 14 意気地なしと言われてしまった。（　）
難 15 長年住んだ部屋を立ち退く。（　）
16 竹刀を打ち合う音が聞こえる。（　）
17 船が大海原を行く。（　）
18 心地よい風が吹いてきた。（　）
19 この部屋は天井が高い。（　）
20 田舎の親に手紙を送る。（　）
21 落語家の弟子になる。（　）
22 図書館に本を寄贈する。（　）

23 為替相場が大きく変動する。（　　）

24 波止場で船を待つ。（　　）

25 黄金色のススキが風にゆれる。（　　）

26 息子は部の合宿に行っている。（　　）

27 取引先にお歳暮を贈る。（　　）

28 小豆であんを作る。（　　）

29 三味線のけいこをしている。（　　）

30 仁王像が安置されている。（　　）

31 夕方から時雨模様となった。（　　）

32 日和見主義だと批判された。（　　）

難 33 浮ついた気持ちを引きしめる。（　　）

注 34 この一帯は稲作が盛んだ。（　　）

35 親族が集まり酒盛りが始まった。（　　）

36 研究会には若人が集まった。（　　）

37 武家の子は乳母に育てられた。（　　）

38 大和絵を多く収蔵する美術館だ。（　　）

39 彼女は歌を幸せそうに歌う。（　　）

注 40 舟歌を聞きながら川を下る。（　　）

41 真紅のバラを育てる。（　　）

42 文章の表現を工夫する。（　　）

43 庭に芝生を植えている。（　　）

44 交番のお巡りさんに道を尋ねた。（　　）

45 急に真面目な顔になって話す。（　　）

ONE Point

織姫（おりひめ）と彦星（ひこぼし）は離せない!?

熟字訓の読みは一字一字の音訓として分けられません。「七夕」を「た＋なばた」「たな＋ばた」「たなば＋た」と切り離しては読めないのです。

同字の音訓 ウォーミングアップ

解答は別冊P.5・6

1 次の漢字の**音読みと訓読み**を、それぞれ後の**音**[ ]と**訓**[ ]の中から選び、（　）と［　］の中に記せ。

1 奮　音（　　）　訓［　　］

2 姿　音（　　）　訓［　　］

3 推　音（　　）　訓［　　］

4 背　音（　　）　訓［　　］

5 弾　音（　　）　訓［　　］

6 稲　音（　　）　訓［　　］

音　ハイ　ダン　フン　スイ　トウ　シ

訓　おーす　いね　たま　そむーく　すがた　ふるーう

---

2 次の漢字は読み方が変わると意味が異なる漢字である。その読み方を**ひらがな**で記せ。

1 失敗したら大事だ。（　　）

2 手紙を大事にしまった。（　　）

3 一目でいいから会いたい。（　　）

4 彼はクラスで一目置かれている。（　　）

5 分別がついていい年ごろだ。（　　）

6 ゴミを分別する。（　　）

7 一時停止の標識の前で止まる。（　　）

8 楽しい一時を過ごした。（　　）

9 茶腹も一時。（　　）

10 わたしは絵を描くのが下手だ。（　　）

11 舞台の下手から登場する。（　　）

12 相手の顔色を見て下手に出る。（　　）

3 次の漢字の**音読みと訓読み**を□の中に書き入れ、ことばの読みを完成させよ。

優
1 優先 □□せん
2 優れる □□れる

殖
3 利殖 り□□□
4 殖える □える

殿
5 殿下 □か
6 殿様 □□さま

震
7 地震 じ□□
8 震える □□える

捕
9 捕手 □しゅ
10 捕らえる □らえる

侵
11 侵入 □□にゅう
12 侵す □□す

汗
13 発汗 はっ□□
14 汗水 □□みず

触
15 感触 かん□□□
16 触る □□る

涙
17 落涙 らく□□
18 涙声 □□□ごえ

ONE Point

中国の発音をまねたのが音、さて訓は？
漢字の訓は、漢字の持つ意味と、日本古来の言葉とが関連づけられた読み方です。

同字の音訓 練習 1

実施日

解答は別冊P.6

1 次の――線の読みをひらがなで、（　）の中に記せ。

1 激動の時代を振り返る。（　）
2 激しい雨が降る。（　）
3 こたつで暖を取る。（　）
4 暖かい気候が続く。（　）
5 困難に立ち向かう。（　）
6 実力からして優勝は難しい。（　）
7 カブトムシの幼虫を飼う。（　）
8 幼なじみと久しぶりに会った。（　）
9 何事も基本が大切だ。（　）
10 事実を基にした小説を書く。（　）
11 戦争には断固反対だ。（　）
12 勝ち戦だと思って油断した。（　）
13 念のため時間を確認する。（　）
14 互いに力を認め合う。（　）
15 河川の水質を検査する。（　）
16 川の向こう岸にわたる。（　）
17 探査機が月に着陸した。（　）
18 問題解決の糸口を探る。（　）
19 誠意に欠けた対応だ。（　）

ヒント 「誠」の音符（おんぷ）は「成」。

20 誠に申し訳ありません。（　）

21 迷信に惑わされるな。（　）

22 駅の構内で迷ってしまった。（　）

23 就寝時間を守ってください。（　）

24 新しい仕事に就いた。（　）

25 夏バテで食欲が落ちる。（　）

26 新しいパソコンが欲しい。（　）

27 机上の空論は相手にされない。（　）
意味「机上の空論」＝頭の中だけで考えた実際には役に立たない意見のこと。

28 机の上を整理する。（　）

29 省エネルギーに取り組む。（　）

30 今までの自分を省みる。（　）

31 満座の注目を浴びてしまった。（　）
意味 その場に居合わせた人すべて。

32 公園のベンチに座る。（　）

33 彼は毒舌家として有名だ。（　）
意味 とても手きびしい皮肉や批判の言葉。

34 彼女はよく舌が回る。（　）

35 人形を器用にあやつる。（　）

36 大きめの器を用意する。（　）

37 卒業証書を授与する。（　）

38 天から授かった才能を生かす。（　）

39 ガラスの破片が散らばる。（　）

40 この道路は片側通行だ。（　）

ONE Point

熟語の読みの少数派　その① 「重箱（ジュウばこ）読み」

「額縁（ガクぶち）」「味方（ミかた）」「仕事（シごと）」などのように、上の字を音読みし、下の字は訓読みする読み方を「重箱読み」といいます。

同字の音訓 練習 1

実施日 ／

解答は別冊P.6

2 次の――線の読みをひらがなで、（　）の中に記せ。

1 著名人に握手を求めた。（　）
2 決定的な証拠を握った。（　）
3 次の連載小説が楽しみだ。（　）
4 トラックに荷物を載せた。（　）
5 事故の詳報が伝えられた。（　）
6 詳しい説明をしてほしい。（　）
7 マツタケは珍重されている。（　）
ヒント この「重」は、「貴重」と同じ読み。
8 南国の珍しい花が咲いた。（　）

9 彼は抜群のセンスの持ち主だ。（　）
意味 とび抜けて優れていること。
10 指に刺さったとげを抜いた。（　）
11 雑草が繁茂している。（　）
12 草木がうっそうと茂っている。（　）
13 一滴の水も大切にする。（　）
14 雨の滴がしたたる。（　）
15 バラは香料にも使われる。（　）
16 香りの高いコーヒーを飲む。（　）
17 暴力的な描写が規制される。（　）
18 若者の成長を描いた小説だ。（　）
19 迫力のある映像に興奮した。（　）
ヒント 「迫」の音符は「白」。
20 約束の期日が迫っている。（　）

21 添乗員が乗客数を確認する。
22 祖母の通院に付き添う。
23 動物たちは冬眠している。
24 眠さをこらえて勉強する。
25 体操競技では跳馬が得意だ。
ヒント 「跳」の音符は「兆」。
26 魚が水面を跳ねた。
27 校長の話は含蓄に富んでいる。
意味 内容に深みがあること。
28 私を含めて八人が参加する。
29 隣家は四人家族だ。
ヒント この「家」は、「ケ」と読まない。
30 席替えで親友と隣の席になる。
31 彼は一見鈍重に見える。
32 包丁の切れ味が鈍った。

33 妹は雑誌に影響を受けやすい。
34 発明で博士の名が世に響いた。
35 工業地帯は煙突が林立する。
36 土煙を巻き上げて馬が走る。
37 余暇を利用して習い事を始めた。
意味 仕事時間以外の自由な時間のこと。
38 読書をして暇をつぶす。
39 ゴミの分別が市に浸透した。
40 勝利の喜びに浸る。

ONE Point

熟語の読みの少数派　その②「湯桶（ゆトウ）読み」

「手本（てホン）」「湯気（ゆゲ）」「相性（あいショウ）」などのように、上の字を訓読みし、下の字は音読みする読み方を「湯桶読み」といいます。

同字の音訓 練習 2

実施日 ／

解答は別冊P.7

1 次の——線の読みをひらがなで、（　）の中に記せ。

1 現代社会を風刺した漫画だ。（　）
2 刺すような痛みを感じた。（　）
難 3 彼の行方は皆目見当がつかない。（　）
4 作物は皆順調に育っている。（　）
5 表情に苦悩の色が見える。（　）
6 電車の騒音に悩まされる。（　）
7 冒険の旅に出る。（　）
8 危険を冒して作業を続ける。（　）
9 彼女の顔色は尋常でない。（　）
10 氏名と年齢を尋ねる。（　）
難 11 甘言に惑わされるな。（　）
12 食後に甘いものはいかがですか。（　）
13 この堤防は百年前に築かれた。（　）
14 川の堤に座ってのんびりする。（　）
難 15 僧は戒律を守って生活する。（　）
16 いたずらした子どもを戒める。（　）
17 軽薄な内容の番組が増えた。（　）
18 薄着でも寒くない季節になる。（　）
19 候補者が雄弁を振るった。（　）
20 雄のクワガタムシを捕まえる。（　）
21 今年の夏は曇天が続いた。（　）
22 今日は午後から曇るらしい。（　）
23 生徒数は減少の傾向にある。（　）
24 祖母の昔話に耳を傾ける。（　）

注 25 海浜公園で潮干狩りをする。（　　）
26 早朝の浜辺を散歩する。（　　）

27 サイレンの音が静寂を破った。（　　）
28 夕暮れ時はなんとなく寂しい。（　　）

29 信頼に応えるよう努力する。（　　）
30 他人に頼らずに片付ける。（　　）

31 兄の乗った飛行機が離陸した。（　　）
32 目を離したすきに逃げ出した。（　　）

33 相手の勢いに圧倒される。（　　）
34 風で店の看板が倒れた。（　　）

難 35 職を捨てて故郷に隠退する。（　　）
36 ネコが車の下に隠れる。（　　）

37 名誉ある賞をいただく。（　　）
38 秀才の誉れが高い人だ。（　　）

39 躍起になって言い訳する。（　　）
40 一気にトップに躍り出た。（　　）

41 彼の熱意には脱帽した。（　　）
42 暑いので上着を脱いだ。（　　）

43 約束の時間に遅刻する。（　　）
44 電車が遅れて到着した。（　　）

45 新鮮な野菜を買う。（　　）
46 鮮やかな逆転劇を見せた。（　　）

47 団体客に座席を占領された。（　　）
48 同じ意見が大多数を占めた。（　　）

ONE Point

読み方の音訓で意味の異なる熟語　その①

次の場合、ⓐⓑどちらで読む？

・夜道で背後に人気を感じた。　ⓐにんき　ⓑひとけ

ⓠ

同字の音訓 練習 2

実施日

解答は別冊P.7

2 次の――線の読みをひらがなで、(　)の中に記せ。

1 大学入試の合格を祈願する。(　)
2 ご成功をお祈りします。(　)
3 相互の理解を大切にする。(　)
4 互いに気を遣う間柄だ。(　)
5 ホウ酸の水溶液を使用する。(　)
6 水に塩を溶かす。(　)
7 この道路は幅員十メートルだ。(　)
8 走り幅跳びで優勝した。(　)
9 晴雨兼用のかさを買った。(　)
10 湯治を兼ねる観光旅行をする。(　)

11 遺跡の発掘作業を進める。(　)
12 スコップで土を掘る。(　)
13 商品は慎重に扱っている。(　)
14 もう少し言葉を慎みなさい。(　)
15 タンカーが沖に停泊している。(　)
16 友人の家に泊まる。(　)
17 渡船場はこの近くにある。(　)
18 横断歩道を渡りなさい。(　)
19 公園の噴水のそばで休む。(　)
20 ついに不満が噴き出した。(　)
21 ヒロインとして舞台に立つ。(　)
22 花びらが風に舞う。(　)
23 立山連峰がかなたに見える。(　)
24 峰には白い雪が残る。(　)

難

25 不朽の名作といわれている。

26 倒木がとうとう朽ち果てた。

注

27 新年の抱負を語る。

28 大きな荷物を抱えている。

29 適当な代替品が見つからない。

30 替え歌を作って楽しんだ。

難

31 荒天で飛行機が欠航になった。

32 台風の接近で波が荒い。

33 今の真情を吐露する。

34 吐く息が白かった。

35 生徒会の運営に尽力する。

36 筆舌に尽くしがたい痛みだ。

難

37 講演の摘要を読む。

38 野の花を摘む。

39 古代の壁画が発見される。

40 部屋の壁にポスターをはる。

難

41 夏休みに四国全土を踏破した。

42 友人の足を踏んでしまった。

43 取引先を巡回する。

44 不思議な巡り合わせに驚く。

45 人気作家の筆致をまねてみた。

46 不徳の致すところです。

47 人材派遣会社に登録する。

48 妹は小遣いをためている。

ONE Point

読み方の音訓で意味の異なる熟語　その②

次の場合、ⓐⓑどちらで読む？

・縁日の屋台で風車を買った。　ⓐふうしゃ　ⓑかざぐるま

「門」のなかで「耳」を澄ます？

ものを「聞く」のは「耳」で！

開　閉　間　関　聞

右の五文字は全て「門」のつく漢字で、みな小学校で学習します。でも、一字だけ仲間外れの漢字があります。どれだかわかりますか？

答えは「聞」です。「聞」だけ部首が違います。

「部首」って何？

では、「部首」とは何でしょうか。

「部首」とは、漢字をその意味や字画構成のうえから分類・配列し、あるひとまとまり（部）としてとらえたときの、それらの漢字に共通する基本的な構成部分のことをいいます。

最初に挙げた五字のうち「開　閉　間　関」は、いずれも出入り口やその状態などを表す漢字で、通り道に作った入り口（もん）という意味を持つ「門」という部に属しています。部首は「門」（もんがまえ）です。

これに対して、「聞」は「耳（わかる・たずねる）＋門（音を表す部分）」という組み立ての漢字で、部首は「耳」ということになります。

このように、部首は主に字の成り立ちを重視して分類されることが多いため、字の形だけで判断することはできません。同じように見てみる

■間違えやすい部首の漢字

部首	読み	漢字
丶	てん	主丹
ノ	の はらいぼう	乗久
人	ひと	以
入	いる	内全
八	は	具
冫	にすい	冬
几	つくえ	処凡
凵	うけばこ	出
刀	かたな	分初
刂	りっとう	前利則
力	ちから	勝功労務
匕	ひ	化
卩	わりふ ふしづくり	巻
厶	む	去
又	また	取反及

部首	読み	漢字
口	くち	合同命問和喜周句唐
土	つち	堂墓圧垂
士	さむらい	売壱
夕	た ゆうべ	夜夢
大	だい	天夫奮奈
子	こ	学字季孝
寸	すん	寺将
尸	かばね しかばね	局
巛	かわ	巡
巾	はば	席常幕
干	かん いちじゅう	幸幹
心	こころ	愛応憲恥慮

と、「問」は「口（人の声）＋門（音を表す部分）」という組み立ての漢字で、部首は「口」ということになります。

「部」や「部首」は漢字の研究者が整理の都合で定めたものであり、その選び方や分類の仕方はさまざまです。いくつの部首に分類するかは時代や考え方によって異なり、中国・後漢時代の『説文解字』は五四〇部ですが、清代の『康熙字典』は二一四部です。今日の日本の漢和辞典の大部分は、この『康熙字典』の部立てによっており、漢検でも部首分類は基本的に『康熙字典』に従っています。辞典によって、部首の分類や部首名が異なる場合がありますが、これはどれが正しく、どれが誤っているということではなく、編者の考え方の違いによるものです。ただし「日本漢字能力検定」に限っては、漢検の定める部首で解答してください。

部首一覧

部首を画数順に並べ、その下に漢字の中で占める位置によって形が変化するもの、特別な部首名のものを分類しています。

偏（へん）… 旁（つくり）… 冠（かんむり）… 脚（あし）… 垂（たれ）… 繞（にょう）… 構（かまえ）…

番号		部首	位置	名称
一画				
1	【一】	一		いち
2	【丨】	丨		ぼう たてぼう
3	【丶】	丶		てん
4	【ノ】	ノ		の はらいぼう
5	【乙】	乙		おつ
二画				
5	【乙】	乚	旁	おつ
6	【亅】	亅		はねぼう
7	【二】	二		に
8	【亠】	亠	冠	なべぶた けいさんかんむり
9	【人】	人		ひと
		亻	偏	にんべん
9	【人】	𠆢	冠	ひとやね
10	【入】	入		いる
11	【儿】	儿		ひとあし にんにょう
12	【八】	八		はち
		ハ	冠	は
13	【冂】	冂	構	どうがまえ けいがまえ まきがまえ
14	【冖】	冖	冠	わかんむり

部首	名称	例
手	て	挙 撃
攵	のぶん ぼくづくり	放 敗 攻
斗	とます	料
日	ひ	昼 暮 旬 暦
木	き	栄 案 条
欠	あくび かける	次
止	とめる	歴
歹	かばねへん いちたへん がつへん	死
氵	さんずい	準
火	ひ	炭 灰
牛	うしへん	牧
玄	げん	率
田	た	男 画 畑 申 由
疋	ひき	疑
目	め	直 真 相
禾	のぎへん	穀
立	たつ	章
耳	みみ	聞 聖
肉	にく	育 胃 背 能 肩 膚 腐
至	いたる	致
臼	うす	興
舌	した	舎 舗
艹	くさかんむり	蒸
衣	ころも	裁
見	みる	覚 視
言	げん	誉
貝	かい こがい	買 賞
車	くるま	軍 載
辛	からい	辞
酉	ひよみのとり	酒
里	さと	重 量
隹	ふるとり	集
頁	おおがい	項
食	しょく	養
鳥	とり	鳴
黒	くろ	黙

番号	部首	形	名称
15	【冫】	冫	にすい
16	【几】	几	つくえ
17	【凵】	凵	うけばこ
18	【刀】	刀	かたな
		刂	りっとう
19	【力】	力	ちから
20	【勹】	勹	つつみがまえ
21	【匕】	匕	ひ
22	【匚】	匚	はこがまえ
23	【匸】	匸	かくしがまえ
24	【十】	十	じゅう
25	【卜】	卜	と うらない
26	【卩】	卩	わりふ ふしづくり
		㔾	わりふ ふしづくり
27	【厂】	厂	がんだれ
28	【厶】	厶	む
29	【又】	又	また
三画			
30	【口】	口	くち
		口	くちへん
31	【囗】	囗	くにがまえ
32	【土】	土	つち
		土	つちへん
33	【士】	士	さむらい
34	【夂】	夂	すいにょう ふゆがしら
35	【夕】	夕	た ゆうべ
36	【大】	大	だい
37	【女】	女	おんな
		女	おんなへん
38	【子】	子	こ
		子	こへん
39	【宀】	宀	うかんむり
40	【寸】	寸	すん
41	【小】	小	しょう
		⺌	しょう
42	【尢】	尢	だいのまげあし
43	【尸】	尸	かばね しかばね
44	【屮】	屮	てつ
45	【山】	山	やま
		山	やまへん
46	【川】	川	かわ
		巛	かわ
47	【工】	工	たくみ え
		工	たくみへん
48	【己】	己	おのれ
49	【巾】	巾	はば
49	【巾】	巾	はばへん きんべん
50	【干】	干	かん いちじゅう
51	【幺】	幺	よう いとがしら
52	【广】	广	まだれ
53	【廴】	廴	えんにょう
54	【廾】	廾	こまぬき にじゅうあし
55	【弋】	弋	しきがまえ
56	【弓】	弓	ゆみ
		弓	ゆみへん
57	【彐】	彑	けいがしら
58	【彡】	彡	さんづくり
59	【彳】	彳	ぎょうにんべん
60	【⺍】	⺍	つかんむり
	忄→心 扌→手 氵→水 犭→犬 艹→艸 辶→辵 阝(右)→邑 阝(左)→阜		
四画			
61	【心】	心	こころ
		忄	りっしんべん
		⺗	したごころ
62	【戈】	戈	ほこづくり ほこがまえ
63	【戸】	戸	と
		戸	とだれ とかんむり
64	【手】	手	て

数字の部首は何?

漢字	部首(部首名)	同じ部首の漢字
一・三・七	一 いち	下・上・不・世 など
二・五	二 に	互・井 など
四	囗 くにがまえ	因・回・固・国 など
六	八 は	具・兵・共・典
八	八 はち	兼・公
九	乙 おつ	乾 など
十	十 じゅう	千・半・卒・南 など

部首の意味の例

偏(へん)

部首(部首名)	意味
冫 にすい	氷の表面の筋目の形・冷たい
巾 はばへん きんべん	垂れた布のきれ
忄 りっしんべん	心の動きや働き
氵 さんずい	水が流れる様子
禾 のぎへん	イネや穀物
貝 かいへん	お金や財産

旁(つくり)

部首(部首名)	意味
刂 りっとう	刀やその働き
彡 さんづくり	美しい模様や飾り

番号	部首	形	名称
64	【手】	扌	てへん
65	【支】	支	し
66	【攴】	攵	のぶん ぼくづくり
67	【文】	文	ぶん
68	【斗】	斗	とます
69	【斤】	斤	きん
		斤	おのづくり
70	【方】	方	ほう
		方	ほうへん かたへん
71	【日】	日	ひ
		日	ひへん
72	【曰】	曰	ひらび いわく
73	【月】	月	つき
		月	つきへん
74	【木】	木	き
		木	きへん
75	【欠】	欠	あくび かける
76	【止】	止	とめる
77	【歹】	歹	かばねへん いちたへん がつへん
78	【殳】	殳	るまた ほこづくり
79	【毋】	毋	なかれ
80	【比】	比	ならびひ くらべる
81	【毛】	毛	け
82	【氏】	氏	うじ
83	【气】	气	きがまえ
84	【水】	水	みず
		氵	さんずい
		氺	したみず
85	【火】	火	ひ
		火	ひへん
		灬	れんが れっか
86	【爪】	爪	つめ
		爫	つめかんむり つめがしら
87	【父】	父	ちち
88	【片】	片	かた
		片	かたへん
89	【牙】	牙	きば
90	【牛】	牛	うし
		牛	うしへん
91	【犬】	犬	いぬ
		犭	けものへん

王・王→玉　ネ→示
耂→老　辶→辵

五画

番号	部首	形	名称
92	【玄】	玄	げん
93	【玉】	玉	たま
93	【玉】	王	おう
		王	おうへん たまへん
94	【瓦】	瓦	かわら
95	【甘】	甘	かん あまい
96	【生】	生	うまれる
97	【用】	用	もちいる
98	【田】	田	た
		田	たへん
99	【疋】	疋	ひき
		𧾷	ひきへん
100	【疒】	疒	やまいだれ
101	【癶】	癶	はつがしら
102	【白】	白	しろ
103	【皮】	皮	けがわ
104	【皿】	皿	さら
105	【目】	目	め
		目	めへん
106	【矛】	矛	ほこ
107	【矢】	矢	や
		矢	やへん
108	【旡】	旡	なし すでのつくり
109	【石】	石	いし
		石	いしへん

部首	名称	意味
殳	るまた ほこづくり	人を殴(なぐ)る・打つ
頁	おおがい	人の姿や人の頭

冠(かんむり)

部首	名称	意味
宀	うかんむり	家や屋根・覆(おお)う
耂	おいかんむり おいがしら	つえを突いた年寄り
雨	あめかんむり	雨や雨降りの様子

脚(あし)

部首	名称	意味
灬	れんが れっか	火・燃え上がる炎(ほのお)
小	したごころ	心の動きや働き

垂(たれ)

部首	名称	意味
厂	がんだれ	切り立ったがけ
广	まだれ	屋根・建物

繞(にょう)

部首	名称	意味
辶	しんにょう しんにゅう	歩く・進む
廴	えんにょう	道を行く

構(かまえ)

部首	名称	意味
囗	くにがまえ	周りを囲んだ形
行	ぎょうがまえ ゆきがまえ	歩く・道を行く

番号	部首	形	名称
110	【示】	示	しめす
		ネ	しめすへん
111	【禾】	禾	のぎ
		禾	のぎへん
112	【穴】	穴	あな
		穴	あなかんむり
113	【立】	立	たつ
		立	たつへん

氺→水　罒→网　衤→衣

六画

番号	部首	形	名称
114	【竹】	竹	たけ
		⺮	たけかんむり
115	【米】	米	こめ
		米	こめへん
116	【糸】	糸	いと
		糸	いとへん
117	【缶】	缶	ほとぎ
118	【网】	罒	あみがしら あみめ よこめ
119	【羊】	羊	ひつじ
120	【羽】	羽	はね
121	【老】	耂	おいかんむり おいがしら
122	【而】	而	しかして しこうして
123	【耒】	耒	らいすき すきへん
124	【耳】	耳	みみ
		耳	みみへん
125	【聿】	聿	ふでづくり
126	【肉】	肉	にく
		月	にくづき
127	【自】	自	みずから
128	【至】	至	いたる
129	【臼】	臼	うす
130	【舌】	舌	した
131	【舟】	舟	ふね
		舟	ふねへん
132	【艮】	艮	ねづくり こんづくり
133	【色】	色	いろ
134	【艸】	艹	くさかんむり
135	【虍】	虍	とらがしら とらかんむり
136	【虫】	虫	むし
		虫	むしへん
137	【血】	血	ち
138	【行】	行	ぎょう
		行	ぎょうがまえ ゆきがまえ
139	【衣】	衣	ころも
		衤	ころもへん
140	【襾】	西	にし
		覀	おおいかんむり

七画

番号	部首	形	名称
141	【見】	見	みる
142	【臣】	臣	しん
143	【角】	角	かく つの
		角	つのへん
144	【言】	言	げん
		言	ごんべん
145	【谷】	谷	たに
146	【豆】	豆	まめ
147	【豕】	豕	ぶた いのこ
148	【豸】	豸	むじなへん
149	【貝】	貝	かい こがい
		貝	かいへん
150	【赤】	赤	あか
151	【走】	走	はしる
		走	そうにょう
152	【足】	足	あし
		𧾷	あしへん
153	【身】	身	み
154	【車】	車	くるま
		車	くるまへん
155	【辛】	辛	からい

まぎらわしい部首

①「阝(おおざと)」と「阝(こざとへん)」

● 阝(おおざと)…郎・郵・郷・郡など

もとは「邑(むら)」で、人が住む場所を表し、「おおざと」は「大きな村里」を意味しています。「阝」は「邑」が旁(つくり)になったときの省略された形です。

● 阝(こざとへん)…陰・隠・陣・隣など

もとは「阜(おか)」で、土を積み重ねた高い土地という意味を表しました。「阝」は「阜」が偏(へん)になったときの省略された形で、「おおざと」に対して「こざとへん」といわれます。

②位置によって形や呼び名が変わるもの

部首	形	名称	例
人	亻	にんべん	傾・侵・傍
	𠆢	ひとやね	介・今・会
心	忄	りっしんべん	憶・恒・惨
	⺗	したごころ	慕（3級配当漢字）
手	手	て	承・挙・撃
	扌	てへん	扱・押・摘
水	水	みず	水・求・氷
	氵	さんずい	汗・沼・淡
火	火	ひへん	燥・煙・爆
	灬	れんが・れっか	煮・為・然
示	示	しめす	祭・票・禁
	礻	しめすへん	礼・祖・祈
衣	衣	ころも	襲・裁・裏
	衤	ころもへん	被・補・複

番号	部首	形	名称
156	【辰】	辰	しんのたつ
157	【辵】	辶	しんにょう しんにゅう
		⻌	しんにょう しんにゅう
158	【邑】	阝	おおざと
159	【酉】	酉	ひよみのとり
		酉	とりへん
160	【釆】	釆	のごめ
		釆	のごめへん
161	【里】	里	さと
		里	さとへん
162	【舛】	舛	まいあし
163	【麦】	麦	むぎ
		麦	ばくにょう
八画			
164	【金】	金	かね
		金	かねへん
165	【長】	長	ながい
166	【門】	門	もん
		門	もんがまえ
167	【阜】	阜	おか
		阝	こざとへん
168	【隶】	隶	れいづくり
169	【隹】	隹	ふるとり
170	【雨】	雨	あめ
		雨	あめかんむり
171	【青】	青	あお
172	【非】	非	あらず ひ
173	【斉】	斉	せい
九画			
174	【面】	面	めん
175	【革】	革	かくのかわ つくりがわ
		革	かわへん
176	【音】	音	おと
177	【頁】	頁	おおがい
178	【風】	風	かぜ
179	【飛】	飛	とぶ
180	【食】	食	しょく
		食	しょくへん
		飠	しょくへん
181	【首】	首	くび
182	【香】	香	か かおり
十画			
183	【馬】	馬	うま
		馬	うまへん
184	【骨】	骨	ほね
		骨	ほねへん
185	【高】	高	たかい
186	【髟】	髟	かみがしら
187	【鬯】	鬯	ちょう
188	【鬼】	鬼	おに
		鬼	きにょう
189	【韋】	韋	なめしがわ
190	【竜】	竜	りゅう
十一画			
191	【魚】	魚	うお
		魚	うおへん
192	【鳥】	鳥	とり
193	【鹿】	鹿	しか
194	【麻】	麻	あさ
195	【黄】	黄	き
196	【黒】	黒	くろ
197	【亀】	亀	かめ
十二画			
198	【歯】	歯	は
		歯	はへん
十三画			
199	【鼓】	鼓	つづみ
十四画			
200	【鼻】	鼻	はな

※注　常用漢字表では、「⻌」は「遡・遜」、「飠」は「餌・餅」のみに適用。

「月」の部首について

「月」の形の成り立ちには、次の三つの系統があります。

①つき「月」…細い月の形を描いた象形文字

時に関係する字に多く見られます。

⇒月・有・朝・朗・望・期　の六字

②つきへん「月」…「舟」が変形したもの

「ふなづき」と呼ばれていましたが、現在は「つきへん」と呼ばれています。

⇒服・朕（準2級配当漢字）の二字

③にくづき「月」…「肉」が変形したもの

「にく」のみ「肉」と書きますが、ほかの字と組み合わさると「月」の形になり、人体に関する漢字に添えられています。

⇒脚・脂・腰・腕　など

本来は、形もそれぞれ違っていましたが、「常用漢字表」では、これらの字形の区別をせず、全て「月」とされています。

漢検では、「肉」が偏となった「にくづき」の漢字は「月」の部ですが、偏ではない部分で扱われる字は「肉」の部に分類しています。

● 部首「肉」の漢字（4級以下のもの）

肩・腐・膚・胃・背・能・育・肉　など

ウォーミングアップ

実施日

解答は別冊P.8

1 次の漢字群の**部首**を（　）の中に記せ。

(例) 海・泳・湖・洋・波（氵）

1 繰・絡・維・縁・継（　）
2 拍・抱・描・扱・摘（　）
3 詳・謡・誕・詰・誇（　）
4 菓・薪・芋・荒・芝（　）
5 正・歴・歳・武・歩（　）
6 朱・東・業・束・末（　）
7 群・美・羊・義・着（　）
8 坂・均・城・堤・域（　）

2 次のひらがなで示された**部首名**を**持つ漢字**を**ア〜エ**から選び、（　）にその**記号**を記せ。

(例) さんずい［ア冷　イ池　ウ形　エ営］（イ）

1 まだれ［ア厚　イ床　ウ屋　エ病］（　）
2 こざとへん［ア野　イ郎　ウ量　エ隊］（　）
3 ぎょうにんべん［ア傍　イ御　ウ行　エ術］（　）
4 しめすへん［ア祖　イ被　ウ視　エ補］（　）
5 のぶん ぼくづくり［ア厳　イ牧　ウ敷　エ致］（　）
6 おのづくり［ア折　イ断　ウ訴　エ祈］（　）
7 のごめへん［ア釈　イ彩　ウ称　エ粒］（　）
8 くち［ア局　イ后　ウ知　エ兄］（　）
9 た［ア奮　イ胃　ウ畳　エ思］（　）
10 うかんむり［ア空　イ突　ウ字　エ寂］（　）

3 次に示された漢字の**部首が合っていれば**○、**まちがっていれば正しい部首**を記せ。

（例）語 ↓ 言 （○）

1 依 ↓ 衣 （　）
2 汗 ↓ 氵 （　）
3 軒 ↓ 干 （　）
4 盆 ↓ 八 （　）
5 畑 ↓ 田 （　）
6 押 ↓ 扌 （　）
7 勝 ↓ 月 （　）
8 列 ↓ 歹 （　）
9 料 ↓ 米 （　）
10 衛 ↓ 行 （　）
11 鳴 ↓ 口 （　）
12 巡 ↓ 辶 （　）
13 監 ↓ 皿 （　）
14 委 ↓ 女 （　）
15 青 ↓ 月 （　）
16 意 ↓ 立 （　）
17 挙 ↓ 手 （　）
18 維 ↓ 隹 （　）
19 聞 ↓ 門 （　）
20 麦 ↓ 夂 （　）
21 壱 ↓ 匕 （　）
22 蒸 ↓ 艹 （　）

ONE Point

漢字を整理するために部首がある

部首は便宜的に考え出された漢字の分類方法です。「漢検」は『漢検要覧 2～10級対応』に示す部首分類によります。

練習 1

実施日 ／

解答は別冊P.8

1

次の漢字の部首を［　］の中から、部首名を［　］の中から選び、それぞれ記号で記せ。

	漢字	部首	部首名
1	項	［　］	（　）
2	耐	［　］	（　）
3	泉	［　］	（　）
4	躍	［　］	（　）
5	化	［　］	（　）

ヒント　漢字の意味に注目。

あ 白　い 亻　う 頁　え ⻊　お 而
か 工　き 隹　く 寸　け 匕　こ 水

ア しかして しこうして　イ しろ　ウ ふるとり　エ みず
オ おおがい　カ すん　キ あしへん　ク ひ
ケ にんべん　コ たくみへん

2

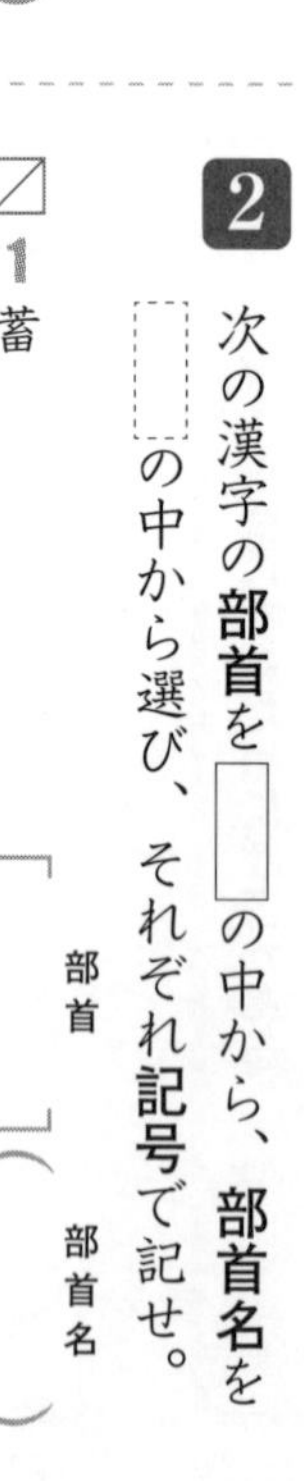

次の漢字の部首を［　］の中から、部首名を［　］の中から選び、それぞれ記号で記せ。

	漢字	部首	部首名
1	蓄	［　］	（　）
2	暦	［　］	（　）
3	奴	［　］	（　）
4	堅	［　］	（　）
5	和	［　］	（　）

ヒント　もともとは、声に関係する意味の漢字。

あ 女　い 日　う 艹　え 田　お 口
か 厂　き 土　く 又　け 禾　こ 臣

ア がんだれ　イ つち　ウ おんなへん
エ のぎへん　オ ひ　カ くち　キ しん
ク た　ケ くさかんむり　コ また

3 次の漢字の部首を［ ］の中から選び、それぞれ記号で記せ。部首名を［ ］の中から選び、それぞれ記号で記せ。

		部首	部首名
1	酒	[ ]	( )
2	欄	[ ]	( )
3	凡	[ ]	( )
4	敗	[ ]	( )
5	烈 ヒント 火に関係する漢字。	[ ]	( )

あ 門　い 几　う 灬　え 貝　お 酉
か 丶　き 氵　く 刂　け 木　こ 攵

ア ぼくづくり（のぶん）　イ きへん　ウ てん　エ れんが（れっか）
オ さんずい　カ つくえ　キ ひよみのとり
ク かいへん　ケ りっとう　コ もんがまえ

4 次の漢字の部首を［ ］の中から選び、それぞれ記号で記せ。部首名を［ ］の中から選び、それぞれ記号で記せ。

		部首	部首名
1	者	[ ]	( )
2	尾	[ ]	( )
3	燥	[ ]	( )
4	夢 ヒント もともとは、夜に関係する意味の漢字。	[ ]	( )
5	罰	[ ]	( )

あ 艹　い 言　う 土　え 火　お 夕
か 耂　き 尸　く 木　け 罒　こ 毛

ア かばね（しかばね）　イ け　ウ た（ゆうべ）　エ き
オ ごんべん　カ つち　キ くさかんむり
ク ひへん　ケ おいかんむり（おいがしら）　コ あみがしら（あみめ・よこめ）

ONE Point

同じ形でもどこに位置するかで呼び名が変わる例

岩・島→「やま」
峠・峰→「やまへん」

男・畳→「た」
町・略→「たへん」

練習 1

解答は別冊P.8

5 次の漢字の**部首**を下の**ア〜エ**から選び、（　）にその**記号**を記せ。

1 趣 ［ア耳　イ又　ウ土　エ走］（　）

2 驚 ［ア艹　イ攵　ウ馬　エ灬］（　）
ヒント もともとは、馬がおどろくという意味の漢字。

3 惑 ［ア弋　イ戈　ウ口　エ心］（　）

4 塔 ［ア土　イ艹　ウ𠆢　エ口］（　）

5 刺 ［ア木　イ冂　ウ刂　エ亅］（　）

6 幅 ［ア巾　イ一　ウ口　エ田］（　）
ヒント もともとは、布の横はばという意味の漢字。

7 茂 ［ア艹　イ弋　ウ戈　エノ］（　）

---

8 傾 ［ア頁　イヒ　ウイ　エ八］（　）

9 環 ［ア王　イ罒　ウ一　エ口］（　）
ヒント 輪の形をした玉。ぐるぐるまわる。まわりをとりまく。

10 頼 ［ア一　イ口　ウ木　エ頁］（　）

11 腕 ［ア宀　イ月　ウ夕　エ㔾］（　）

12 憲 ［ア宀　イ罒　ウ冖　エ心］（　）

13 襲 ［ア立　イ月　ウ二　エ衣］（　）
ヒント もともとは、まきつけて着せる、重ね着という意味の漢字。

14 離 ［ア亠　イ凵　ウ冂　エ隹］（　）
ヒント もともとは、「チョウセンウグイス」という鳥の名を表す漢字。

15 盤 ［ア舟　イ几　ウ皿　エ殳］（　）

16 街 ［ア土　イ二　ウ彳　エ行］（　）

17 甘 ［ア一　イ甘　ウ凵　エ二］（　）

18 憶 ［ア忄　イ立　ウ日　エ心］（　）

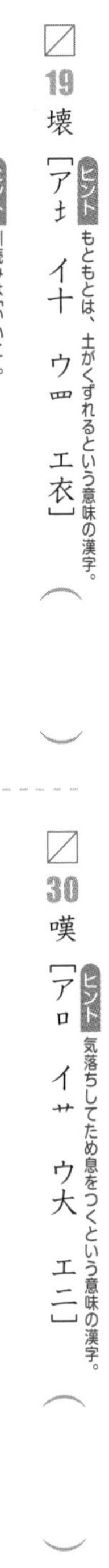

□ 19 壊［ア土　イ十　ウ罒　エ衣］（　　）
ヒント もともとは、土がくずれるという意味の漢字。

□ 20 蚕［ア一　イ大　ウ虫　エ二］（　　）
ヒント 訓読みは「かいこ」。

□ 21 需［ア⻗　イ一　ウ而　エ冂］（　　）

□ 22 獲［ア艹　イ犭　ウ隹　エ又］（　　）

□ 23 疲［ア广　イ疒　ウ又　エ皮］（　　）

□ 24 姓［ア女　イノ　ウ生　エ十］（　　）

□ 25 療［ア疒　イ大　ウ日　エ小］（　　）

□ 26 影［ア日　イ亠　ウ小　エ彡］（　　）

□ 27 勧［アニ　イ隹　ウ力　エノ］（　　）

□ 28 慢［ア忄　イ日　ウ罒　エ又］（　　）
ヒント 心にしまりがないという意味の漢字。

□ 29 剣［ア𠆢　イ口　ウ人　エ刂］（　　）

□ 30 嘆［ア口　イ艹　ウ大　エ二］（　　）
ヒント 気落ちしてため息をつくという意味の漢字。

□ 31 範［ア車　イ⺮　ウ一　エ㔾］（　　）

□ 32 興［ア冂　イ臼　ウ一　エ八］（　　）

□ 33 弾［ア弓　イ⺍　ウ田　エ十］（　　）
ヒント もともとは、石やたまなどをはじきとばすという意味の漢字。

□ 34 露［ア⻗　イ⻊　ウ夂　エ口］（　　）

□ 35 瞬［ア爫　イ冖　ウ目　エ舛］（　　）

□ 36 延［ア止　イ廴　ウノ　エ卜］（　　）

□ 37 戯［ア虍　イ戈　ウト　エ厂］（　　）

ONE Point

部首の呼び名が異なる漢字はどれ？

①含・善・叫・可・史…（くち）
②布・帰・市・帳・師…（はば）

①叫（くちへん）　②帳（はばへん／きんべん）

練習 2

解答は別冊P.9

1 次の漢字の**部首**を下の**ア〜エ**から選び、（　）にその**記号**を記せ。

1 倒［ア亻 イ至 ウ土 エ刂］（　）
2 紫［ア比 イ匕 ウ糸 エ小］（　）
難 3 隷［ア士 イ示 ウ隶 エ氺］（　）
4 隣［ア米 イ夕 ウ阝 エ舛］（　）
難 5 麗［ア广 イ鹿 ウ比 エ匕］（　）
6 響［ア幺 イ阝 ウ音 エ日］（　）
7 夏［ア一 イ自 ウノ エ夂］（　）
注 8 両［ア一 イ冂 ウ山 エ｜］（　）

9 搬［ア舟 イ扌 ウ殳 エ又］（　）
10 般［ア舟 イ几 ウ殳 エ又］（　）
11 装［ア丬 イ士 ウ亠 エ衣］（　）
12 壁［ア尸 イ口 ウ土 エ辛］（　）
注 13 利［アノ イ木 ウ禾 エ刂］（　）
難 14 鼓［ア士 イ豆 ウ支 エ鼓］（　）
15 誉［ア⺍ イ言 ウ一 エ八］（　）
注 16 員［ア貝 イ目 ウ口 エ八］（　）
17 再［ア王 イ一 ウ冂 エ田］（　）
18 就［ア亠 イ口 ウ尢 エ犬］（　）
19 井［ア一 イ二 ウ｜ エノ］（　）
20 飾［ア人 イ飠 ウ巾 エ｜］（　）
21 我［ア十 イ扌 ウ弋 エ戈］（　）

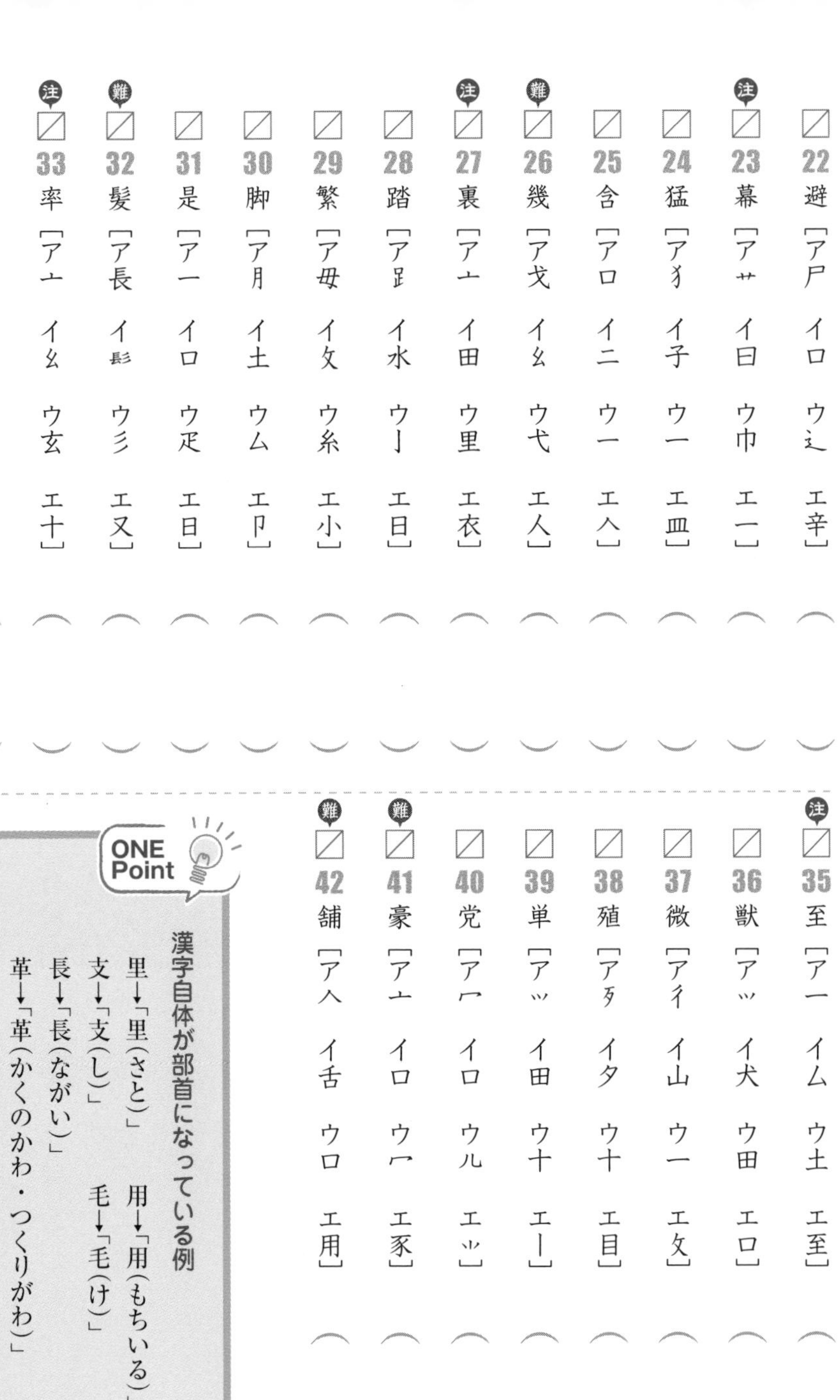

22 避［ア尸　イ口　ウ辶　エ辛］（　）

注 23 幕［ア艹　イ日　ウ巾　エ一］（　）

24 猛［ア犭　イ子　ウ一　エ皿］（　）

25 含［ア口　イ二　ウ一　エ𠆢］（　）

難 26 幾［ア戈　イ幺　ウ弋　エ人］（　）

注 27 裏［ア亠　イ田　ウ里　エ衣］（　）

28 踏［ア⻊　イ水　ウ亅　エ日］（　）

29 繁［ア毋　イ攵　ウ糸　エ小］（　）

30 脚［ア月　イ土　ウ厶　エ卩］（　）

31 是［ア一　イ口　ウ疋　エ日］（　）

難 32 髪［ア長　イ髟　ウ彡　エ又］（　）

注 33 率［ア亠　イ幺　ウ玄　エ十］（　）

34 寝［ア宀　イ冫　ウ冖　エ又］（　）

注 35 至［ア一　イ厶　ウ土　エ至］（　）

36 獣［ア⺍　イ犬　ウ田　エ口］（　）

37 微［ア彳　イ山　ウ一　エ攵］（　）

38 殖［ア歹　イ夕　ウ十　エ目］（　）

39 単［ア⺍　イ田　ウ十　エ｜］（　）

40 党［ア冖　イ口　ウ儿　エ⺌］（　）

難 41 豪［ア亠　イ口　ウ冖　エ豕］（　）

難 42 舗［ア𠆢　イ舌　ウ口　エ用］（　）

ONE Point

漢字自体が部首になっている例

里→「里(さと)」　用→「用(もちいる)」
支→「支(し)」　毛→「毛(け)」
長→「長(ながい)」
革→「革(かくのかわ・つくりがわ)」

練習 2

解答は別冊P.9・10

2 次の漢字の**部首**を下の**ア**〜**エ**から選び、（　）にその**記号**を記せ。

1 箇［ア⺮　イ口　ウ十　エ口］（　）
2 騷［ア馬　イ灬　ウ又　エ虫］（　）
3 到［ア一　イム　ウ至　エ刂］（　）
4 黙［ア里　イ黒　ウ犬　エ灬］（　）注
5 盗［ア冫　イ欠　ウ人　エ皿］（　）
6 跡［ア口　イ⻊　ウ亠　エ止］（　）
7 怒［ア一　イ女　ウ又　エ心］（　）
8 乗［アノ　イ一　ウ二　エ木］（　）難
9 帽［ア丨　イ巾　ウ日　エ目］（　）

10 執［ア土　イ十　ウ干　エ丶］（　）難
11 較［ア車　イ亠　ウ八　エ父］（　）
12 裁［ア土　イ弋　ウ戈　エ衣］（　）注
13 撃［ア車　イ殳　ウ又　エ手］（　）
14 幹［ア十　イ日　ウ人　エ干］（　）
15 震［ア一　イ雨　ウ厂　エ辰］（　）
16 端［ア立　イ山　ウ一　エ而］（　）
17 突［ア穴　イ宀　ウ八　エ大］（　）
18 疑［ア匕　イ矢　ウ丶　エ⻊］（　）注
19 曇［ア日　イ雨　ウ二　エム］（　）
20 翼［ア羽　イ田　ウ二　エ八］（　）
21 珍［ア𤣩　イ彡　ウ王　エ人］（　）
22 斜［ア人　イ二　ウ小　エ斗］（　）

3 次の漢字の**部首**を（　）に記せ。

(例) 菜（艹）

注	1 柔	（　）
	2 旬	（　）
	3 峠	（　）
	4 香	（　）
注	5 狩	（　）
	6 舞	（　）
	7 腐	（　）
注	8 胴	（　）
	9 雅	（　）
注	10 慮	（　）
難	11 互	（　）
	12 玄	（　）
	13 額	（　）
	14 臨	（　）
	15 覧	（　）
	16 暇	（　）
	17 舟	（　）
	18 占	（　）
	19 剤	（　）
	20 登	（　）
注	21 聖	（　）
	22 鼻	（　）
	23 乾	（　）
	24 輩	（　）
	25 劣	（　）
難	26 兼	（　）
注	27 競	（　）
難	28 巨	（　）
難	29 旨	（　）
	30 式	（　）
	31 秀	（　）
	32 殿	（　）
	33 筋	（　）
注	34 丈	（　）
注	35 垂	（　）
	36 濁	（　）

ONE Point

漢字自体が部首になっているものはどれ？

①星・是・旧・早・音・白・旨

②点・為・馬・熟・黒・烈・照

①音・白 ②馬・黒

「熟」した読みは「熟読」？

■熟語とは
二字以上の漢字を組み合わせたもので意味を区別・限定し、一定の意味を表す言葉。

漢字の組み合わせで広がる言葉の世界

漢字は一字一字が意味を持つ表意文字です。その意味は広い範囲を指すことが多く、一字で「言葉」として使用するのは難しいため、二字以上の漢字を組み合わせることで意味を限定し、新しい「言葉」が作られてきました。

こうした一定の意味を表す漢字の組み合わせを「熟語」と呼びます。二字熟語、三字熟語、四字熟語などいろいろな形の熟語がありますが、二字熟語が中心となって、私たちの言葉の世界は広がりました。

例えば、「読」という漢字を使った熟語で考えてみましょう。

黙読…声に出さずに読むこと。　**音読**…声に出して読むこと。
通読…ひと通りざっと読むこと。　**乱読**…手当たり次第に読むこと。
精読…細部までていねいに読むこと。

本の読み方ひとつとっても、実にさまざまですね。

タイトルに挙げた「熟読」も、「熟」した「読み方」というわけではなく、読み方を表す熟語の一つです。この場合の「熟」は「詳しく、じっくりと」という意味です。これを「読む」に付加することで、「よく考えてじっくりと読むこと」を表す熟語になります。

熟語の知識、ひいては語彙力を育むには「読書」はとても有効な手段で

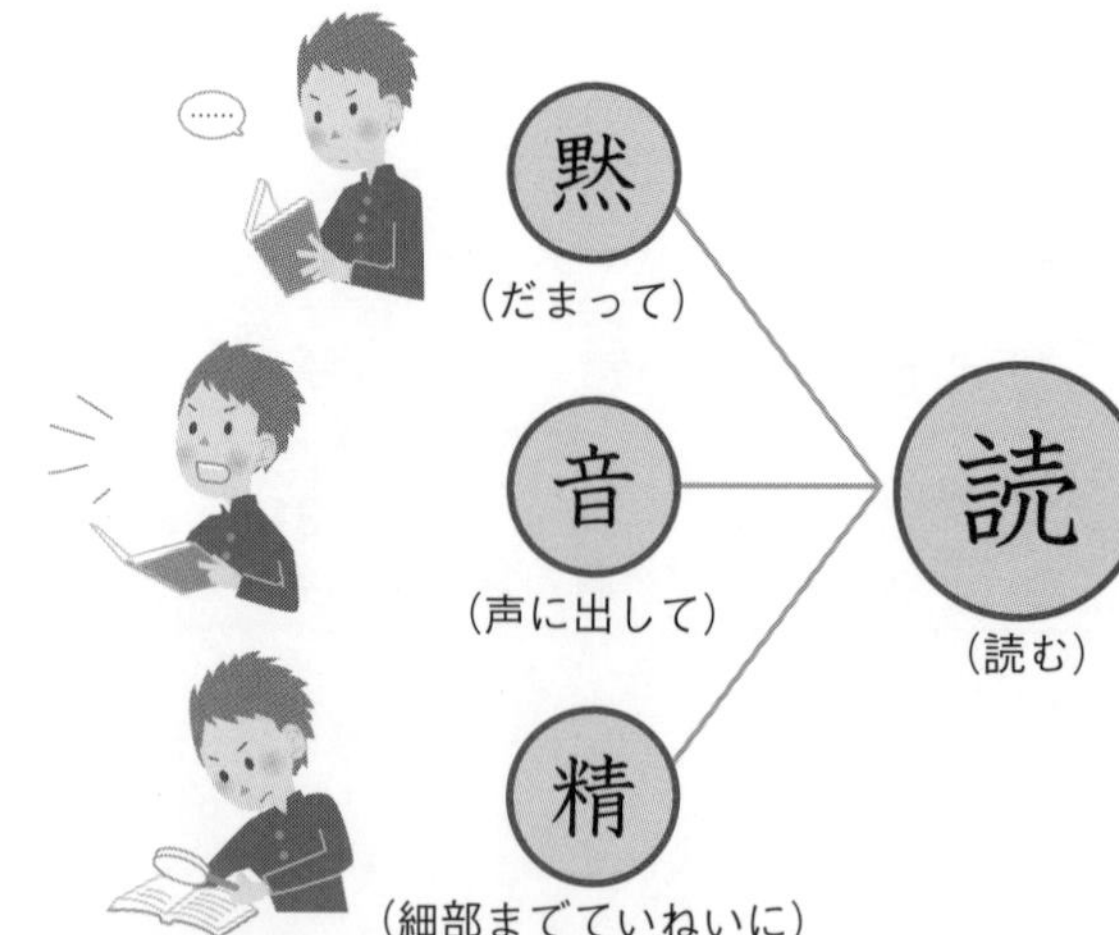

す。気に入った本の「愛読」、詩集の「朗読」、そして多くの本を最後まで「読破」するなどして、「読解」力もみがきたいものです。

熟語のいろいろな読み方

熟語の読み方には一定の法則があります。
(1)上の字を音読みすれば下の字も音読みする。➡「音読語」
(2)上の字を訓読みすれば下の字も訓読みする。➡「訓読語」
しかし例外も多く、音読みと訓読みを混用した「重箱読み」や「湯桶読み」、慣用音や熟字訓、当て字などの「慣用的な読み」などがあります。

1 音読語　上の字も下の字も音読みをする熟語
上が呉音なら下も呉音で、上が漢音なら下も漢音で、上が唐音なら下も唐音で読むという原則があります。ただし、それらが交ざった読みも、多くあります。

(例)応援・記憶　※上記は呉音と漢音が交ざった読み方

2 訓読語　上の字も下の字も訓読みをする熟語
(例)淡雪・手柄

3 重箱読み　上の字を音読み、下の字を訓読みする熟語
(例)雑煮・座敷

4 湯桶読み　上の字を訓読み、下の字を音読みする熟語
(例)影絵・沼地

5 慣用的な読み　慣用音や熟字訓、当て字などの特別な読み方
(例)合戦・為替

音読語

●上下とも呉音で読むもの
会釈(えしゃく)　金色(こんじき)　修行(しゅぎょう)　人間(にんげん)　黙認(もくにん)　など

●上下とも漢音で読むもの
期間(きかん)　協会(きょうかい)　決定(けってい)　特色(とくしょく)　反省(はんせい)　など

●上下とも唐音で読むもの
行脚(あんぎゃ)　行灯(あんどん)　提灯(ちょうちん)　払子(ほっす)　など

●上を呉音、下を漢音で読むもの
境界(きょうかい)　時間(じかん)　自由(じゆう)　内外(ないがい)　無職(むしょく)　など

●上を漢音、下を呉音で読むもの
越境(えっきょう)　感情(かんじょう)　権限(けんげん)　承認(しょうにん)　東西(とうざい)　など

訓読語

荒波(あらなみ)　奥底(おくそこ)　親子(おやこ)　小鳥(ことり)　月夜(つきよ)　名前(なまえ)
初恋(はつこい)　鼻血(はなぢ)　広場(ひろば)　床下(ゆかした)　夜露(よつゆ)　など

重箱読み(上が音、下が訓)

縁組(えんぐみ)　王手(おうて)　額縁(がくぶち)　地声(じごえ)　仕事(しごと)　親身(しんみ)
素顔(すがお)　台所(だいどころ)　団子(だんご)　茶柱(ちゃばしら)　幕内(まくうち)　など

湯桶読み(上が訓、下が音)

雨具(あまぐ)　金具(かなぐ)　消印(けしいん)　小僧(こぞう)　酒代(さかだい)　敷布(しきふ)
手本(てほん)　野宿(のじゅく)　店番(みせばん)　家賃(やちん)　湯気(ゆげ)　など

慣用的な読み

音頭(おんど)　格子(こうし)　五月(さつき)　早速(さっそく)　深紅(しんく)　木綿(もめん)
輸入(ゆにゅう)　など

熟語の構成と意味の理解

熟語が表意文字である漢字を二字以上組み合わせて構成されていることは、前のページまでで説明したとおりです。知らない熟語に出会ったとき、漢字の意味と熟語の構成（組み立て）を考えると、熟語のおおよその意味を推測することができます。

熟語の構成（組み立て）は、おおむね次のように分類できます。

1 同じような意味の漢字を重ねたもの

●同じ漢字を重ねて様子や状態を表すもの

「代代」「刻刻」などがこれにあたります。「代々」のように、踊り字（々）を使って書くこともできます。

●同じような意味の漢字を重ねて互いに意味を補い合うもの

この構成の熟語は多く、どちらかの漢字の意味がわかると、熟語の意味もだいたい見当がつきます。

・物のありさまや性質を表す漢字を重ねたもの　（例）善良　軽薄

・動作を表す漢字を重ねたもの　（例）建設　尊敬

・物の名を表す漢字を重ねたもの　（例）樹木　森林

2 反対または対応の意味を表す漢字を重ねたもの

●物のありさまや性質を表す漢字を組み合わせたもの　（例）高低　苦楽

●動作を表す漢字を組み合わせたもの　（例）攻守　送迎

●物の名を表す漢字を組み合わせたもの　（例）心身　主従

熟語の組み立て方の例

① 同じような意味の漢字を重ねたもの

●同じ漢字を重ねて様子や状態を表す熟語

少少　個個　再再　刻刻　続続　堂堂
淡淡　洋洋　朗朗　歴歴

●同じような意味の漢字を重ねて互いに意味を補い合う熟語

・物のありさまや性質を表す漢字を重ねた熟語

豊富　永久　濃厚　新鮮　清潔　精密
詳細　珍奇　平凡　優秀　鋭敏

・動作を表す漢字を重ねた熟語

言語　禁止　圧迫　依頼　勤務　映写
過去　分割　満足　繁栄

・物の名を表す漢字を重ねた熟語

岩石　河川　絵画　宮殿　身体　皮膚
道路　機器　陰影

② 反対または対応の意味を表す字を重ねたもの

●物のありさまや性質を表す漢字を組み合わせた熟語

善悪　軽重　寒暑　有無　細大　厚薄
安危　難易　濃淡　清濁

●動作を表す漢字を組み合わせた熟語

取捨　集散　浮沈　断続　去来　授受
贈答　貸借　発着

この構成に分類されるのは、相反する二つの意味を対照的に表す熟語が大半ですが、どちらか一つの漢字の意味だけを表す熟語や、もとの意味から転じて別の意味を表す熟語もありますので、注意が必要です。

(例)黒白(こくびゃく)(物の善し悪(あ)し)
動静(人や物事の活動の様子)
始終(いつも)
異同(異なっているところ、違い)

3 上の字が下の字を修飾しているもの

修飾と被修飾の関係にあり、上から下へ読むと、熟語のおおよその意味がわかります。

●上の字が下の字を連体修飾するもの
(例)国歌(→国の歌)　深海(→深い海)

●上の字が下の字を連用修飾するもの
(例)楽勝(→楽に勝つ)　予告(→予(あらかじ)め告げる)

4 下の字が上の字の目的語・補語になっているもの

「…を～する」「…に～する」というように、下から上へ読むと、熟語のおおよその意味がわかります。

(例)握手(→手を握る)　乗車(→車に乗る)

※便宜(べんぎ)上、熟語で前に来る漢字(一字目)を「上の字」、後に来る漢字(二字目)を「下の字」としています。

●物の名を表す漢字を組み合わせた熟語

表裏　今昔　縦横　師弟　賞罰

③上の字が下の字を修飾しているもの

●上の字が下の字を連体修飾する熟語

砂丘　美談　斜面　漢字　胃液　品質
洋画　脳波　物価　銀幕　麦芽　急病
新人　悪役　晩秋　重罪

●上の字が下の字を連用修飾する熟語

早熟　黙認　重視　永住　先発　互助
厳禁　急増　晩成　再会　激突　予知
安眠　遠征

④下の字が上の字の目的語・補語になっているもの

越年　延期　開会　加熱　改心　観劇
脱皮　求婚　護身　握手　追跡　始業
指名　失明　執務　開幕　遅刻　出題
尽力　点火　避難　増税　登頂　保健

⑤上の字が下の字の意味を打ち消しているもの

●「不」がついた熟語

不純　不慮　不断　不潔　不服　不当
不徳　不義　不興　不要　不振

●「無」がついた熟語

無為　無恥　無尽　無量　無数

5 上の字が下の字の意味を打ち消しているもの
上に「不」「無」「非」「未」など、打ち消し(否定)の意味を表す漢字がついて、下の漢字の意味を打ち消します。

(例) 不備　無数　非常　未完

6 上の字が主語、下の字が述語になっているもの
「…が〜する」と、上から下へ読むと意味がわかります。

(例) 雷鳴(**↓雷が鳴る**)

7 上に「所」「被」をつけたもの
「所」は行為の対象や内容を示す言葉、「被」は受け身の意を表す言葉で、それぞれ「…するところのもの」「…される(もの)」という意味の熟語を作ります。

(例) 所得　被告

8 「然」「的」などの接尾語が下についたもの
上の字の意味に基づいて、そのような状態・性質・傾向であることを表します。

(例) 平然　美的

9 三字以上の熟語を略したもの(略語)
(例) 高校(**高等学校**)　特急(**特別急行**)

学割(**学生割引**)　原爆(**原子爆弾**)

●「非」がついた熟語
非番　非才　非情　非凡

●「未」がついた熟語
未明　未開　未刊　未婚　未収　未熟
未然　未知　未着　未定　未詳

⑥**上の字が主語、下の字が述語になっているもの**
地震　人造　国立　私製　官選

⑦**上に「所」「被」をつけたもの**
●「所」がついた熟語
所感　所見　所産　所属　所有　所用

●「被」がついた熟語
被告　被害

⑧**「然」「的」などの接尾語が下についたもの**
●「然」がついた熟語
断然　純然　判然　漫然　歴然　騒然
端然

●「的」がついた熟語
法的　病的　物的　静的　動的　詩的

三字の熟語の組み立て方

三字の熟語は、そのほとんどが二字の熟語の上か下に漢字が一字ついてできています。

1 もとの熟語に新たな意味が付加されたもの

●上に漢字が一字ついたもの

「定」＋「位置」で「定位置」となる形です。

●下に漢字が一字ついたもの

「自尊」＋「心」で「自尊心」となる形です。

2 否定の意味を表す漢字が上についたもの

「不本意」「無責任」「非常識」「未完成」のように「不」「無」「非」「未」などが下の熟語の意味を打ち消す形のものです。

《注意すべき語例》

「非常口」…「非常」＋「口」→非常時の出口

「未知数」…「未知」＋「数」→まだ知られていない数

3 接尾語が下についたもの

「協調性」「効果的」など、「性」「的」「化」などの接尾語がつく形です。

4 漢字が三字対等に重ねられたもの

「衣」＋「食」＋「住」で「衣食住」となる形です。

三字の熟語の組み立て方の例

① もとの熟語に新たな意味が付加されたもの

●上に漢字が一字ついたもの

手拍子　最高潮　夢心地　低気圧
小規模　高性能　大自然　美意識
微生物　手荷物　初対面　密貿易

●下に漢字が一字ついたもの

人類学　専門家　安心感　調査官
最大限　必需品　善後策　報道陣
性善説

② 否定の意味を表す漢字が上についたもの

不始末　不合理　不名誉　不首尾
不作法　無意識　無感覚　無造作
無分別　非公開　非合法　非公式
非人情　未経験　未解決　未成年
未開拓

③ 接尾語が下についたもの

人間性　国民性　社交性　必然性
標準的　道徳的　本格的　通俗的
楽観的　図案化　合理化　長期化
機械化　習慣化

④ 漢字が三字対等に重ねられたもの

大中小　天地人　松竹梅　陸海空

熟語の構成 ウォーミングアップ

解答は別冊P.10

1 次の各文の**意味を表す熟語**を、それぞれ**文中にある漢字を使って**□に記せ。

（例）岩と石。 → 岩石

1 当選と落選。 → □□
2 漁業をする水域、場所。 → □□
3 家庭の外でとる食事。 → □□
4 劇の上演が終わること。 → □□
5 会議や討議する事がらの題目。 → □□
6 現在の状態。 → □□
7 直接に上訴すること。 → □□
8 時刻に遅れる。 → □□

2 次の□には――線の漢字を**打ち消す**（否定する）**意味の漢字**が入る。（　）の中にその**漢字**を記せ。

（例）□念の死をとげる。（無）

1 父は□言でうなずいた。（　）
2 会合の詳しい日時は□定です。（　）
3 □覚にも涙が出た。（　）
4 □来は無限の可能性がある。（　）
5 □測の事態が起こった。（　）
6 考えられる問題は□然に防ぐ。（　）
7 □知の世界に足を踏み入れる。（　）
8 □当な扱いを受けて激怒する。（　）
9 □合法な手段で入国する。（　）
10 問題は□解決のままだ。（　）
11 書類の□備を指摘された。（　）
12 火の□始末には気をつける。（　）

熟語の構成 練習 1

実施日 ／

解答は別冊P.11

1 **熟語の構成**のしかたには次のようなものがある。

ア 同じような意味の漢字を重ねたもの（岩石）
イ 反対または対応の意味を表す字を重ねたもの（高低）
ウ 上の字が下の字を修飾しているもの（洋画）
エ 下の字が上の字の目的語・補語になっているもの（着席）
オ 上の字が下の字の意味を打ち消しているもの（非常）

次の**熟語**は、**ア～オ**のどれにあたるか。（　）の中に**記号**で記せ。

1 栄枯（　）
2 盛況（　）
意味 会などが、にぎわいさかんな様子。
3 求婚（　）
4 歓喜（　）
5 旧姓（　）
6 濃淡（　）
7 握手（　）
8 珍事（　）

9 禁煙（　）
10 援助（　）
11 雅俗（　）
12 渡世（　）
13 老僧（　）
14 恐怖（　）
15 脱帽（　）
ヒント 敬意を表す意味だが、どんな行動か考える。
16 不眠（　）

ONE Point

「山川」は「山」と「川」が対等
このような熟語は、『「山」と「川」』のように
「と」を入れて意味を考えましょう。

漢字の読み
漢字の部首
熟語の理解
対義語・類義語
四字熟語
送りがな
同音・同訓異字
書き取り

熟語の構成 練習 2

解答は別冊P.11

1 **熟語の構成**のしかたには次のようなものがある。

ア　同じような意味の漢字を重ねたもの　（**岩石**）
イ　反対または対応の意味を表す字を重ねたもの　（**高低**）
ウ　上の字が下の字を修飾しているもの　（**洋画**）
エ　下の字が上の字の目的語・補語になっているもの　（**着席**）
オ　上の字が下の字の意味を打ち消しているもの　（**非常**）

次の**熟語**は、**ア〜オ**のどれにあたるか。（　）の中に**記号**で記せ。

1 越境（　）
2 更衣（　）
3 敏速（　）
4 未踏（　）
5 経緯（　）
6 迎春（　）
7 耐震（　）難
8 乾季（　）
9 無為（　）
10 首尾（　）
11 噴火（　）
12 秀作（　）

13 詳細（　）
14 執筆（　）
15 雌雄（　）
16 恩恵（　）
17 鉄塔（　）
18 自他（　）
19 増殖（　）
20 巨体（　）
21 攻防（　）
22 因果（　）
23 脱線（　）
24 無恥（　）

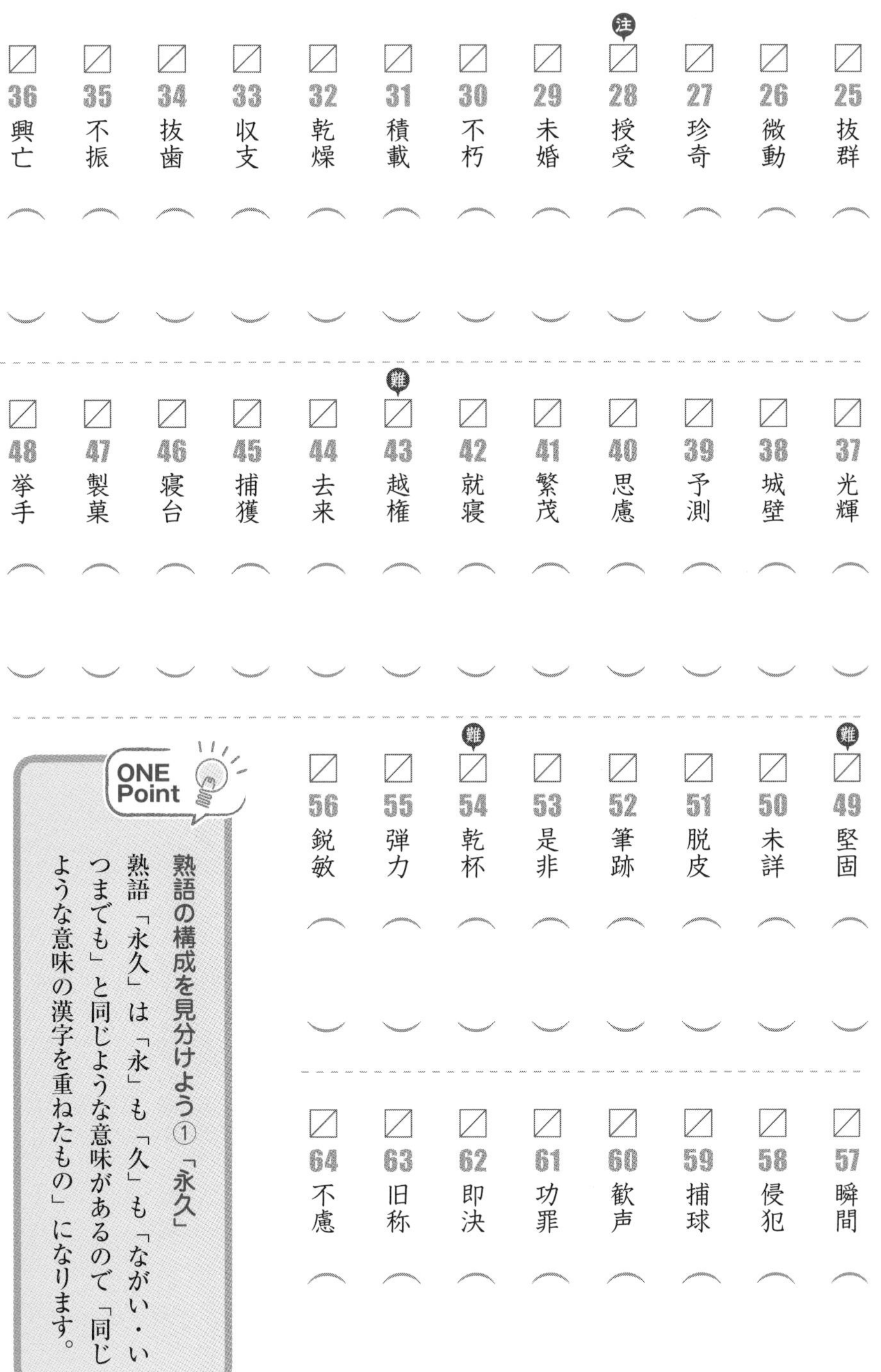

25 抜群（　）
26 微動（　）
27 珍奇（　）
28 注 授受（　）
29 未婚（　）
30 不朽（　）
31 積載（　）
32 乾燥（　）
33 収支（　）
34 抜歯（　）
35 不振（　）
36 興亡（　）

37 光輝（　）
38 城壁（　）
39 予測（　）
40 思慮（　）
41 繁茂（　）
42 就寝（　）
43 難 越権（　）
44 去来（　）
45 捕獲（　）
46 寝台（　）
47 製菓（　）
48 挙手（　）

49 難 堅固（　）
50 未詳（　）
51 脱皮（　）
52 筆跡（　）
53 是非（　）
54 難 乾杯（　）
55 弾力（　）
56 鋭敏（　）

57 瞬間（　）
58 侵犯（　）
59 捕球（　）
60 歓声（　）
61 功罪（　）
62 即決（　）
63 旧称（　）
64 不慮（　）

ONE Point

熟語の構成を見分けよう①「永久」

熟語「永久」は「永」も「久」も「ながい・いつまでも」と同じような意味があるので「同じような意味の漢字を重ねたもの」になります。

熟語の構成 練習 2

実施日

解答は別冊P.11・12

2 次の□には――線の漢字と**似た意味の漢字**が入る。その漢字を後の□の中から選んで**熟語を作り**、（　）にその**記号**を記せ。

1 見事に賞品を□得した。（　）
2 相手の□争心をあおる。（　）
3 □大な建物が林立している。（　）
4 新□な魚介類が手に入った。（　）
5 地方を□回して公演する。（　）
6 脂□分の少ない牛乳を買う。（　）
7 食物に防腐剤を□加する。（　）
8 将来に備えて貯□する。（　）

ア 巨　イ 鮮　ウ 添　エ 防　オ 闘　カ 蓄　キ 獲　ク 巡

3 次の□には――線の漢字と**反対の意味の漢字**が入る。その漢字を後の□の中から選んで**熟語を作り**、（　）にその**記号**を記せ。

1 □速なく作業を進めた。（　）
2 社の浮□にかかわる一大事だ。（　）
3 □守ともに優れている選手だ。（　）
4 □続的に雨が降っている。（　）
5 問題に□易の差がありすぎる。（　）
6 客を自動車で送□する。（　）
7 月により収入が増□する。（　）
8 賞□の基準を明確にする。（　）

ア 迎　イ 断　ウ 難　エ 遅　オ 沈　カ 罰　キ 攻　ク 減

4 次の熟語と**同じ構成でできている熟語**を下のア〜エから選び、（　）にその**記号**を記せ。

1 微量［ア不意　イ加減　ウ激突　エ攻防］（　）

2 往復［ア優劣　イ朗報　ウ未決　エ末端］（　）

注 3 離合［ア干満　イ遠征　ウ出荷　エ斜面］（　）

4 不惑［ア偉業　イ去就　ウ油脂　エ未納］（　）

5 応答［ア奇数　イ汚濁　ウ就任　エ捕球］（　）

6 減量［ア比較　イ橋脚　ウ耐火　エ寸劇］（　）

7 鮮明［ア攻守　イ拍手　ウ休暇　エ壁画］（　）

難 8 傍線［ア汚点　イ起床　ウ不備　エ越境］（　）

9 皮膚［ア違反　イ乾季　ウ鋭角　エ越冬］（　）

10 優劣［ア存亡　イ別離　ウ未完　エ避暑］（　）

難 11 需給［ア耐震　イ離陸　ウ樹齢　エ雅俗］（　）

12 救援［ア戦闘　イ追跡　ウ加減　エ荒野］（　）

13 着脱［ア屈指　イ運搬　ウ陰陽　エ寝台］（　）

14 整髪［ア握力　イ仰天　ウ不順　エ安眠］（　）

ONE Point

熟語の構成を見分けよう②「去就」

熟語「去就」のように、反対・対応の意味を表す字を重ねた熟語は、「去ること」と「就くこと」というように、「と」を入れて考えましょう。

熟語の作成
ウォーミングアップ

実施日 ／

解答は別冊P.12

1 次の□に入る適切な漢字を後の[　]の中から選び、四つの熟語を完成せよ。

1
上：特　左：象　右：収　下：候

2
上：講　左：注　右：放　下：明

3
上：多　左：繁　右：中　下：殺

4
上：権　左：猛　右：厳　下：勢

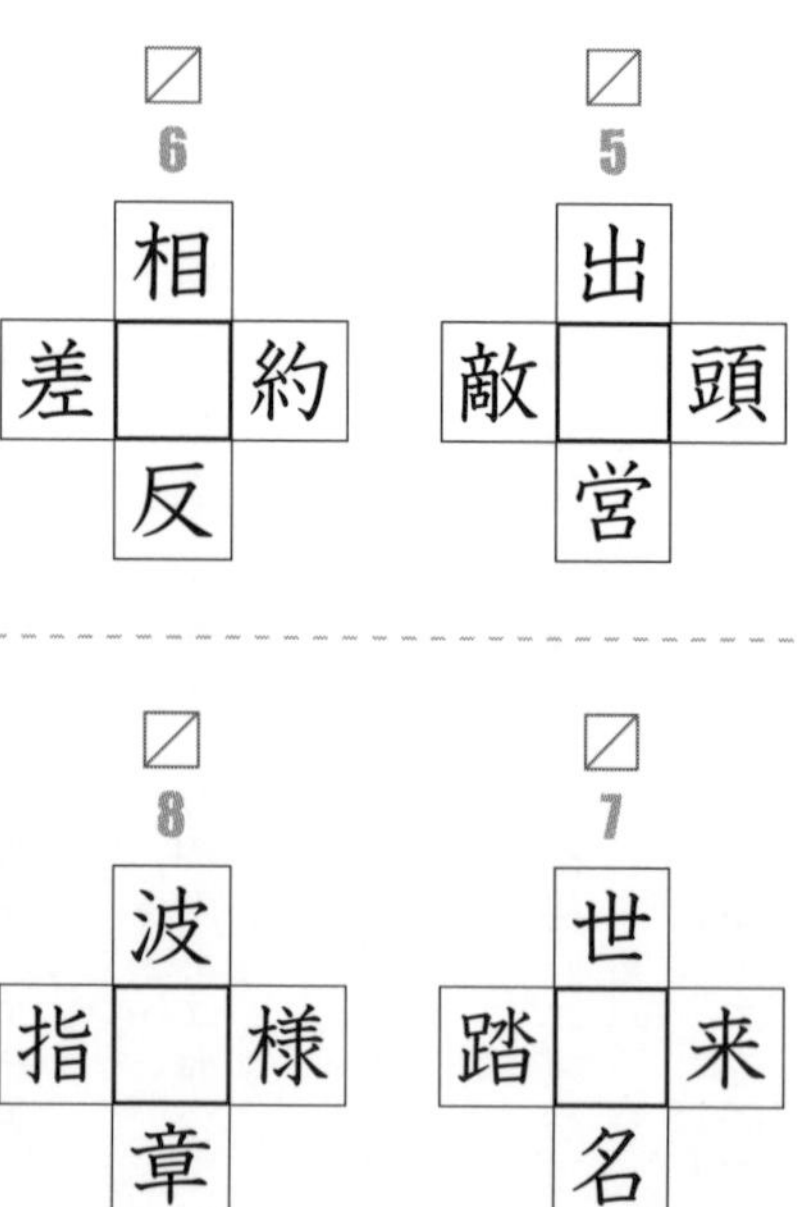

違　尾　忙　襲　威
釈　徴　紋　互　陣

熟語の作成 練習 1

実施日 ／

解答は別冊P.12

1 次の漢字と後の［　］の漢字を組み合わせて二字の**熟語**を作り［　］に記せ。［　］の漢字は上でも下でもよい。

1 暇
2 隷
3 露（ヒント 「あらわれる」という意味もある。）
4 匹（ヒント 「二つがならぶ」という意味もある。）
5 頼
6 越
7 盤
8 光（ヒント この「光」は日・昼の意。月・夜の意を持つ漢字とで時間の意の熟語を作る。）
9 号
10 替

代　依　敵　怒　境
属　基　寸　陰　出

2 次の漢字と組み合わせて二字の熟語が作れる漢字を後の［　］から**すべて選び**、その**漢字**を（　）に記せ。［　］の漢字は**何度選んでもよく**、また上でも下でもよい。

1 搬（意味 運ぶ。移す。）（　）
2 却（　）
3 歓（意味 よろこぶ。親しむ。）（　）
4 及（　）
5 介（意味 はさまる。助ける。）（　）

追　入　売　言　談　紹
出　待　受　波　下　在

ONE Point

熟語の構成を見分けよう③「小鳥」

熟語「小鳥」は「小さい鳥」と考え、上の「小」が下の「鳥」を連体修飾しているので「上の字が下の字を修飾しているもの」になります。

熟語の作成 練習 2

実施日 ／

解答は別冊P.12

1

1〜5の三つの□に共通する漢字を入れて熟語を作れ。漢字はア〜コから選び、（　）にその記号を記せ。

1 □身・路□・□車（　）
2 □齢・□夜・歳□（　）
3 □服・遠□・出□（　）
4 難 確□・□心・□行（　）
5 道□・極□・突□（　）

ア 月　イ 信　ウ 端　エ 執　オ 胴
カ 頭　キ 征　ク 肩　ケ 年　コ 理

2

1〜5の三つの□に共通する漢字を入れて熟語を作れ。漢字はア〜コから選び、（　）にその記号を記せ。

1 □目・□勤・□無（　）
2 □言・英□・油□（　）
3 □悪・□称・世□（　）
4 □下・起□・寝□（　）
5 難 □泊・枯□・冷□（　）

ア 却　イ 劣　ウ 網　エ 断　オ 淡
カ 継　キ 皆　ク 宿　ケ 床　コ 俗

3 1〜5の三つの□に**共通する漢字**を入れて熟語を作れ。漢字は**ア〜コ**から選び、（　）にその**記号**を記せ。

1 □水・□点・清□（　）

2 投□・□絵・陰□（　）

3 狂□・物□・□然（　）

難 4 □与・月□・天□（　）

5 □角・□感・□痛（　）

ア 汚　イ 下　ウ 喜　エ 賦　オ 濁
カ 給　キ 騒　ク 影　ケ 鋭　コ 鈍

4 1〜5の三つの□に**共通する漢字**を入れて熟語を作れ。漢字は**ア〜コ**から選び、（　）にその**記号**を記せ。

1 □査・舞□・雑□（　）

注 2 額□・□談・□倒（　）

3 捕□・□物・浸□（　）

難 4 □会・拡□・□髪（　）

5 □手・□子・□車（　）

ア 食　イ 縁　ウ 踏　エ 大　オ 散
カ 握　キ 獲　ク 面　ケ 検　コ 拍

ONE Point

熟語の構成を見分けよう④「納品」

熟語「納品」は「品を納める」と下から上へ読めるので「下の字が上の字の目的語・補語になっているもの」になります。

熟語の作成 練習 2

解答は別冊P.13

5

1～**5**の三つの□に**共通する漢字**を入れて熟語を作れ。漢字は**ア**～**コ**から選び、（　）にその**記号**を記せ。

1 □説・□力・□遊　（　）

注 2 処□・□則・□金　（　）

3 □売・□路・市□　（　）

4 □殺・□想・□秘　（　）

難 5 鉄□・□煙・□弾　（　）

ア 原　イ 血　ウ 噴　エ 砲　オ 浮
カ 解　キ 評　ク 罰　ケ 販　コ 黙

6

1～**5**の三つの□に**共通する漢字**を入れて熟語を作れ。漢字は**ア**～**コ**から選び、（　）にその**記号**を記せ。

1 □道・□装・□店　（　）

2 苦□・不□・熟□　（　）

3 切□・□力・堅□　（　）

4 □状・告□・起□　（　）

注 5 □着・□情・□味　（　）

ア 言　イ 迫　ウ 愛　エ 実　オ 舗
カ 歩　キ 薄　ク 慮　ケ 惨　コ 訴

7 次の漢字と下のa～fの漢字を組み合わせて熟語を作る場合、**熟語とならない漢字が一つだけ**ある。その漢字を**記号**で答えよ。（a～fの漢字は上でも下でもよい。）

1 敏［a過 b速 c腕 d機 e軽 f感］（　）
2 妙［a変 b齢 c軽 d神 e奇 f案］（　）
3 屈［a強 b不 c理 d従 e発 f指］（　）
4 趣［a味 b旨 c雅 d好 e野 f意］（　）
5 侵［a攻 b害 c入 d略 e犯 f透］（　）
6 鑑［a視 b賞 c査 d図 e札 f名］（　）
注 7 認［a容 b黙 c非 d誤 e追 f可］（　）
注 8 漫［a然 b散 c談 d自 e放 f遊］（　）
9 触［a感 b発 c筆 d覚 e低 f接］（　）
難 10 雄［a英 b士 c図 d飛 e偉 f花］（　）
11 含［a内 b包 c実 d有 e味 f蓄］（　）
12 途［a航 b端 c用 d別 e次 f前］（　）
13 躍［a進 b飛 c勇 d動 e暗 f気］（　）
難 14 摘［a記 b合 c指 d要 e録 f出］（　）

ONE Point

音訓を使いこなして熟語を作成

二字熟語の多くは音読みどうしの組み合わせですが、時に訓読みとセットになる場合があります。訓読みでも考えてみてください。

セットで覚えて語彙力アップ！

「借りる」の反対は「貸す」？「返す」？

「対義語」とは、意味が反対になる語のセットをいいます。では「借りる」の対義語は何でしょうか？「貸す」でしょうか？「返す」でしょうか？

実は、「貸す」「返す」ともに「借りる」の対義語です。「借りる」に対して、借りた本人の視点で見ると反対の行動は「返す」になります。しかし「借りる」人もいれば「貸す」人もいます。人間関係という視点で見ると「借りる」の反対は「貸す」になります。つまり、対義語は何を視点の基準とするかによって変わり、一対でできあがるものばかりではないというわけです。

また「古い」と「新しい」は反対の意味です。しかし「古」と「新」を含んでいるからといって、「古書」と「新鋭」は対義語ではありません。「古書」に対しては〝本〟の意味を含む「新書」、「新鋭」に対しては〝経験と力量〟の意味を含む「古豪」が対義語になります。あくまで、熟語全体の意味が反対になっている必要があります。

このように、ある語の対義語を考えるときには、さまざまな角度から考えて適切な語を選ばなければいけません。そのためにも、国語力や語彙力を日ごろからみがいておきましょう。

■対義語は一対とは限らない

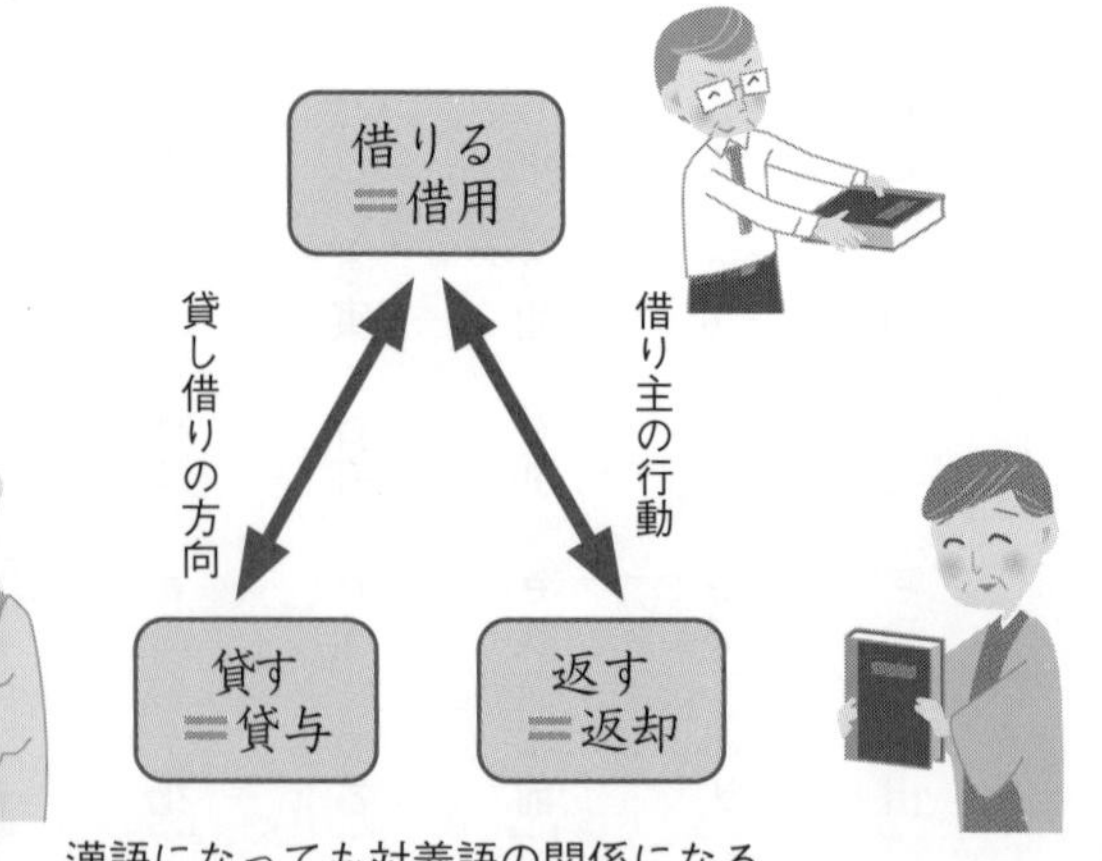

漢語になっても対義語の関係になる。

対義語

「対義語」といっても、単純にひとくくりにできるものではありません。漢検では次に説明する「反対語（反意語）」と「対応語（対照語）」を合わせて「対義語」としています。

1 反対語（反意語）　互いに反対の意味を持つ言葉（熟語）

「生↔死」のように、一方を否定すれば必ず他方になるもの、「大きい↔小さい」や「難解↔平易」など、程度の差を表す場合もあります。ほかにも、「受領↔授与」や「黙秘↔供述」のように、一つの事柄を見方や立場、行動を反対にして表現するものもあります。

2 対応語（対照語）　互いに対応して一対のものとなっている言葉（熟語）

「天」と「地」、「北極」と「南極」など、対になる言葉のセットです。これらの語は組み合わさって一つの対となります。

3 対義語の構成

●共通の漢字があるもの

・上の字が反対または対応する意味で、下の字が共通しているもの

豊作↔凶作　清流↔濁流　開店↔閉店　など

・上の字が共通していて、下の字が反対または対応する意味のもの

完勝↔完敗　最低↔最高　輸入↔輸出　など

●共通の漢字がないもの

・上下の字がそれぞれ反対または対応する意味のもの

優良↔劣悪　増進↔減退　開放↔閉鎖　など

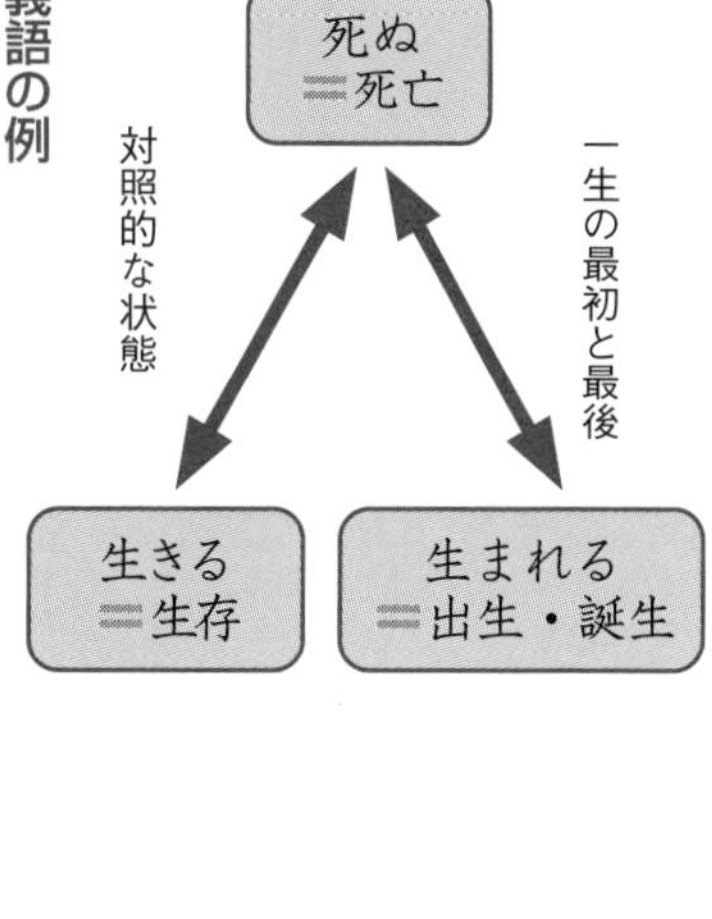

死ぬ
＝死亡

一生の最初と最後

生まれる
＝出生・誕生

対照的な状態

生きる
＝生存

■対義語の例

●共通の漢字があるもの

・上の字が反対または対応する意味で、下の字が共通しているもの

強者↔弱者　善人↔悪人

増収↔減収　鈍感↔敏感

・上の字が共通していて、下の字が反対または対応する意味のもの

歓送↔歓迎　最長↔最短

転入↔転出　年末↔年始

●共通の漢字がないもの

・上下の字がそれぞれ反対または対応する意味のもの

拡大↔縮小　利益↔損失

・上下のいずれの字も対応していないもの

理性↔感情　地味↔派手

・上下のいずれの字も対応していないもの

憶測⇔確信　人為⇔自然　義務⇔権利　など

類義語

・友達＝友人　入手＝取得　決める＝決定

「類義語」とは「似た意味の言葉」です。この三組が「類義語」になることはおわかりでしょう。しかしながら、一口に「類義語」といっても意味が全く同じ場合もあれば、共通の意味を持つものの使用場面は異なる場合など、対義語よりも広い範囲で語句どうしがつながっています。漢検では次に説明する「同義語（同意語）」と「類義語」を合わせて「類義語」としています。

1 同義語（同意語）　意味が同じ言葉（熟語）

(例) 友達＝友人　永遠＝永久　など

ただし、たとえ意味が同じであっても、「友達」は日常的な場面で使用し、「友人」はかしこまった場で使用するという微妙なニュアンスの違いが見られます。極端な例を出すと、「父」と「お父さん」とは全く同じ意味ですが、使用場面によって使い分ける必要がありますね。このように「同義語」といえども、実際の活用場面ではその場にふさわしい語を選べるよう、語意を正確に学ぶように気を配りましょう。

また、「永遠」と「永久」も「いつまでも限りなく続くこと」と全く同じ意味を持ち、文章で使うときニュアンスの違いはありません。しかし、「永久磁石」や「永久欠番」、「永遠の眠り」など、別の語句と組み合わせる場合には、いずれかの語しか使えない場合があります。

■類義語の意味の広がり

●同義語（同意語）のニュアンスの違い

父…「父は県庁に勤めている」

お父さん…「お父さんに聞きなさい」

●同義語（同意語）は意味が同じ

二つの言葉の意味は、ほぼ重なっている

●類義語（意味が部分的に重なり合うもの）

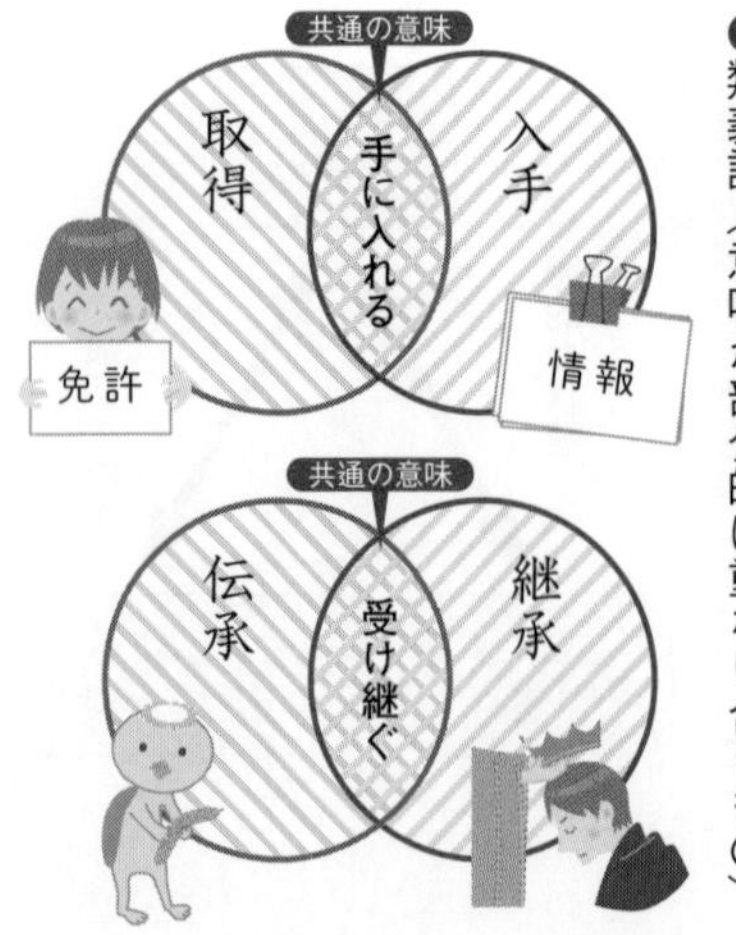

2 類義語　二つの熟語の意味が互いに類似している言葉（熟語）

●部分的に重なり合うもの

(例) 入手＝取得　　継承＝伝承　など

「入手」と「取得」はともに「あるものを手に入れる」という意味です。では、次の文の○○には「入手」「取得」のどちらが入るでしょうか。

① 免許を○○する。
② 情報を○○する。

①の免許が「取得」で、②の情報が「入手」です。逆にするとおかしな文になります。これは「手に入れる」という同じ意味を持つ熟語であっても、何を手に入れるかによってどちらを使うのが適切かが決まるからです。

「入手」は「手に入れること。自分のものにすること」に対し、「取得」は「自分の所有とすること。ある資格や権利などを自分のものとして得ること」という微妙な意味の違いがあり、どちらを使うかは文脈によって決まってくるのです。

●一方が他方に含まれるもの

(例) 決める＝決定　　認める＝公認　など

日本語（和語）の「決める」は漢語の「決定」と意味が共通します。さらには「決心」「決意」「決断」など、非常に多くの語とも意味が共通しています。「決める」であればどんな文でも意味が通じても、それぞれの漢語では意味が限定されるため、文の意味が通じなくなることがあります。例えば、「会議の日時を**決心**する」「なかなか**決意**がつかない」などとは使いません。このように一方の言葉の意味が他方の言葉の意味をすっぽり包んでいる場合も、類義語の関係といえます。

●類義語（一方が他方に含まれるもの）

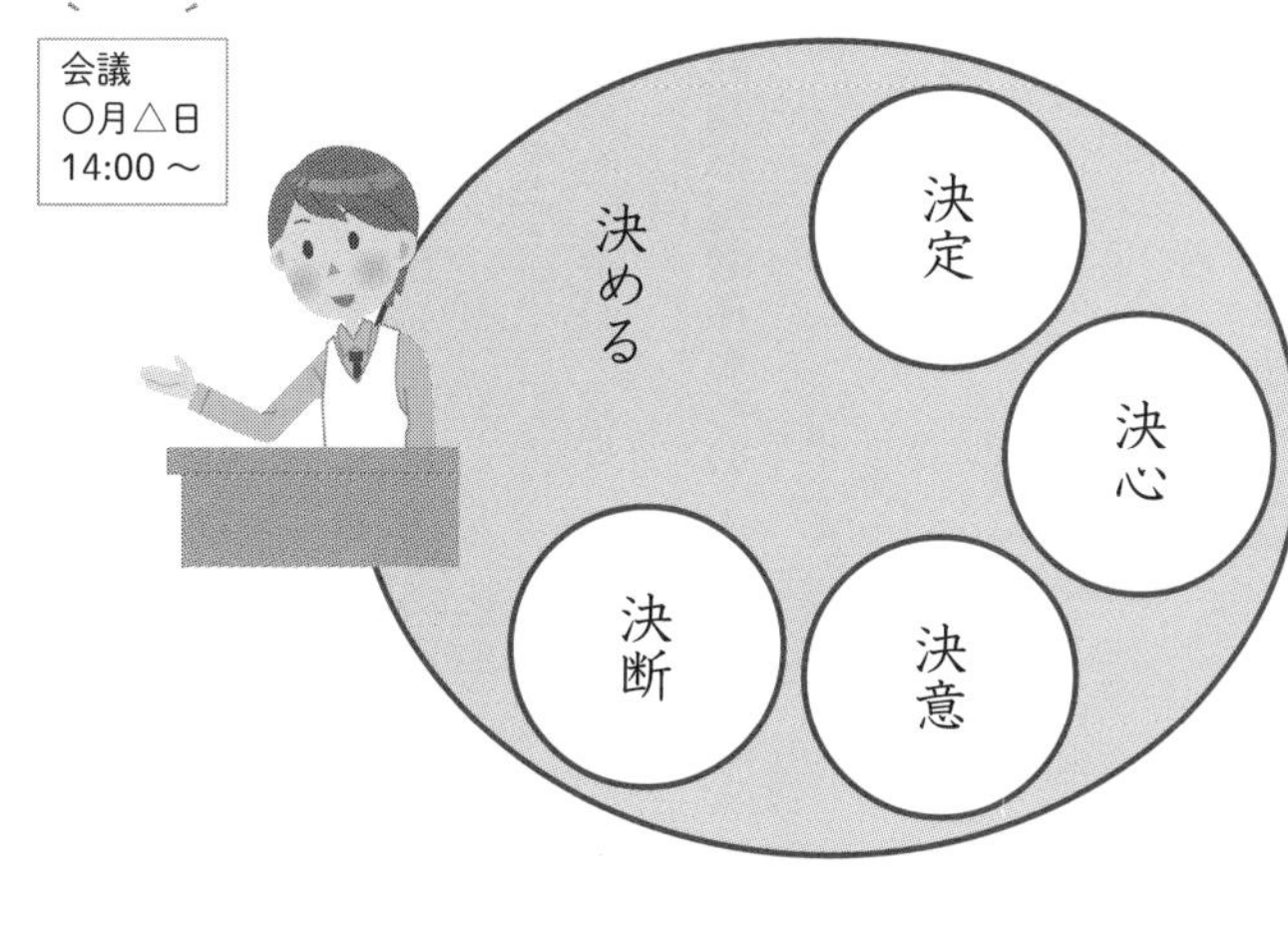

それぞれの漢語が表す内容は限定的。
×「会議の日時を決心する」
⬇○「会議の日時を決定する」
×「なかなか決意がつかない」
⬇○「なかなか決心がつかない」

3 類義語の構成

●共通の漢字があるもの

・上の字が似た意味を持ち、下の字が共通のもの

希望＝願望　母国＝祖国　など

・上の字が共通で、下の字が似た意味を持っているもの

性格＝性質　予想＝予測　など

●共通の漢字がないもの

短所＝欠点　役目＝任務　など

類義語はたいへん幅が広く、一対とは限りません。複数の語が類義語の関係となっている場合もたくさんあります。

また、日本語はほかの言語よりも類義語が多いといわれています。というのは、古くから日本で使われてきた「和語」だけでなく、中国から伝わった漢字をもとにした「漢語」、また外国の言葉をそのまま日本語として使用する「外来語」もあるからです。そのため、同じ内容を指す異なる言葉が数多く存在しているのです。ただし、すべての語が同じニュアンスで使用されるとは限らないので、こちらも語意を正しく覚える必要があります。

●和語どうしの類義語もある

・いえ＝すまい

・うつくしい＝きれいだ

■類義語の構成

●共通の漢字があるもの

・上の字が似た意味を持ち、下の字が共通のもの

考慮＝配慮　自筆＝直筆

・上の字が共通で、下の字が似た意味を持っているもの

温順＝温和　賛成＝賛同

●共通の漢字がないもの

傾向＝風潮　役目＝任務

■類義語が複数あるもの

日常＝平素＝平生（へいぜい）＝平常

注目＝注視＝注意＝関心

知っておきたい対義語・類義語一覧

対義語

- □一致⇔相違
- □温和⇔乱暴
- □拡大⇔縮小
- □希薄⇔濃密
- □巨大⇔微細
- □継続⇔中断
- □決定⇔保留
- □攻撃⇔防御
- □困難⇔容易
- □消費⇔貯蓄
- □濁流⇔清流
- □徴収⇔納入
- □抵抗⇔服従
- □悲嘆⇔歓喜
- □複雑⇔単純
- □返却⇔借用
- □猛暑⇔厳寒
- □陰性⇔陽性
- □加熱⇔冷却
- □確信⇔憶測
- □甘言⇔苦言
- □起床⇔就寝
- □凶作⇔豊作
- □警戒⇔油断
- □兼業⇔専業
- □航行⇔停泊
- □需要⇔供給
- □親切⇔冷淡
- □脱退⇔加盟
- □追跡⇔逃亡
- □破壊⇔建設
- □病弱⇔丈夫
- □分離⇔結合
- □保守⇔革新
- □利益⇔損失
- □回避⇔直面
- □歓声⇔悲鳴
- □却下⇔受理
- □強固⇔薄弱
- □軽率⇔慎重
- □故意⇔過失
- □高雅⇔低俗
- □進撃⇔退却
- □短縮⇔延長
- □定期⇔臨時
- □繁雑⇔簡略
- □浮上⇔沈下
- □不振⇔好調
- □閉鎖⇔開放
- □末尾⇔冒頭
- □離脱⇔参加

類義語

- □運搬＝輸送
- □及第＝合格
- □屈指＝抜群
- □考慮＝思案
- □支度＝準備
- □手本＝模範
- □前途＝将来
- □対等＝互角
- □沈着＝冷静
- □薄情＝冷淡
- □不朽＝永遠
- □冒頭＝最初
- □欠点＝短所＝難点
- □静観＝傍観＝座視
- □丹念＝入念＝周到＝細心
- □技量＝技能＝手腕＝力量
- □死亡＝死去＝物故＝他界＝永眠＝絶命＝往生
- □縁者＝親類
- □巨木＝大樹
- □健康＝丈夫
- □高齢＝老年
- □釈明＝弁解
- □推量＝憶測
- □即刻＝早速
- □値段＝価格
- □追憶＝回想
- □反撃＝逆襲
- □風刺＝皮肉
- □本気＝真剣
- □介抱＝看護
- □近隣＝周辺
- □健闘＝善戦
- □根拠＝理由
- □手柄＝功績
- □専有＝独占
- □対照＝比較
- □長者＝富豪
- □熱狂＝興奮
- □備蓄＝貯蔵
- □変更＝改定
- □用心＝警戒
- □向上＝進歩＝発展
- □処理＝処置＝始末
- □精密＝綿密＝詳細＝委細
- □運搬＝運送＝輸送

ウォーミングアップ

解答は別冊P.13・14

1

次の組み合わせが**対義語の関係**になるように、□にあてはまる**漢字**を下の［　］から選び、（　）に記せ。

1 古豪―新□ ［規・興・鋭・鮮］（　）
2 経度―□度 ［緯・温・高・速］（　）
3 不和―円□ ［周・盤・熟・満］（　）
4 破壊―□設 ［新・建・改・増］（　）
5 無口―多□ ［弁・彩・様・勢］（　）
6 特別―□通 ［不・普・交・開］（　）
7 合致―相□ ［当・応・対・違］（　）
8 野党―□党 ［政・徒・与・悪］（　）

2

次の熟語の**対義語**を後の□から選び、（　）に記せ。

1 歓声―（　）
2 近海―（　）
3 複雑―（　）
4 年頭―（　）
5 存続―（　）
6 例外―（　）
7 保守―（　）
8 希薄―（　）
9 継続―（　）
10 不振―（　）
11 深夜―（　）
12 冷却―（　）

遠洋・革新・加熱・原則・好調・歳末
単純・断絶・中断・濃密・白昼・悲鳴

3 次の組み合わせが**類義語の関係**になるように、□にあてはまる**漢字**を下の［　］から選び、（　）に記せ。

1 冷静―□着 ［到・沈・決・先］（　）
2 本気―真□ ［理・正・剣・心］（　）
3 案内―先□ ［任・着・途・導］（　）
4 大樹―□木 ［香・草・材・巨］（　）
5 便利―重□ ［大・宝・要・複］（　）
6 役目―□務 ［義・任・事・兼］（　）
7 地道―□実 ［切・堅・現・確］（　）
8 火急―□迫 ［切・気・圧・強］（　）
9 早速―□刻 ［時・一・深・即］（　）
10 努力―□進 ［推・精・先・栄］（　）

4 次の熟語の**類義語**を後の□から選び、（　）に記せ。

1 簡単―（　）
2 使命―（　）
3 手本―（　）
4 根拠―（　）
5 名誉―（　）
6 苦労―（　）
7 悪評―（　）
8 永眠―（　）
9 用意―（　）
10 考慮―（　）

理由・難儀・他界・容易・思案
栄光・模範・責務・汚名・準備

ONE Point

「対義語」について

反対語と対応語（P.77参照）を合わせて「対義語」といいます。二語を一対の熟語として覚えることが大切です。

練習 1

実施日 ／

解答は別冊P.14

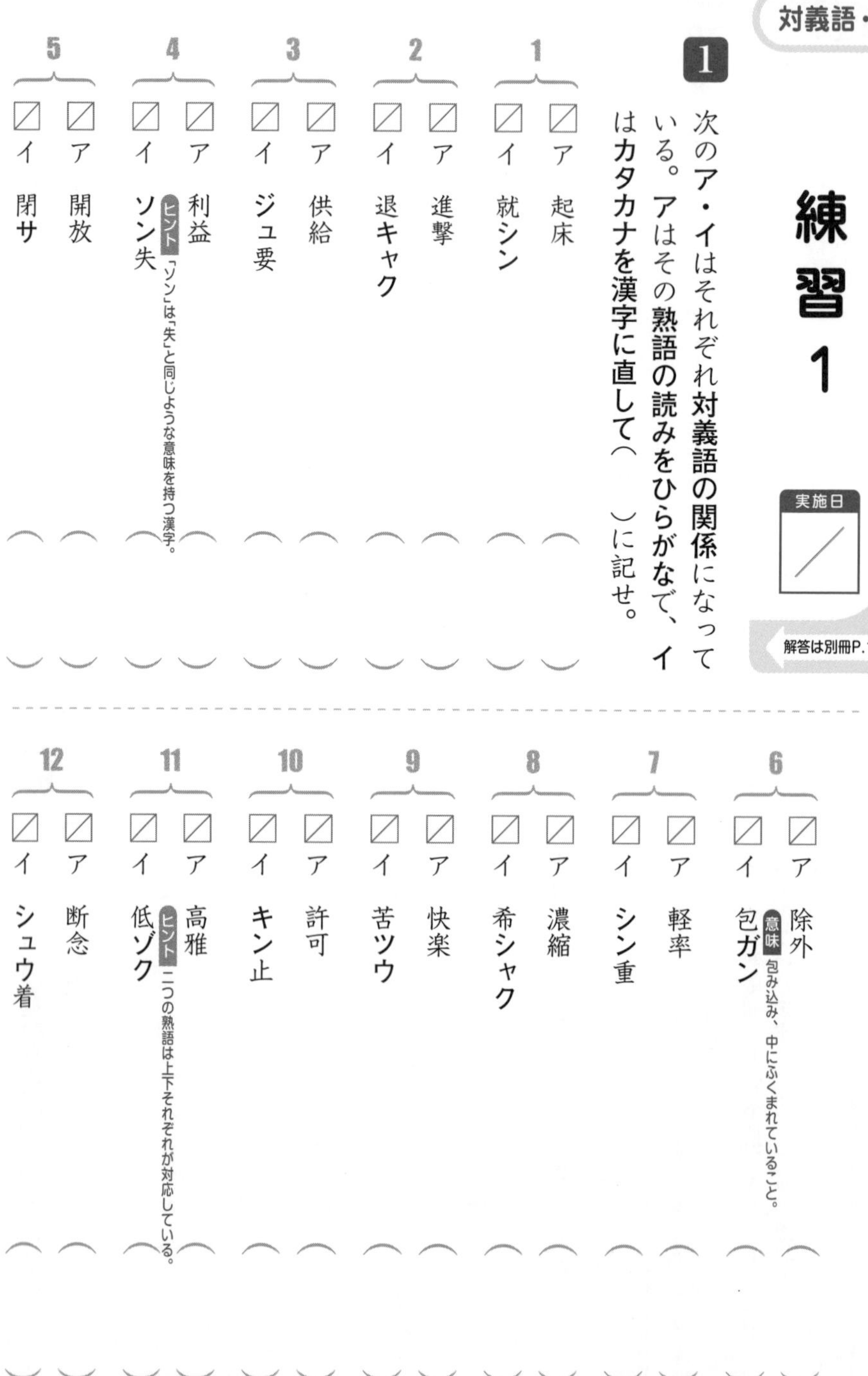

1 次のア・イはそれぞれ**対義語**の**関係**になっている。**ア**はその**熟語**の**読み**を**ひらがな**で、**イ**は**カタカナ**を**漢字**に**直して**（　）に記せ。

1 ア 起床（　） イ 就**シン**（　）

2 ア 進撃（　） イ 退**キャク**（　）

3 ア 供給（　） イ **ジュ**要（　）

4 ア 利益（　） イ **ソン**失（　）
ヒント 「ソン」は「失」と同じような意味を持つ漢字。

5 ア 開放（　） イ 閉**サ**（　）

6 ア 除外（　） イ 包**ガン**（　）
意味 包み込み、中にふくまれていること。

7 ア 軽率（　） イ **シン**重（　）

8 ア 濃縮（　） イ 希**シャク**（　）

9 ア 快楽（　） イ 苦**ツウ**（　）

10 ア 許可（　） イ **キン**止（　）

11 ア 高雅（　） イ 低**ゾク**（　）
ヒント 二つの熟語は上下それぞれが対応している。

12 ア 断念（　） イ **シュウ**着（　）

2

次のア・イはそれぞれ類義語の関係になっている。アはその熟語の読みをひらがなで、イはカタカナを漢字に直して（　　）に記せ。

1
ア 専有（　　）
イ 独セン（　　）

2
ア 外見（　　）
イ 体サイ（　　）

3
ア 合格（　　）
イ キュウ第（　　）
意味 試験に受かること。

4
ア 重荷（　　）
イ 負タン（　　）

5
ア 継承（　　）
イ トウ襲（　　）

6
ア 平素（　　）
意味 ふだん。
イ 日ジョウ（　　）

7
ア 筋道（　　）
イ 脈ラク（　　）

8
ア 原因（　　）
イ 動キ（　　）

9
ア 快活（　　）
イ 明ロウ（　　）

10
ア 細心（　　）
イ タン念（　　）

11
ア 改定（　　）
イ 変コウ（　　）

ONE Point

字が反対でも「対義語」と限らない

「入」の反対は「出」です。しかし「入場―□場」の場合、□に「出」を入れても対義語になりません。「退」を入れて「入場―退場」が対義語です。

練習 1

解答は別冊P.14

3 次の〔　〕から**対義語の関係**になる組み合わせを一組選び、その**記号**を（　）に記せ。

1 〔ア 陰性　イ 陽性　ウ 資質　エ 性急〕（　・　）

2 〔ア 航行　イ 渡来　ウ 先行　エ 停泊〕（　・　）

3 〔ア 巨大　イ 拡大　ウ 縮小　エ 少量〕（　・　）

4 〔ア 発散　イ 発揮　ウ 吸収　エ 発生〕（　・　）

5 〔ア 固定　イ 固有　ウ 有事　エ 流動〕（　・　）

意味 有事：非常事態。

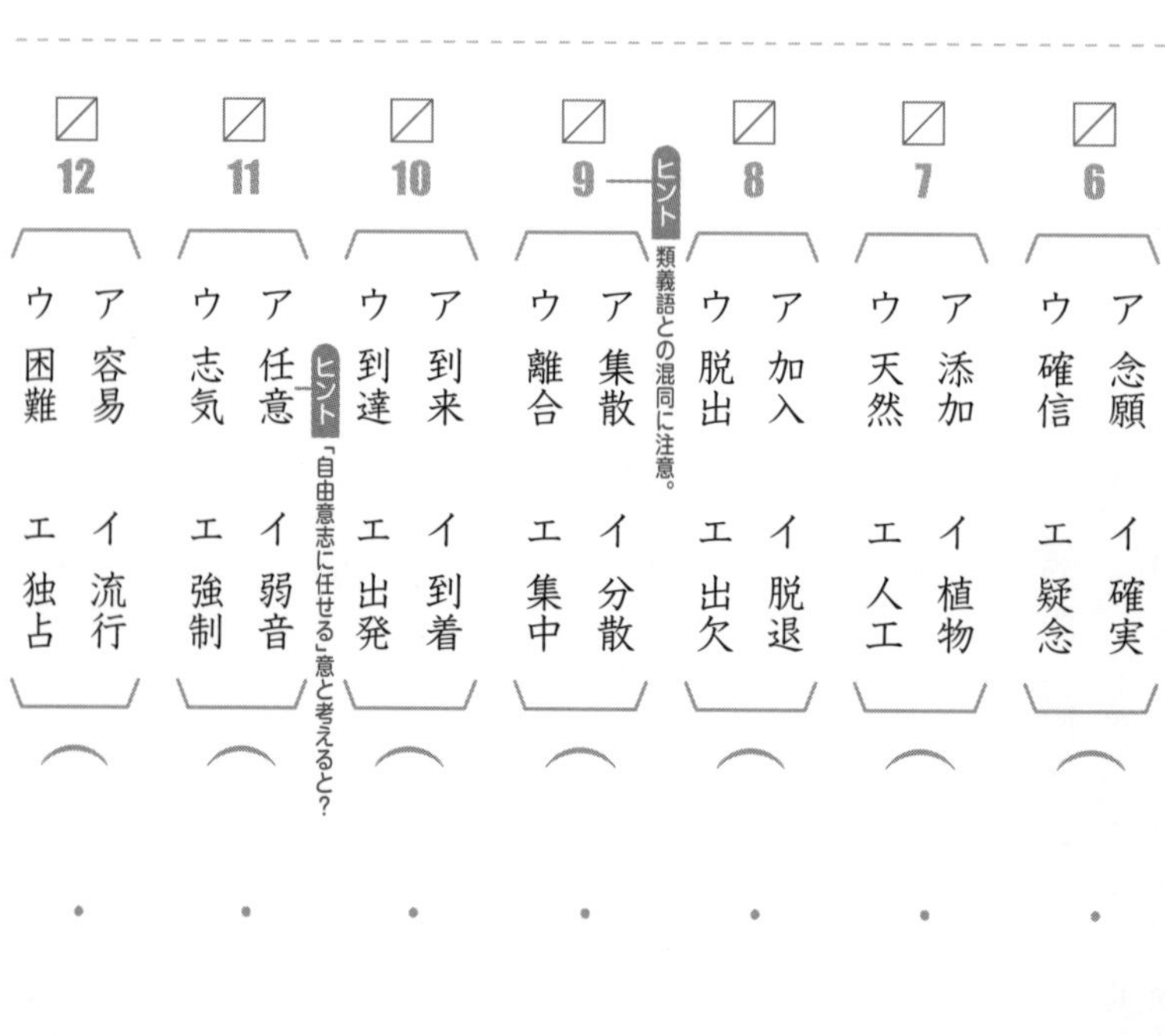

6 〔ア 念願　イ 確実　ウ 確信　エ 疑念〕（　・　）

7 〔ア 添加　イ 植物　ウ 天然　エ 人工〕（　・　）

8 〔ア 加入　イ 脱退　ウ 脱出　エ 出欠〕（　・　）

9 〔ア 集散　イ 分散　ウ 離合　エ 集中〕（　・　）

ヒント 類義語との混同に注意。

10 〔ア 到来　イ 到着　ウ 到達　エ 出発〕（　・　）

11 〔ア 任意　イ 弱音　ウ 志気　エ 強制〕（　・　）

ヒント 任意：「自由意志に任せる」意と考えると？

12 〔ア 容易　イ 流行　ウ 困難　エ 独占〕（　・　）

4

次の〔　〕から**類義語の関係**になる組み合わせを一組選び、その**記号**を（　）に記せ。

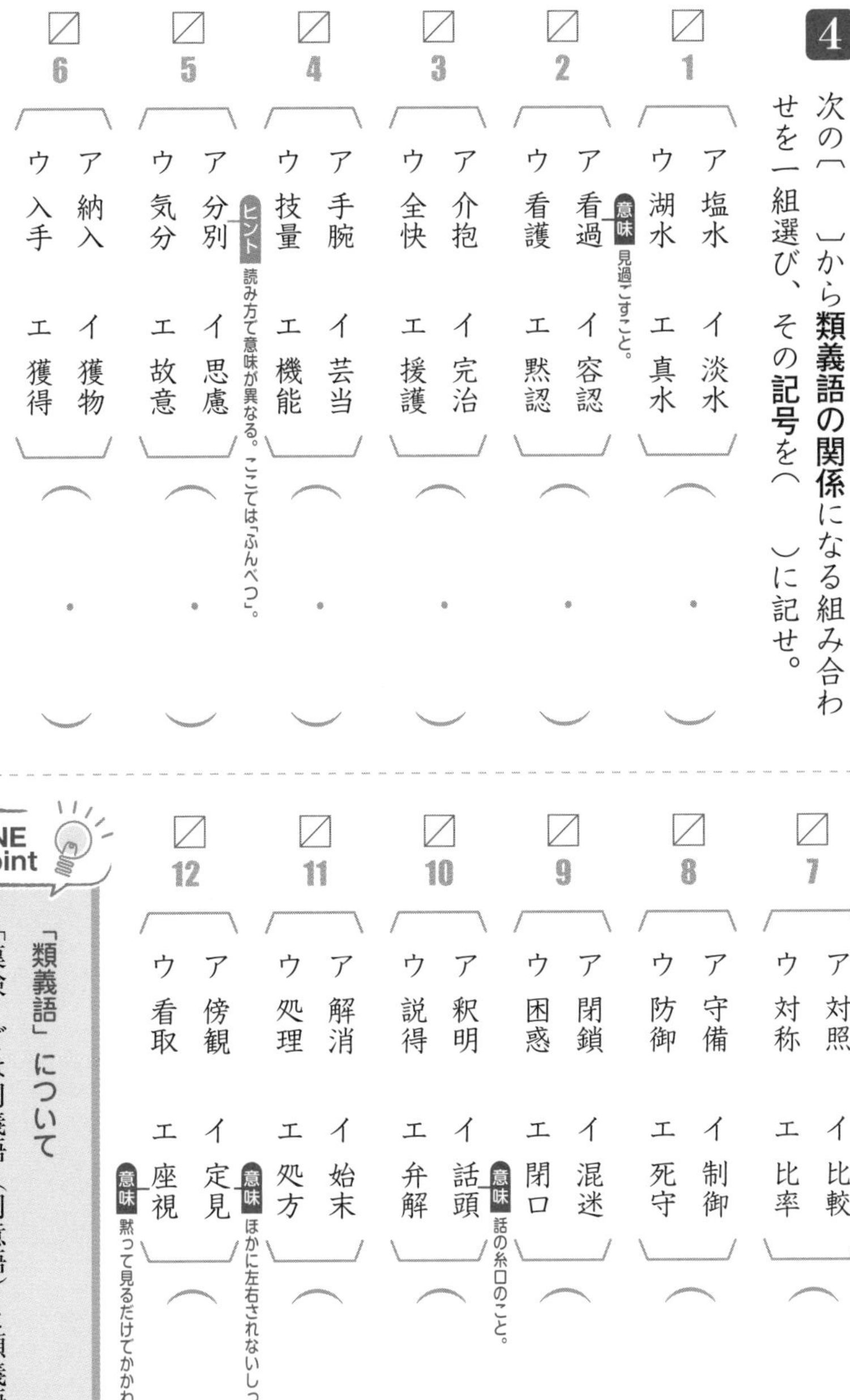

1 〔ア 塩水　イ 淡水　ウ 湖水　エ 真水〕（　・　）

2 〔ア 看過　イ 容認　ウ 看護　エ 黙認〕（　・　）
意味 看過：見過ごすこと。

3 〔ア 介抱　イ 完治　ウ 全快　エ 援護〕（　・　）

4 〔ア 手腕　イ 芸当　ウ 技量　エ 機能〕（　・　）

5 〔ア 分別　イ 思慮　ウ 気分　エ 故意〕（　・　）
ヒント 分別：読み方で意味が異なる。ここでは「ふんべつ」。

6 〔ア 納入　イ 獲物　ウ 入手　エ 獲得〕（　・　）

7 〔ア 対照　イ 比較　ウ 対称　エ 比率〕（　・　）

8 〔ア 守備　イ 制御　ウ 防御　エ 死守〕（　・　）

9 〔ア 閉鎖　イ 混迷　ウ 困惑　エ 閉口〕（　・　）

10 〔ア 釈明　イ 話頭　ウ 説得　エ 弁解〕（　・　）
意味 話頭：話の糸口のこと。

11 〔ア 解消　イ 始末　ウ 処理　エ 処方〕（　・　）

12 〔ア 傍観　イ 定見　ウ 看取　エ 座視〕（　・　）
意味 定見：ほかに左右されないしっかりした見識のこと。
意味 座視：黙って見るだけでかかわろうとしないこと。

ONE Point

「類義語」について
「漢検」では同義語（同意語）と類義語を合わせて「類義語」としています。

練習 2

解答は別冊P.14・15

1 次の□の中の語を**必ず一度**使って**漢字に直し、対義語・類義語**を記せ。

対義語

1 混濁―（　）明
2 平和―戦（　）
3 難 適法―（　）法
4 倍加―半（　）
5 死亡―（　）生

類義語

6 実直―（　）勉
7 難 抜群―（　）指
8 基地―（　）点
9 普通―（　）常
10 動転―（　）天

い・きょ・ぎょう・きん・くっ
げん・じん・そう・たん・とう

2 次の□の中の語を**必ず一度**使って**漢字に直し、対義語・類義語**を記せ。

対義語

1 絶対―（　）対
2 短慮―（　）慮
3 退職―（　）職
4 反抗―服（　）
5 豊作―（　）作

類義語

6 注 永遠―不（　）
7 同意―（　）成
8 長者―富（　）
9 難 出世―栄（　）
10 将来―前（　）

きゅう・きょう・ごう・さん・しゅう
じゅう・じゅく・そう・たつ・と

3

次の□の中の語を**必ず一度**使って**漢字に直し、対義語・類義語**を記せ。

対義語

1 優良―（　）悪
2 病弱―（　）夫
3 内容―形（　）
4 専業―（　）業
難 5 結束―（　）反

類義語

6 加勢―応（　）
7 失神―気（　）
8 不意―（　）然
難 9 入念―周（　）
10 輸送―運（　）

えん・けん・しき・じょう・ぜつ
とう・とつ・ぱん・り・れつ

4

次の□の中の語を**必ず一度**使って**漢字に直し、対義語・類義語**を記せ。

対義語

1 遠方―近（　）
2 無視―（　）重
3 支配―従（　）
4 幼年―老（　）
注 5 否認―（　）認

類義語

6 親類―（　）者
難 7 土台―基（　）
8 有名―（　）名
9 自立―（　）立
10 海辺―海（　）

えん・がん・ぜ・ぞく・そん
ちょ・どく・ばん・りん・れい

ONE Point

類義語は一つとは限らない!!　その①

□に漢字を入れて類義語の関係を完成させよう。

礼儀―礼①―②儀―作③

①節　②行　③法

練習2

実施日 ／

解答は別冊P.15・16

5 次の□の中の語を**必ず一度**使って**漢字に**直し、対義語・類義語を記せ。

対義語

1 直面―回（　）
2 鈍重―機（　）
3 逃亡―追（　）
4 返済―（　）用
注 5 歓喜―悲（　）

類義語

6 混雑―雑（　）
7 道端―路（　）
注 8 尊大―高（　）
9 看病―（　）抱
10 直前―（　）前

かい・しゃく・すん・せき・たん
とう・ひ・びん・ぼう・まん

6 次の□の中の語を**必ず一度**使って**漢字に**直し、対義語・類義語を記せ。

対義語

1 異端―正（　）
2 多大―軽（　）
3 希薄―（　）厚
4 納入―（　）収
5 油断―警（　）

類義語

難 6 道楽―（　）味
7 対等―（　）角
難 8 同等―（　）敵
9 不在―（　）守
10 感心―（　）服

かい・けい・ご・しゅ・ちょう
とう・のう・び・ひっ・る

7 次の□の中の語を**必ず一度**使って**漢字**に直し、**対義語・類義語**を記せ。

対義語

1 延長―（　　）
2 肉体―（　　）
3 清流―（　　）
4 難 大略―（　　）
5 厳寒―（　　）

類義語

6 功績―（　　）
7 難 文案―（　　）
8 最初―（　　）
9 興奮―（　　）
10 風潮―（　　）

けいこう・しょうさい・せいしん・そうこう・だくりゅう・たんしゅく・てがら・ねっきょう・ぼうとう・もうしょ

8 次の□の中の語を**必ず一度**使って**漢字**に直し、**対義語・類義語**を記せ。

対義語

1 難解―（　　）
2 実物―（　　）
3 臨時―（　　）
4 和合―（　　）
5 難 大敗―（　　）

類義語

6 形見―（　　）
7 苦言―（　　）
8 貯蔵―（　　）
9 突飛―（　　）
10 難 手段―（　　）

あっしょう・いひん・きばつ・こうれい・ちゅうこく・とうそう・びちく・へいい・ほうほう・もけい

ONE Point

類義語は一つとは限らない!!　その②

□に漢字を入れて類義語の関係を完成させよう。

死亡 ― 死① ― 物② ― ③界

①去 ②故 ③他

生きる知恵やさまざまな知識を表現！

省エネ言葉の集大成？

地球温暖化にともなう猛暑や、集中豪雨などの異常気象は、われわれ人類にとって、まさに「驚天動地」の危機的状況といっても過言ではありません。でも、みなさんは、そうした地球環境に関するニュースを、「馬耳東風」と聞き流してはいませんか。

ところで、右の文章だけでも「集中豪雨」「異常気象」「驚天動地」「地球環境」「馬耳東風」といった、五つの四字熟語が使われています。こうした四字熟語は、テレビや新聞などでもよく目にしますが、少ない字数で内容を的確に表し、読み手も瞬時に内容を理解することができるという特徴を持っています。

四字熟語には、漢字四字で内容を簡潔に言い表したもの（「集中豪雨」「異常気象」など）のほか、中国の故事に基づき、昔から使われてきたもの（「驚天動地」「馬耳東風」）や、日本人の生活の中から生み出されたもの（「一期一会」）、また、仏教に由来するもの（「言語道断」）など、それぞれ一定のいわれや由来を持ったものなどがあります。

わずか四文字に、生きる知恵やさまざまな教えを表現した四字熟語は、まさに「省エネ言葉の集大成」といえます。その表す意味はもとより、その由来やいわれを、しっかりと理解しておきたいものです。

■四字熟語の組み立て

①数字が用いられているもの

一挙一動　一挙両得　一刻千金
一触即発　一心不乱　一進一退
一刀両断　一日千秋　一部始終
二束三文　三寒四温　三拝九拝
四方八方
七転八倒
八方美人
百鬼夜行
千差万別
千紫万紅

一心不乱

②上の二字と下の二字が、意味の似ているもの

悪戦苦闘　雲散霧消　完全無欠
牛飲馬食　空理空論　公明正大
自由自在　青天白日　全知全能
沈思黙考　天災地変　天変地異
電光石火　日進月歩　美辞麗句
平身低頭　平平凡凡　豊年満作
無我夢中　無念無想

四字熟語の組み立て

例外もありますが、四字熟語の多くは二字の熟語を組み合わせたものです。その組み立てを見ていきましょう。

❶数字が用いられているもの

(例)三三五五　一網打尽　十中八九　一望千里

❷上の二字と下の二字が、意味の似ているもの

●共通の漢字を用いたもの　(例)相思相愛　私利私欲
●異なる漢字を用いたもの　(例)歓天喜地　起死回生
●同じ字を重ねたもの　(例)年年歳歳　明明白白

上の二字と下の二字が互いに意味を強調し合う関係にあります。

❸上の二字と下の二字が、反対の意味で対応しているもの

(例)右往左往　南船北馬　遠交近攻

「右-左」「南-北」「遠-近」のように、反対の意味の漢字を含んでいます。

❹一字目と二字目、三字目と四字目がそれぞれ反対の意味の漢字で構成されていて、しかも上下で一対になっているもの

(例)利害得失　古今東西　是非善悪　出処進退

❺上の二字が主語、下の二字が述語の関係になっているもの

「○○は(が)××だ(する)」という関係にあるものです。

(例)意志薄弱(**意志が薄弱だ**)　大器晩成(**大器は晩成する**)

❻上の二字が修飾語、下の二字が被修飾語の関係になっているもの、または、連続の関係になっているもの

上の二字の意味が下の二字にかかる形です。

(例)率先垂範(**率先して垂範する**)　独断専行(**独断で専行する**)

---

③上の二字と下の二字が、反対の意味で対応しているもの

弱肉強食　信賞必罰　針小棒大
人面獣心　大同小異　半死半生
半信半疑　不即不離　優勝劣敗
有名無実

④一字目と二字目、三字目と四字目がそれぞれ反対の意味の漢字で構成されていて、しかも上下で一対になっているもの

治乱興亡　理非曲直(りひきょくちょく)
離合集散　老若男女(ろうにゃくなんにょ)

⑤上の二字が主語、下の二字が述語の関係になっているもの

意味深長　危機一髪　旧態依然
玉石混交　才色兼備　主客転倒
諸行無常　人跡未踏　適者生存
本末転倒　油断大敵　用意周到

⑥上の二字が修飾語、下の二字が被修飾語の関係になっているもの、または、連続の関係になっているもの

急転直下　縦横無尽　熟慮断行
前後不覚　単刀直入　昼夜兼行
不言実行

7 四字が対等の関係にあるもの

（例）起承転結　花鳥風月

8 注意すべき組み立ての四字熟語

「五里霧中」という四字熟語は中国の故事に基づきます。後漢の張楷という人が、仙術で五里霧（五里四方にわたる濃い霧）を起こし、方向を見失わせたという話から出た言葉です。したがって、構成は「五里霧」＋「中」となります。意味は「迷ったり手がかりがつかめなかったりして、どうしてよいかわからないこと」。「手探りで進む」という意味にも使われます。

故事に基づく四字熟語

四字熟語には、8 の「五里霧中」のように故事に基づいて古くから使われてきたものがあります。

故事とは、中国や日本の古い書物に書き残されている事柄のこと（実際にあった出来事や言い伝えを含む）をいいます。このような四字熟語は、長い時代を経て語り継がれてきた、人々の知恵や知識を表す特別な意味の言葉なのです。

故事に基づく四字熟語は、一字一字の漢字の意味を知っていても、その故事そのものを知らなければ意味が理解できない場合があるので、成り立ちを確認しておきましょう。

---

⑦四字が対等の関係にあるもの

東西南北　春夏秋冬

⑧注意すべき組み立ての四字熟語

一牛鳴地➡「一」＋「牛鳴」＋「地」

⇩牛の鳴き声が聞こえるほどの距離の地という意味から、極めて距離が近いことをいいます。また、のどかな田園風景の形容としても用いられます。

同じ語構成の四字熟語に「一衣帯水」があります（「一」＋「衣帯」＋「水」）。「日本と中国は一衣帯水の関係にある」などと、極めて密接な関係のたとえに用います。

愛別離苦➡「愛別離」＋「苦」

⇩親子や夫婦など、愛する人との別れのつらさをいう仏教語で、人生について回るという「四苦八苦」の一つです。

故事とは

中国や日本の古い書物に書き残されている事柄や、昔あった出来事、言い伝えのこと。

故事に基づく四字熟語の例

【危急存亡】

危険が迫っていて（危急）、生き残るかほろびるか（存亡）の分かれ目にあること。

通常、「危急存亡の秋」という形で用いる。この「秋」は秋が収穫の重要な時期であることから「大事な時期」を指す。「あき」とは読まないので注意。

中国の三国時代に、蜀の劉備に仕えた諸葛亮が、劉備亡き後を継いだ後主劉禅に奉った上奏文中の言葉による。（出典・諸葛亮『前出師表』）

【驚天動地】

世間の人々を大いに驚かせること。

中国の唐の詩人白居易（白楽天）が、李白の墓にもうでたときに作った詩に、李白の詩文について「あわれむべし…かつて驚天動地の文あり」とあるのによる。「天を驚かし地を動かす」とも読む。また、同じ意味で「震天動地」ともいう。（出典・白居易「李白墓」）

【月下氷人】

男女の縁を取り持つ人。結婚式などの仲人・媒酌人。

「月下老」と「氷上人」という、二つの故事を合わせてできた語で、「月下老」も「氷上人」も、いずれも男女の仲を取り持つ縁結びの神の意。

「月下老」は、中国・唐の韋固という人が、旅先で月夜の晩に出会った不思議な老人の予言どおり、郡の長官の娘と結婚したという故事。「氷上人」は、中国の晋の令狐策という人が、氷の上に立って氷の下にいる人と語り合った夢を見たので、占いの名人の索紞に夢判断をしてもらうと、「結婚の仲立ちをする前触れ」と言われ、実際そのとおりに結婚の仲人を頼まれたという故事。（出典『続幽怪録』・『晋書』〈索紞伝〉）

【同床異夢】

同じ立場にある仲間でありながら、考え方や目指す目標が違っていることのたとえ。

同じ寝床に寝ていても、それぞれ異なる夢を見るという意味で、「同床各夢」ともいう。（出典・陳亮『与朱元晦書』）

【馬耳東風】

他人の忠告や助言を心に留めず、聞き流すこと。また、何を言っても反応がないこと。

「東風」は、春風のこと。人には心地よい春風だが、馬の耳は何も感じないという意。「東風の馬耳を射るが如き有り」という李白の詩の一節からできたもの。（出典・李白『答王十二寒夜独酌有懐』）

ウォーミングアップ

実施日 ／

解答は別冊P.16

1 次の□には**共通の漢字一字**が入る。その漢字を後の[　]の中から選び、（　）に**記号**で記し、四字熟語を完成せよ。

1. □明開化　□武両道　（　　）
2. 不老不□　半□半生　（　　）
3. 聖□君子　□海戦術　（　　）
4. 無芸大□　弱肉強□　（　　）
5. 人面獣□　誠□誠意　（　　）
6. 花鳥□月　威□堂堂　（　　）
7. 問答□用　公平□私　（　　）
8. 天地神□　単純□快　（　　）
9. 一□両得　一□一動　（　　）
10. 温故□新　全□全能　（　　）

ア 無　イ 死　ウ 食　エ 知　オ 人
カ 心　キ 文　ク 明　ケ 挙　コ 風

2 次はいずれも**漢数字を使った**四字熟語である。□に入る**漢数字**を後の［　］の中から選び、（　）に記せ。（［　］の中の漢数字は何度使ってもよい。）

1 百発□中（　）
2 舌先□寸（　）
3 十人□色（　）
4 □心同体（　）
5 □転八倒（　）
6 □家争鳴（　）
7 悪事□里（　）
8 再三再□（　）
9 四□時中（　）
10 真実□路（　）
11 □慮一得（　）
12 三拝□拝（　）
13 □風十雨（　）
14 満場□致（　）
15 □人三脚（　）
16 □方美人（　）

一　二　三　四　五　六
七　八　九　十　百　千

ONE Point

「東西南北」と「喜怒哀楽」は仲間

四字熟語は二字の熟語を重ねたものがほとんど。「東西南北」のように四つの字が対等に並ぶものはわずかです。

練習 1

実施日 ／

解答は別冊P.16

1 次の四字熟語を完成させるにはどれが正しいか。**ア〜エ**から選び、（　）の中に**記号**で記せ。

1 夜郎自□　意味 自分の力量を知らずいばること。
［ア 大　イ 代　ウ 台　エ 題］（　）

2 相□相愛
［ア 志　イ 史　ウ 視　エ 思］（　）

3 油断□敵
［ア 対　イ 大　ウ 体　エ 太］（　）

4 前□多難
［ア 渡　イ 徒　ウ 途　エ 都］（　）

5 意気□沈
［ア 消　イ 傷　ウ 生　エ 承］（　）

6 適□適所
［ア 財　イ 材　ウ 剤　エ 在］（　）

7 無理算□　意味 苦しい中で何とかやりくりすること。
［ア 談　イ 断　ウ 段　エ 弾］（　）

8 無□自然
［ア 意　イ 委　ウ 威　エ 為］（　）

9 五里□中　ヒント 方角がわからなくなるほど深くたち込めるものは何？
［ア 霧　イ 無　ウ 夢　エ 務］（　）

10 一族郎□
［ア 当　イ 刀　ウ 党　エ 頭］（　）

11 不即不□
［ア 利　イ 裏　ウ 離　エ 里］（　）

12 言文一□
［ア 値　イ 地　ウ 置　エ 致］（　）

13 十中八□　意味 ほとんど。おおかた。
［ア 句　イ 苦　ウ 九　エ 口］（　）

14 一網打□ ［ア人　イ尽　ウ陣　エ仁］（　　）

15 □心伝心 ［ア以　イ意　ウ異　エ為］（　　）

16 人跡未□ ［ア塔　イ到　ウ倒　エ踏］（　　）

ヒント「人跡」は「人の足跡」という意味であることに注目。

17 絶□絶命 ［ア体　イ対　ウ態　エ待］（　　）

18 論旨明□ ［ア快　イ回　ウ会　エ皆］（　　）

19 品行□正 ［ア法　イ方　ウ報　エ放］（　　）

20 不□流行 ［ア液　イ益　ウ易　エ駅］（　　）

21 博学多□ ［ア彩　イ最　ウ細　エオ］（　　）

22 □為転変 ［ア宇　イ有　ウ雨　エ右］（　　）

23 物情□然 ［ア騒　イ総　ウ奏　エ走］（　　）

24 用意□到 ［ア終　イ集　ウ衆　エ周］（　　）

25 一□千里 ［ア棒　イ忙　ウ望　エ傍］（　　）

意味 非常に見晴らしのよいことのたとえ。

26 愛別□苦 ［ア利　イ離　ウ里　エ理］（　　）

ONE Point

四字熟語は生い立ちも調べよう！

中国や日本の故事・古典から生まれてきた四字熟語は、意味だけでなく、その来歴まで調べると理解が深まります。

漢字の読み
漢字の部首
熟語の理解
対義語・類義語
四字熟語
送りがな
同音・同訓異字
書き取り

練習1

解答は別冊P.16

2 次の——線のカタカナを漢字に直して（　）に記し、文中の四字熟語を完成せよ。

1 リ合集散を繰り返し党は弱体化した。（　）
2 力を蓄えて時節トウ来を待つ。（　）
3 単なる外交辞レイにすぎない。（　）
4 起ショウ転結の構成で物語を書く。（　）
5 コ今東西の名著を集める。（　）
6 町では流言ヒ語が流れた。（　）
意味「ヒ語」＝確かな根拠のない、いいかげんなうわさ。
7 応急ショ置で命をつなぐ。（　）
8 月末は不ミン不休で働いた。（　）
9 利ガイ得失を考慮する。（　）
10 兄は合格通知にキ色満面である。（　）

11 ゴク悪非道の所業を重ねた。（　）
12 少年の自力コウ生を見守る。（　）
13 段ボール箱に天地無ヨウと書く。（　）
14 彼は新進気エイの作曲家です。（　）
15 初めて会った時から意気トウ合した。（　）
16 広告では美辞レイ句を連ねていた。（　）
17 試合は一進一タイの攻防が続いた。（　）
18 祖父は行ウン流水の人であった。（　）
意味 物事に執着せず、自然のなりゆきにまかせて行動すること。
19 衆ロ一チして賛意を表明した。（　）
20 どの作品も同コウ異曲だった。（　）
21 兄とのけんかは一ケン落着した。（　）
22 延々と質ギ応答が繰り返された。（　）

23 予期せぬ事態に右往サ往した。（　　）

24 七転ハキの人生を送ってきた。（　　）

25 ホウ腹絶倒のコメディーだった。（　　）

26 彼女は明ロウ快活な人気者だ。（　　）

27 彼に何を言っても馬ジ東風だ。（　　）

28 先輩は不言ジッ行の人だ。（　　）

29 自然界は適者生ゾンの世界だ。（　　）

30 無理ナン題を押しつけられた。（　　）

31 話の一部始ジュウを書き記す。（　　）

32 一陽来フクのきざしが見える。（　　）
意味 悪いことが続いたあとに運が向いてくること。

33 キ想天外なアイディアに驚いた。（　　）

34 選手たちがイ風堂々と行進する。（　　）

35 談論風ハツで活気があるクラスだ。（　　）
意味 盛んに話し合い議論すること。

36 金城鉄ペキの守りを破る。（　　）
意味 非常に堅固でつけ込むすきがないこと。

37 一意セン心、学業にはげむ。（　　）

38 意志ハク弱な性格を直したい。（　　）

39 天変地イが相次いで起こった。（　　）

40 無味カン燥な話はやめてほしい。（　　）

41 経営者として信賞必バツを心がける。（　　）
意味 賞バツを厳正に行うこと。

42 受験に向けて一心不ランに勉強した。（　　）

43 心キ一転、新しい仕事に就いた。（　　）

44 暴君に対して家来は面従腹ハイだ。（　　）
意味 表面だけ服従するふりをして内心は反抗していること。

45 二束三モンで家具を売り払った。（　　）

ONE Point

上の二字と下の二字が似た意味で対応しているものは？

①人跡未踏　②平身低頭　③用意周到

②

練習 2

解答は別冊P.17

1 次の――線のカタカナを漢字に直して（　）に記し、文中の四字熟語を完成せよ。

1 年相応の思リョ分別を身につける。（　）
2 一チ団結して体育祭で優勝した。（　）
3 速戦ソッ決が彼のやり方だ。（　）
4 公シ混同は決してしない。（　）
5 上意下タツが行き届いた会社だ。（　）
6 「諸行無ジョウ」は仏教の根本思想だ。（　）注
7 山シ水明の地を訪れた。（　）
8 一家の無病息サイを祈願する。（　）
9 空前絶ゴの出来事に教室はわいた。（　）
10 解決のためのミョウ計奇策を思いつく。（　）

11 しばらくは現状イ持に努める。（　）
12 優勝にキョウ喜乱舞した。（　）
13 彼は博覧キョウ記で有名だ。（　）
14 遅刻するとは言語ドウ断である。（　）
15 四字の熟語の故事ライ歴を調べる。（　）
16 すべての疑念は雲散ム消した。（　）
17 その行為は公序良ゾクに反する。（　）
18 候補者は音ト朗朗と演説した。（　）難
19 隣のご夫婦は比ヨク連理の仲だ。（　）難
20 旧都は百キ夜行の世界と化していた。（　）
21 無念無ソウの境地に達する。（　）
22 社交ジ令を真に受ける。（　）

23 実際に見るまでは**半シン半疑**だった。（　）

24 争いを**一トウ両断**に裁いた。（　）

25 設立当初は**悪戦苦トウ**の毎日だった。（　）

26 田舎で**自キュウ自足**の生活を送る。（　）

注 27 参加者は**異ク同音**に反対を唱えた。（　）

28 **冷静チン着**な判断が求められた。（　）

29 受験前は**神経過ビン**になった。（　）

30 後期試験で**オ名返上**した。（　）

31 **ナン攻不落**といわれた城です。（　）

難 32 おじは**南セン北馬**の人でいつも不在だ。（　）

33 **衆人カン視**の中で事件は起きた。（　）

34 **責任回ヒ**はできない状況だ。（　）

35 **好キ到来**と迷わず打って出た。（　）

36 **縦横無ジン**の活躍を見せた。（　）

37 彼の**独断セン行**は目に余る。（　）

38 **ケン愛無私**の精神を大切にしたい。（　）

39 **モン外不出**の書画が特別公開される。（　）

40 **付和ライ同**せずに自分の意見を持とう。（　）

41 **ソウ意工夫**に満ちた作品が集まる。（　）

42 事の**是非キョク直**が問われる。（　）

難 43 委員長は自ら**率先垂ハン**している。（　）

44 **シン小棒大**に言いふらされた。（　）

45 **前人ミ到**の大記録が出た。（　）

ONE Point

上の二字と下の二字が反対の意味で対応しているものは？

①自問自答　②大器晩成　③電光石火

①

練習 2

解答は別冊P.18

2 次の――線のカタカナを漢字に直して（　）に記し、文中の四字熟語を完成せよ。

1 恐怖で**疑心アンキ**におちいった。（　）

2 **電光セッカ**の早業に目をうばわれた。（　）

注 3 **タントウ直入**に質問した。（　）

4 **小心ヨクヨク**として他人を気にする。（　）

5 **当意ソクミョウ**の返答があった。（　）

6 父は**直情ケイコウ**の人だ。（　）

難 7 彼は何事にも**ウンエン過眼**だ。（　）

8 **タイギ名分**をかかげて決起する。（　）

9 **臓器イショク**の手術が行われた。（　）

10 **旧態イゼン**とした方法を改める。（　）

11 **臨機オウヘン**に対処する。（　）

12 彼女は独りで**沈思モッコウ**していた。（　）

13 **多事タタン**の毎日だった。（　）

14 **キシ回生**のホームランを放った。（　）

難 15 **和敬セイジャク**は茶の精神を表す。（　）

16 そのうわさは**事実ムコン**だ。（　）

17 問題は**キュウテン直下**、決着した。（　）

18 **トウシ満々**で決勝戦にのぞむ。（　）

19 ついに**青天ハクジツ**の立場となった。（　）

難 20 社長と専務は実は**ドウショウ異夢**だ。（　）

21 **一知ハンカイ**の知識で恥をかいた。（　）

22 **ズカン足熱**は健康によいといわれる。（　）

23 セイコウ雨読の暮らしがしたい。

注 24 ユウジュウ不断な性格に悩む。

25 リッシン出世を夢見る若者だ。

26 キョウテン動地のニュースが流れた。

27 彼は理路セイゼンと説明した。

28 完全ムケツの人間などいない。

29 ヘイシン低頭して謝った。

難 30 この分野は彼の金城トウチだ。

31 ハクリ多売で売り上げをのばす。

32 父は朗報を受けハガン一笑した。

33 多彩な人材ハイシュツをする大学だ。

34 この評論家はマンゲン放語が過ぎる。

35 師の教えを金科ギョクジョウとする。

36 メイキョウ止水の境地に至る。

難 37 この旅はまさに草行ロシュクだ。

38 興味ホンイで動いてミスをした。

39 不用品が売れて一石ニチョウだ。

40 大器バンセイ型だといわれた。

41 牛飲バショクは体に悪い。

42 出た意見はダイドウ小異だった。

43 コテイ観念は捨てて考えよう。

44 ゼント有望の新人がそろった。

45 バザーは玉石コンコウが常だ。

ONE Point

上の二字と下の二字が主語・述語の関係になっているものは？

①全知全能　②機会均等　③半死半生

②

練習2

実施日

解答は別冊P.19

3 次の□内に入る適切な語を後の□の中から選び、**漢字に直して四字熟語**を完成せよ。

1 二律□反
2 環境破□
3 門□開放
4 注 自□自賛
5 □象無象
6 熟慮□行
7 注 意味□長
8 言行一□
9 千慮一□
10 無為□食

う・が・かい・こ・しつ
しん・だん・ち・と・はい

4 次の□内に入る適切な語を後の□の中から選び、**漢字に直して四字熟語**を完成せよ。

1 連□反応
2 色□是空
3 真□勝負
4 集中□火
5 危急存□
6 一言□句
7 三寒四□
8 □風明月
9 短慮軽□
10 名所旧□

おん・けん・さ・せい・せき
そく・そつ・はん・ほう・ぼう

5

次の□内に入る適切な語を後の□の中から選び、**漢字に直して四字熟語**を完成せよ。

1 月下□人
2 本末転□
3 [難] 歌□音曲
4 前後不□
5 危機一□
6 □年満作
7 [注] □久平和
8 私利私□
9 悪□無道
10 □面仏心

かく・き・ぎゃく・こう・とう
ぱつ・ひょう・ぶ・ほう・よく

6

次の□内に入る適切な語を後の□の中から選び、**漢字に直して四字熟語**を完成せよ。

1 容姿□麗
2 □常一様
3 才色□備
4 [難] 志□堅固
5 □成円熟
6 軽□短小
7 不可□力
8 有名無□
9 因□応報
10 [注] □勝劣敗

が・けん・こう・じつ・じん
そう・たん・はく・ゆう・ろう

ONE Point

四字熟語では数字が大人気!
同じ数字が二度使われてできている例
一利一害・三人三様・十人十色・百発百中

日本語になくてはならない名ワキ役

千切りは「細い」か「細かい」か？

料理のレシピの説明に、次のような記述がありました。

キャベツを「細く」千切りにして、タマネギは「細く」みじん切りに――

これでは、どちらを、どう切ったらよいか迷ってしまいます。

「千切り」は、線状にほそ長く切ること、また「みじん切り」は、こまかく切りきざむことですから、〝タマネギは「細かく」みじん切りに〟としなければ意味が通じません。

このとき、「ほそい」か「こまかい」かをはっきりさせるために、漢字に添えるひらがなを「送りがな」と呼んでいます。送りがなを送ることによって、「細い」は「ほそい」、「細かい」は「こまかい」と、間違わずに読むことができるのです。同じく、「駅に降りる」を「駅に降る」と書いたらどうでしょう。読んだ人は、駅に雨でも降ってきたのかと思ってしまいます。

このように、たった一字の違いで読み方が変わってくる送りがなは、日本語において極めて重要な役割を果たしています。

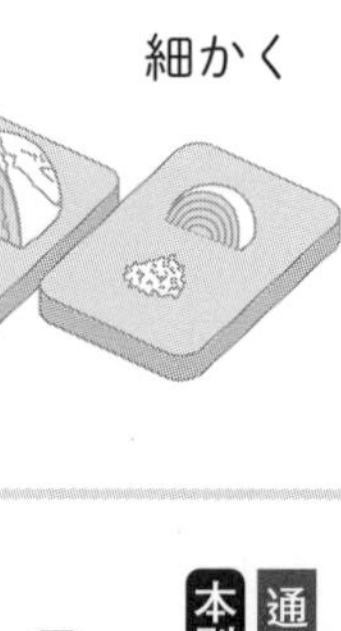

■内閣告示「送り仮名の付け方」

昭和四十八年六月十八日
昭和五十六年十月一日 一部改正
平成二十二年十一月三十日 一部改正

「単独の語」における「活用のある語」

通則1

本則 活用のある語（通則2を適用する語を除く。）は、活用語尾を送る。

例
憤る 承る 書く 実る 催す 生きる
陥れる 考える 助ける……動詞
荒い 潔い 賢い 濃い……形容詞
主だ……形容動詞

例外

① 語幹が「し」で終わる形容詞は、「し」から送る。

例 著しい 惜しい 悔しい 恋しい 珍しい

② 活用語尾の前に「か」、「やか」、「らか」を含む形容動詞は、その音節から送る。

例
暖かだ 細かだ 静かだ 穏やかだ
健やかだ 和やかだ 明らかだ
平らかだ 滑らかだ 柔らかだ

「送りがな」とは

漢字を訓読みする場合、多くは、動詞・形容詞・形容動詞など活用のある語(用言)の活用語尾や、それら用言の連用形などからできた名詞の語尾などを明示するために、漢字にかなを添えて書き表します。こうした漢字の補助として使われる「かな」を「送りがな」といいます。

もともと「送りがな」は、漢文を日本語に訳すときに、日本語での読み方を示すために、原文の漢字のそばに書き添えたものでした。書き添えたものは、書いた人自身の「メモ」のようなもので、その人がわかればよしとされていました。また、前後の文脈から別の読みの可能性がなければつける必要はないとされ、軽く扱われていたものだったのです。このように、文章中では意味が通じれば、送りがなは気にしないという時代は長く続きました。「こまかく」を「細く」と書いても「細かく」と書いてもよかったのです。

長い間あいまいだった送りがなのつけ方は、明治時代以降、読む人が読み方を間違えないことを目的に、何度かルール化が試みられました。現在の送りがなのつけ方に関する決まりは昭和48年に告示されたもので、その後、昭和56年および平成22年に一部が改正されています。

「送りがな」のつけ方

文章の意味をはっきりとさせるために必要な送りがなは、前述の内閣告示「送り仮名の付け方」によっています。漢検での出題と関連の深い「活用のある語」については、下段を参考にしてください。活用語の場合は、特に語幹と活用語尾を意識することが大切なポイントになります。

③次の語は、次に示すように送る。

明らむ　味わう　哀れむ　慈しむ　教わる
脅かす　脅かす　関わる　食らう　異なる
逆らう　捕まる　群がる　和らぐ　揺する
明るい　危ない　危うい　大きい　少ない
小さい　冷たい　平たい　新ただ　同じだ
盛んだ　平らだ　懇ろだ　惨めだ　哀れだ
幸いだ　幸せだ　巧みだ

許容 次の語は、(　)の中に示すように、活用語尾の前の音節から送ることができる。

表す(表わす)　著す(著わす)
現れる(現われる)　行う(行なう)
断る(断わる)　賜る(賜わる)

注意 語幹と活用語尾との区別がつかない動詞は、例えば、「着る」、「寝る」、「来る」などのように送る。

通則2

本則 活用語尾以外の部分に他の語を含む語は、含まれている語の送り仮名の付け方によって送る。(含まれている語を〔　〕の中に示す。)

例 ①**動詞の活用形又はそれに準ずるものを含むもの。**

動かす〔動く〕　照らす〔照る〕
語らう〔語る〕　計らう〔計る〕
向かう〔向く〕　浮かぶ〔浮く〕

1 活用のある語は、活用語尾を送る。（通則1の本則による）

通則2を適用する語は除きますが、動詞なら「書く」「生きる」「考える」のように送ります。ただし、これには次のような例外もあります。形容詞なら「荒い」「濃い」、形容動詞なら「主だ」のように送ります。ただし、これには次のような例外もあります。

・「恋しい」のように、語幹が「し」で終わる形容詞は、「し」から送る。

・「静かだ」「明らかだ」のように、活用語尾の前に「か」、「やか」、「らか」を含む形容動詞は、その音節から送る。

また、誤読を避けるために、活用語尾の一つ前の音節から送るという例外もあります。（「異なる」「逆らう」「明るい」「大きい」「同じだ」など）

2 活用語尾以外の部分に他の語を含む語は、含まれている語の送り仮名の付け方によって送る。（通則2の本則による）

「うまれる」という動詞は、「生む」という動詞の未然形「生ま」を含んでいます。ですから、そのまま「生まれる」と送るという意味です。また、「重んずる」（↑重い）や「確かめる」（↑確かだ）のように、形容詞や形容動詞の語幹を含むもの、「春めく」（↑春）のように名詞を含むものなども、これに当てはまります。

3 名詞は、送り仮名を付けない。（通則3の本則による）

「月」「花」「男」「女」など活用のない語には、送りがなはつけません。ただし、「後ろ」「幸せ」「情け」など、例外として最後の音節を送るものもあります。また、数をかぞえる「つ」を含む名詞は「一つ」「幾つ」のように、その「つ」を送ります。

4 活用のある語から転じた名詞及び活用のある語に「さ」、「み」、「げ」などの接尾語が付いて名詞になったものは、もとの語の送り仮名の付け方によって送る。（通則4の本則による）

生まれる〔生む〕	押さえる〔押す〕
捕らえる〔捕る〕	勇ましい〔勇む〕
輝かしい〔輝く〕	喜ばしい〔喜ぶ〕
晴れやかだ〔晴れる〕	及ぼす〔及ぶ〕
積もる〔積む〕	聞こえる〔聞く〕
頼もしい〔頼む〕	起こる〔起きる〕
落とす〔落ちる〕	暮らす〔暮れる〕
冷やす〔冷える〕	当たる〔当てる〕
終わる〔終える〕	変わる〔変える〕
集まる〔集める〕	定まる〔定める〕
連なる〔連ねる〕	交わる〔交える〕
混ざる・混じる〔混ぜる〕	
恐ろしい〔恐れる〕	

②形容詞・形容動詞の語幹を含むもの。

重んずる〔重い〕	若やぐ〔若い〕
怪しむ〔怪しい〕	悲しむ〔悲しい〕
苦しがる〔苦しい〕	確かめる〔確かだ〕
重たい〔重い〕	憎らしい〔憎い〕
古めかしい〔古い〕	細かい〔細かだ〕
柔らかい〔柔らかだ〕	清らかだ〔清い〕
高らかだ〔高い〕	寂しげだ〔寂しい〕

動詞「調べる」から転じた「調べ」、「願う」から転じた「願い」、あるいは、形容詞「大きい」から転じた「大きさ」、「重い」から転じた「重み」などは、もとの語に基づいて送るということです。ただし、例外として「志」「話」などのように、送りがなをつけない語もあります。

5 副詞・連体詞・接続詞は、最後の音節を送る。(通則5の本則による)

「必ず」(副詞)、「来る」(連体詞)、「及び」(接続詞)のように送るという意味です。例外として「大いに」「直ちに」「並びに」などがあり、「又」には送りがなをつけません。さらに、「例えば」は「例える」を含む語なので、含まれている語の送りがなのつけ方によって送ります。

6 複合の語の送り仮名は、その複合の語を書き表す漢字の、それぞれの音訓を用いた単独の語の送り仮名の付け方による。(通則6の本則による)

例えば「打つ」「合わせる」、「長い」「引く」のように送るので、その複合の語も「打ち合わせる」「長引く」のように、それぞれの送りがなにしたがって送ります。活用のない語も同じで、「夜明かし」「移り変わり」などと送ります。ただし、通則7を適用する語は除きます。

7 複合語の名詞のうち、地位・身分・役職等の名や、工芸品の名に用いられた「織」、「染」、「塗」など、特定の領域の語や、一般に慣用が固定していると認められるものには、送り仮名を付けない。(通則7による)

役職名の「取締役」、工芸品の「博多織」、慣用が固定していると認められる「合図」「建物」「番組」などは送りがなをつけないということです。

このように、送りがなは基本的なつけ方が決まっています。いろいろな例外や許容も認められていますが、まずは基本をきちんと押さえたいものです。

③名詞を含むもの。

汗ばむ(汗)　先んずる(先)
春めく(春)　男らしい(男)
後ろめたい(後ろ)

許容 読み間違えるおそれのない場合は、活用語尾以外の部分について、次の( )の中に示すように、送り仮名を省くことができる。

例
浮かぶ(浮ぶ)　生まれる(生れる)
押さえる(押える)　捕らえる(捕える)
晴れやかだ(晴やかだ)
積もる(積る)　聞こえる(聞える)
起こる(起る)　落とす(落す)
暮らす(暮す)　当たる(当る)
終わる(終る)　変わる(変る)

注意 次の語は、それぞれ( )の中に示す語を含むものとは考えず、通則1によるものとする。

明るい(明ける)　荒い(荒れる)
悔しい(悔いる)　恋しい(恋う)

※振りがなのついた漢字は3級以上の字、高校で学習する読み方をする字です。また、同じ字で異なる読み方をする字や、読みにくい字にも振りがなをつけています。

ウォーミングアップ

実施日

解答は別冊P.20

1 次の語を**漢字と送りがな**に直したとき、**正しく表記しているもの**をそれぞれ**ア・イ**から選び、（　）にその**記号**を記せ。

1 ばかす　ア 化す　イ 化かす　（　）

2 あきらかだ　ア 明かだ　イ 明らかだ　（　）

3 さます　ア 覚す　イ 覚ます　（　）

4 うすらぐ　ア 薄ぐ　イ 薄らぐ　（　）

5 くるおしい　ア 狂しい　イ 狂おしい　（　）

6 すぎる　ア 過る　イ 過ぎる　（　）

7 むずかしい　ア 難しい　イ 難かしい　（　）

8 くれる　ア 暮る　イ 暮れる　（　）

9 あずかる　ア 預る　イ 預かる　（　）

10 やわらかい　ア 柔かい　イ 柔らかい　（　）

11 たやす　ア 絶す　イ 絶やす　（　）

12 たたかう　ア 戦う　イ 戦かう　（　）

13 うたがう　ア 疑う　イ 疑がう　（　）

14 ひさしい
ア 久しい
イ 久さしい
（　）

15 こころみる
ア 試みる
イ 試ろみる
（　）

16 きたない
ア 汚い
イ 汚ない
（　）

17 かえりみる
ア 省る
イ 省みる
（　）

18 そらす
ア 反す
イ 反らす
（　）

19 あらい
ア 荒い
イ 荒らい
（　）

20 うやまう
ア 敬う
イ 敬まう
（　）

21 むれる
ア 群る
イ 群れる
（　）

22 やしなう
ア 養う
イ 養なう
（　）

23 たしかめる
ア 確める
イ 確かめる
（　）

24 いとなむ
ア 営む
イ 営なむ
（　）

25 おぎなう
ア 補う
イ 補なう
（　）

ONE Point

送りがなの本則と許容の例

・はれやかだ｛晴れやかだ（本則）／晴やかだ（許容）｝

・はれ｛晴れ（本則）／晴（許容）｝

いずれで記述しても○ですが、まずは本則で覚えましょう。

練習1

実施日 ／

解答は別冊P.20

1 次の漢字を例にしたがって**終止形の訓読み**にし、**送りがなの部分**には——線をつけよ。

（例）飲（のむ）

1 設（　　）
2 誇（　　）
3 築（　　）
4 曇（　　）
5 忙（　　）ヒント 語幹の「し」から送る形容詞。
6 響（　　）
7 詳（　　）ヒント 語幹の「し」から送る形容詞。
8 淡（　　）
9 至（　　）
10 闘（　　）ヒント「戦」と同じ訓を持つ漢字。
11 払（　　）
12 基（　　）
13 珍（　　）ヒント 語幹の「し」から送る形容詞。
14 幼（　　）ヒント 活用語尾を送る形容詞。
15 仕（　　）
16 快（　　）
17 輝（　　）
18 鋭（　　）ヒント 活用語尾を送る形容詞。
19 偉（　　）ヒント 活用語尾を送る形容詞。
20 敗（　　）ヒント「破」と同じ訓を持つ漢字。
21 除（　　）
22 率（　　）
23 帯（　　）
24 支（　　）ヒント「差し支える」の場合は「つかえる」と読むが、単独では他の読み。
25 唱（　　）
26 争（　　）

2 次の——線のカタカナを漢字と送りがな（ひらがな）に直せ。

（例）質問にコタエル。（答える）

1 突然の異動に心がミダレル。（　）
2 イキオイよくドアを開けた。（　）
3 予想とはチガウ結果になった。（　）
4 どろ遊びで新しい服をヨゴス。（　）
5 かさから滴がタレル。（　）
6 お気に入りの本をナラベル。（　）
7 自然は多くのメグミを与えてくれる。（　）
8 背中にニブイ痛みを感じた。（　）
9 体力がツキルまで走り続けた。（　）
10 イチゴのアマイ香りがただよう。（　）
11 外出する前に食事をスマス。（　）

12 たまったゴミをステル。（　）
13 ネコがセマイ穴を通り抜ける。（　）
14 音楽の才能をサズカル。（　）
15 洗いたてのシーツをきれいにタタム。（　）
16 ハゲシイ腹痛に襲われた。（　）
17 自分を過信しないようイマシメル。（　）
18 口を堅くトザス。（　）
19 少しずつ得点差をチヂメル。（　）
20 再会した友と話がハズム。（　）

ONE Point

送りがなの要・不要をチェック！

・「後ろ・独り・便り・幸せ・互い・斜め」などはつけます。
・「祭り・届け・願い・狩り・答え」などは省いてもかまいません。

練習2

実施日

解答は別冊P.20

1 次の――線のカタカナを漢字と送りがな(ひらがな)に直せ。

(例) 質問にコタエル。 (答える)

1 敵陣を背後からオソウ。
2 幼い妹の手をしっかりとニギル。
3 注 仏前に花をソナエル。
4 一人で多くの仕事をカカエル。
5 健康のため暴飲暴食をツツシム。
6 注 朱にマジワレば赤くなる。
7 キャンバスに風景画をエガク。
8 思春期はナヤマシイ問題が多い。
9 おしくも逆転のチャンスをノガス。
10 子どもたちが空腹をウッタエル。
11 難 不運ばかりをナゲクのはやめよう。
12 ハネルような足取りで道を歩く。
13 口いっぱいに水をフクム。
14 家族で初日の出をオガム。
15 悪意ある言葉で人の心をマドワス。
16 ストーブのコイシイ季節になった。
17 休日はオソイ時間に朝食をとる。
18 海をワタル鳥の鳴き声を聞く。
19 親方の技をヌスンで成長する。
20 難 宿題がオドロクほど早く終わった。
21 日がカタムク前に帰宅する。
22 地下にネムル財宝を掘り起こす。
23 事実をカクスつもりはない。
24 連日の大雨で川の水がニゴル。
25 母校が創立百周年をムカエル。

注 26 両者の勝負の行方をウラナウ。（　　）
27 なべの豆がニエルまで待つ。（　　）
28 かばんを肩からナナメにかける。（　　）
29 日照り続きで農作物がカレル。（　　）
30 ささ舟を池にウカベル。（　　）
31 郷土料理で評判の宿にトマル。（　　）
32 肉料理に季節の野菜をソエル。（　　）
33 太陽が西の海にシズム。（　　）
34 マラソン中にシューズがヌゲル。（　　）
35 彼は泣く子もダマル鬼コーチだ。（　　）
36 体格はオトルが技術は負けない。（　　）
注 37 たばこは周囲にも害をオヨボス。（　　）
38 ベビーベッドで赤ちゃんをネカス。（　　）
39 全員に等しくチャンスをアタエル。（　　）
40 兄の勝手な行動にイカリを覚える。（　　）

41 子どもが泣きサケブ声が聞こえた。（　　）
42 のどに魚の小骨がササル。（　　）
43 サビシイ夜道を注意して歩く。（　　）
44 人をタヨルばかりでは成長しない。（　　）
45 野菜をコマカク切ってください。（　　）
46 国語はモットモ得意な科目だ。（　　）
注 47 サイワイ軽傷ですんだ。（　　）
48 ケワシイ山道を登った。（　　）
49 強敵を前に闘志をモヤス。（　　）
50 くじけてもフタタビ立ち上がる。（　　）

ONE Point

複合語の送りがなの省略

「申し込む→申込む」「打ち合わせる→打ち合せる・打合せる」「落書き→落書」などは省略を許容されています。

漢字の読み
漢字の部首
熟語の理解
対義語・類義語
四字熟語
送りがな
同音・同訓異字
書き取り

練習2

実施日

解答は別冊P.21

2 次の——線のカタカナを漢字と送りがな（ひらがな）に直せ。

（例）質問にコタエル。（答える）

1 古い万年筆がついにコワレル。（　）
注 2 新聞に新商品の広告をノセル。（　）
3 主将が闘う姿はイサマシイ。（　）
4 タガイに席をゆずり合った。（　）
5 アヤウイところで助かった。（　）
6 ようやく日々の仕事にナレル。（　）
7 大は小をカネルといわれる。（　）
8 山をコエルと故郷の村だ。（　）
注 9 大挙して敵の城をセメル。（　）
10 失敗を素直にアヤマル。（　）

11 前方に友人の姿をミトメル。（　）
12 草むらに寝転んで夜空をアオグ。（　）
13 世界遺産をメグル旅に出る。（　）
難 14 オゴソカニ式は執り行われた。（　）
15 寒さのあまり体がフルエル。（　）
16 暑さですぐに食べ物がクサル。（　）
17 地下資源のユタカナ国だ。（　）
18 リスが巣に木の実をタクワエル。（　）
19 雨でぬれた服をカワカス。（　）
20 中学時代の恩師のお宅へウカガウ。（　）
21 恩にムクイルように努力する。（　）
22 電車の中にかさをワスレル。（　）
23 小鳥の鳴き声に耳をスマス。（　）
難 24 時効の直前に犯人をツカマエル。（　）
25 書類の提出期限が目前にセマル。（　）

26 人目をサケルように歩く。
27 現実から目をソムケル。（難）
28 全員の参加がノゾマシイ。
29 若葉がシゲル新緑の季節になった。
30 親友の忠告にシタガウ。
31 彼とはコトナル意見が出た。
32 雪山登山でコワイ経験をした。
33 楽しかった思い出にヒタル。（難）
34 しばらく日本をハナレルつもりだ。
35 強風で神社の木がタオレル。
36 トンボの羽がスケルように薄い。
37 タイヤから空気がヌケル。
38 円高による損害をコウムル。
39 アザヤカナ赤色のドレスを着る。
40 卒業生へお祝いの言葉をオクル。（注）

41 自分の至らなさをハジル。
42 罪は法に基づきサバクべきだ。
43 名器とホマレ高いつぼだ。（難）
44 古い規則をアラタメル。
45 前例をフマエて計画を立てる。
46 細かい字を読むと目がツカレル。
47 医者をココロザス兄がいる。
48 居間の一画に家族写真をカザル。
49 曲に合わせてカロヤカニ踊る。（注）
50 空き家の古い柱がクチル。（難）

ONE Point

送りがなをつけない語例

「消印」「組合」「番組」「日付」「申込書」「見積書」「乗組員」「待合室」など。

漢字の読み
漢字の部首
熟語の理解
対義語・類義語
四字熟語
送りがな
同音・同訓異字
書き取り

同音・同訓異字

漢検おもしろゼミ07

漢字の意味を熟語から推理！

事態は「深刻」だと「申告」する？

日本語には、発音が同じで表記（漢字）の異なる言葉が非常に多くあります。例えば「シンコク」と聞けば、「申告」「神国」「深谷」「深刻」「新穀」「親告」などの言葉が思い浮かびますが、「事態はシンコクだとシンコクする」と聞いたとき、「シンコク」が果たしてどの「シンコク」なのか判断しなければなりません。文章中の漢字を正しく判断するためには、いったい何が必要なのでしょうか。

同音異字

音（おん）が同じで、意味の異なる漢字を「**同音異字**」といいます。

4級の漢字で、「シン」と音読みする漢字から始まる熟語を見てみると、侵入・振興・浸水・寝室・慎重・震災・薪炭などが挙げられます。

このように、日本語にはきりがないほど数多くの「同音異字」が存在しますが、多くは、その意味を漢字の訓読みから判断することができます。

しかし、全ての漢字に訓読みがあるわけではありません。例えば「監視」か「環視」か、文の前後関係をしっかりと見極め、〝漢字の意味を熟語から推理〟して、間違いのない使い分けをするようにしましょう。

同音異字の例

「シン」で始まる熟語

※振りがなのついた赤字は3級以上の漢字

心臓・申告・身長・臣下・伸縮・辛苦
神秘・信用・津津・侵略・真実・針路
振動・浸食・深海・進出・紳士・森林
診察・新鮮・寝食・慎重・審査・震動
親友・薪炭　など

同訓異字と熟語の例

あつい

- 暑　暑中・猛暑
- 熱　熱湯・発熱
- 厚　厚情・重厚

おかす

- 犯　犯罪・防犯
- 侵　侵入・侵害
- 冒　冒険

あらわす

- 表　表現・発表
- 現　現出・実現
- 著　著作・共著

すむ

- 住　住宅・居住
- 済　返済・未済
- 澄　澄明・清澄

同訓異字

訓が同じ漢字は、意外と多くあります。訓が同じで意味が異なる漢字を「**同訓異字**」（または「**異字同訓**」）といいます。

①荷物を別の場所に［**うつす**］。
②スナップ写真を［**うつす**］。
③短編映画をスクリーンに［**うつす**］。

右の例文はいずれも［**うつす**］ですが、意味が異なるため、当然漢字も異なります。①は「別の場所に動かす」という意味で「移す」、②は「写真をとる。カメラに収める」という意味で「写す」、③は「物の形などをほかのものの表面に現れるようにする」という意味で「映す」が正解です。

同訓異字を正しく使い分けるためには、漢字の意味を理解するとともに、①「移動・移転」、②「写真・写実」、③「映画・上映」など、その漢字を使った熟語に置きかえて考えるとよいでしょう。

同音異義語

パソコンで「辞典」と入力したいのに、「事典」「字典」「自転」「時点」などと変換（へんかん）されることがありませんか。このように、音が同じで意味が異なる熟語を「**同音異義語**」といいます。

①友人を［**ショウカイ**］する。（**人を引き合わせる**）　⇒紹介
②条件を［**ショウカイ**］する。（**問い合わせる**）　⇒照会
③難解な文を［**ショウカイ**］した本。（**詳しく解説する**）　⇒詳解
④山田［**ショウカイ**］に就職する。（**商業上の組織**）　⇒商会

文の意味を正しく読み取り、当てはまる熟語を想定することが大切です。

おさめる

納　納税・収納
修　修業・改修
治　治安・政治
収　収入・領収

とまる

止　止血・停止
留　留任・保留
泊　停泊・宿泊

同音異義語の例

きょくち

極地　さいはての地
極致　到達しうる最高の境地
局地　限られた一定の土地

せいさん

成算　成功する見込み
清算　関係や事柄に決着をつけること
精算　金額を細かく計算すること

たいしょう

対象　行為の目標・目的となるもの
対称　互いに対応してつり合うこと
対照　二つの事柄を比べ合わせること

ついきゅう

追究　未知のものを深く探求すること
追求　どこまでも追い求めること
追及　責任などを問いただすこと

1 ウォーミングアップ

実施日　／

解答は別冊P.21

次の――線のカタカナにあてはまる漢字をそれぞれア・イから選び、（　）に記号を記せ。

1 ケン固な城を築く。（　）
2 首都ケンに人口が集中する。（　）
（ア堅　イ圏）

3 国道で接ショク事故が起きた。（　）
4 店内を装ショクする。（　）
（ア触　イ飾）

5 ジン頭で指揮をとる。（　）
6 被告人がジン問される。（　）
（ア尋　イ陣）

7 体育でホウ丸投げをした。（　）
8 新年のホウ負を述べる。（　）
（ア砲　イ抱）

9 バッ本的な改革が望まれる。（　）
10 バッ則を規定する。（　）
（ア罰　イ抜）

11 首脳陣が相次いで失キャクする。（　）
12 図書館に本を返キャクする。（　）
（ア却　イ脚）

13 まちがいを指テキされる。（　）
14 病院で点テキを受ける。（　）
（ア摘　イ滴）

15 有名になってマン心する。（　）
16 諸国をマン遊する。（　）
（ア漫　イ慢）

2 次の——線の**カタカナ**にあてはまる漢字をそれぞれ**ア・イ**から選び、（　）に**記号**を記せ。

1 道に**ソ**って商店が並ぶ。（　）
2 そっと優しく手を**ソ**える。（　）
（ア 沿　イ 添）

3 小**オド**りして喜んだ。（　）
4 風評に**オド**らされる。（　）
（ア 躍　イ 踊）

5 大**バン**のノートを買う。（　）
6 銅**バン**印刷の仕組みを学ぶ。（　）
（ア 版　イ 判）

7 足**アト**が雪の上に残っている。（　）
8 **アト**味の悪い結末を迎えた。（　）
（ア 後　イ 跡）

9 自分の失敗を**アヤマ**る。（　）
10 文字を書き**アヤマ**る。（　）
（ア 謝　イ 誤）

11 木**カゲ**で本を読むのが好きだ。（　）
12 この通りは人**カゲ**がまばらだ。（　）
（ア 影　イ 陰）

13 彼の説得は至難の**ワザ**だ。（　）
14 柔道の**ワザ**をかける。（　）
（ア 業　イ 技）

ONE Point

同音・同訓異字問題を解くために

全く同じ読み方をする漢字を見分けるのは一苦労。漢字そのものが持つ意味を正しく理解して覚えれば、解答時の大きなヒントになるはずです。

練習1

解答は別冊P.21

1 次の――線のカタカナにあてはまる漢字をそれぞれア～オから選び、（　）に記号を記せ。

1 数学の難問と格トウする。（　）
意味「格トウ」＝取っ組み合うこと。
2 高い鉄トウが立っている。（　）
（ア踏　イ稲　ウ塔　エ闘　オ桃）

3 警察官が容疑者をビ行する。（　）
4 ビ考欄を参照してください。（　）
（ア備　イ美　ウ微　エ鼻　オ尾）

5 地区大会の優勝をキ願する。（　）
6 大キ模な計画が進行している。（　）
7 周囲の好キの目にさらされる。（　）
意味「好キ」＝めずらしいもの、変わったものに興味を持つこと。
（ア規　イ揮　ウ奇　エ祈　オ機）

8 大自然の恩ケイを受けている。（　）
9 伝統芸能の後ケイ者を育てる。（　）
（ア傾　イ継　ウ敬　エ係　オ恵）

10 タイ久レースに参加する。（　）
11 職員が交タイで夜勤に当たる。（　）
（ア耐　イ退　ウ態　エ帯　オ替）

12 人生の過ト期にさしかかる。（　）
意味「過ト期」＝移り行く途中の時期のこと。
13 ト方もない計画にあきれる。（　）
14 たくさんの課題に青息ト息だ。（　）
（ア途　イ渡　ウ都　エ吐　オ徒）

15 世界記録をコウ新した。（　）
16 コウ常的に人手が不足している。（　）
意味「コウ常」＝いつも一定の状態で変わらないこと。
17 無人のコウ野をさまよう。（　）
（ア抗　イ更　ウ荒　エ項　オ恒）

18 エン故を頼って上京する。
意味 「エン故」＝人と人とのつながり。コネ。

19 味方の声エンに勇気づけられる。

20 運動会は雨天順エンです。

（ア 演　イ 延　ウ 縁　エ 援　オ 遠）

21 不意をツかれて驚いた。

22 午前中には目的地にツいた。

23 昨晩は早めに床にツいた。
ヒント 「職にツく」の場合も同じ漢字を使う。

（ア 突　イ 付　ウ 就　エ 着　オ 尽）

24 タえ間なく雨が降り続く。
意味 「タえ間」＝とだえている間。

25 コートの水滴がタれる。

（ア 立　イ 絶　ウ 足　エ 建　オ 垂）

26 鉄砲で獲物をウった。

27 見事なホームランをウった。

（ア 生　イ 浮　ウ 撃　エ 打　オ 産）

28 小包のひもをトいた。
ヒント 「問題をトく」の場合も同じ漢字を使う。

29 小麦粉を水にトく。

（ア 富　イ 解　ウ 溶　エ 泊　オ 説）

30 カりに出かけて鳥をしとめた。

31 手伝いにカり出される。

32 稲のカり入れが始まった。

（ア 借　イ 刈　ウ 狩　エ 駆　オ 枯）

33 道端の花をツんだ。

34 トラックに荷物をツんだ。

35 仕上げのツめが甘い。
ヒント 「かばんに荷物をツめる」の場合も同じ漢字を使う。

（ア 積　イ 詰　ウ 連　エ 告　オ 摘）

ONE Point

同音異義語は用例ごとに覚えよう！

「きかん」は機関・基幹・器官・気管などがあります。それぞれ「交通機関」「基幹産業」「呼吸器官」「気管支」も同時に覚えるのがコツです。

練習 2

解答は別冊P.22

1 次の――線のカタカナにあてはまる漢字をそれぞれア～オから選び、（　）に記号を記せ。

1 タン精して花を育てる。（　）
2 タン正な身のこなしだ。（　）
3 見事な演技にタン声がもれた。（　）
（ア 嘆　イ 端　ウ 淡　エ 単　オ 丹）

4 利益を追キュウする。（　）
5 真理を追キュウする。（　）
6 責任を追キュウする。（　）
（ア 及　イ 給　ウ 救　エ 究　オ 求）

7 無線通信をボウ受する。（　）
8 体脂ボウ率を測定する。（　）
9 流行性感ボウにかかり欠席した。（　）
（ア 帽　イ 冒　ウ 防　エ 忙　オ 傍）

10 可能なハン囲で対応する。（　）
11 機材を劇場にハン入する。（　）
12 諸ハンの事情で中止になる。（　）
（ア 繁　イ 販　ウ 範　エ 般　オ 搬）

13 カン境問題について考える。（　）
14 国語辞典のカン修をする。（　）
15 ひよこの雌雄をカン別する。（　）
（ア 感　イ 鑑　ウ 環　エ 監　オ 甘）

16 先人のイ業に感謝する。（　）
17 二つの意見の相イ点を考える。（　）
18 親のイ光をかさに着るな。（　）
（ア 違　イ 威　ウ 為　エ 偉　オ 依）

難

19 ヒ労をためないように休む。（　）
20 ヒ我の実力の差を思い知る。（　）
21 冬物のヒ服を虫干しした。（　）
（ア 悲　イ 疲　ウ 避　エ 被　オ 彼）

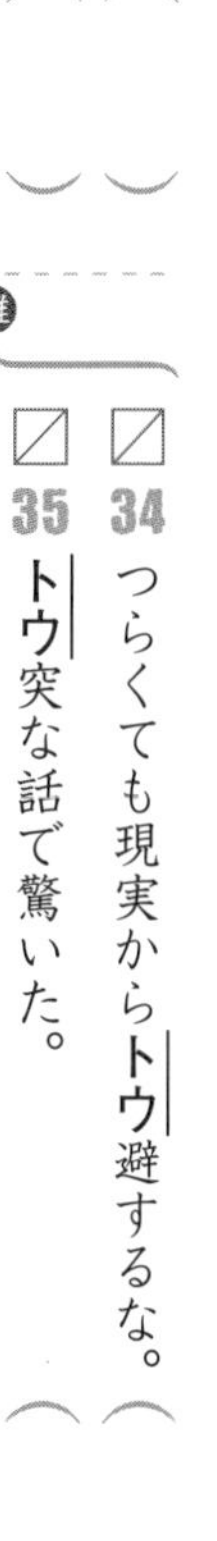

22 **レイ**書体という字体がある。（　　）
23 樹**レイ**三百年といわれる木だ。（　　）
24 流**レイ**な文体が特長の作家だ。（　　）
（ア 冷　イ 齢　ウ 隷　エ 礼　オ 麗）

25 **イ**然として雨がやまない。（　　）
26 安**イ**に引き受けたことをくやむ。（　　）
27 サンプルを無作**イ**に選ぶ。（　　）
（ア 威　イ 為　ウ 緯　エ 依　オ 易）

難
28 昔は**シン**炭を燃料とした。（　　）
29 水の**シン**食作用でできた地形だ。（　　）
30 今年に入って成績不**シン**だ。（　　）
（ア 信　イ 薪　ウ 振　エ 浸　オ 寝）

31 他人に**カイ**入してほしくない。（　　）
32 結末は**カイ**目見当がつかない。（　　）
33 **カイ**律の厳しい寺として有名だ。（　　）
（ア 介　イ 壊　ウ 皆　エ 戒　オ 改）

難
34 つらくても現実から**トウ**避するな。（　　）
35 **トウ**突な話で驚いた。（　　）
36 圧**トウ**的な支持を得た。（　　）
（ア 唐　イ 到　ウ 倒　エ 逃　オ 盗）

注
37 **キョウ**悪な事件が起きる。（　　）
38 熱**キョウ**的なファンに囲まれる。（　　）
39 **キョウ**異的な記憶力を持つ。（　　）
（ア 狂　イ 恐　ウ 凶　エ 驚　オ 叫）

40 博士の**ショウ**号を得る。（　　）
41 臨時国会が**ショウ**集された。（　　）
42 病**ショウ**に就いて一か月だ。（　　）
（ア 床　イ 招　ウ 称　エ 召　オ 詳）

ONE Point

同じ訓読みで意味の異なる字に注意！

「はかる」→ 計る・測る・量る・図る・諮る
それぞれの意味に注意して、短文を作って覚えるとよいでしょう。

※「諮」は3級で学習する漢字。

練習 2

実施日

解答は別冊P.22

2 次の――線の**カタカナ**にあてはまる漢字をそれぞれ**ア～オ**から選び、(　)に**記号**を記せ。

1 目的地の方角を**サ**し示した。(　)
2 針で指を**サ**してしまった。(　)
3 ミシンに油を**サ**す。(　)
(ア 刺　イ 咲　ウ 指　エ 差　オ 去)

注
4 検査のために血液を**ト**る。(　)
5 現状を訴えるために筆を**ト**る。(　)
6 すりの現行犯を**ト**らえた。(　)
(ア 執　イ 捕　ウ 止　エ 採　オ 留)

難
7 父の**カタ**腕となって働く。(　)
8 **カタ**破りな方法で解決した。(　)
9 **カタ**入れしている球団がある。(　)
(ア 方　イ 型　ウ 形　エ 肩　オ 片)

10 昼食を簡単に**ス**ませる。(　)
11 湖の水が**ス**んでいる。(　)
12 この池は底まで**ス**けて見える。(　)
(ア 透　イ 済　ウ 住　エ 澄　オ 好)

13 約束の時間に**オク**れてしまった。(　)
14 花束を**オク**り物に選んだ。(　)
15 **オク**れ毛を指先でかきあげた。(　)
(ア 後　イ 奥　ウ 遅　エ 送　オ 贈)

16 自分が出した案が**サイ**用された。(　)
17 雑誌の連**サイ**小説を欠かさず読む。(　)
18 長い**サイ**月を経て再会した。(　)
(ア 採　イ 歳　ウ 載　エ 彩　オ 裁)

19 母の**カ**わりに電話に出た。(　)
20 季節の**カ**わり目にかぜをひいた。(　)
21 選手の入れ**カ**えを行う。(　)
(ア 変　イ 貸　ウ 勝　エ 替　オ 代)

3 次の――線の**カタカナ**にあてはまる漢字を書け。

1 作曲家がイ大な賞に輝く。（　）
2 軽率な行イを戒める。（　）
3 夏物のスーツをシンチョウした。（　）
4 彼女の言葉は意味シンチョウだ。（　）
5 シンチョウを期して事にあたる。（　）
6 来期の役員就任はコジした。（　）
7 実力をコジするような走りだ。（　）
8 この映画は時代コウショウに忠実だ。（　）
9 伝説はコウショウで伝わる。（　）
10 客のイコウに添った商品だ。（　）
11 四月から新制度にイコウする。（　）
12 八月イコウの日程は未定です。（　）

13 桜が咲きソめる暖かさだ。（　）
14 草木で布をソめてみる。（　）
15 休日に庭の雑草をカる。（　）
16 馬をカって大草原を走り回る。（　）
17 畑を荒らすイノシシをカる。（　）
18 異文化にフれて視野が広がる。（　）
19 速度計の針が急にフれる。（　）
20 危険をオカす必要はない。（　）
21 他国の領土はオカすべきでない。（　）
22 音楽の授業でハーモニカをフいた。（　）
23 水道管が破損して水がフき出た。（　）

ONE Point
同じ音読みで形の似ている字に注意！
「カン」→ 勧告・歓迎・観察
「テキ」→ 指摘・水滴・適切・敵対

“雑”と“クセ”が落とし穴に

正しい漢字を書く習慣を！

　日本語をひらがなばかりで表記すると、読みにくく、誤った解釈を招くこともあります。例えば「うらにわにはにわにわとりがいる」ではどう読むのかわかりませんが、「裏庭には二羽鶏（にわとり）がいる」と漢字にすれば、途端に明快になります。

　日本語は同じ読みをする語が多い言語ですが、漢字かな交じり文にすることで、発音も意味も相手に正しく伝達することができます。ただし、そのためには正しい漢字を書く力が必要です。

　雑に書かれた字が読む人を混乱させたという例も、枚挙にいとまがありません。一画一画をていねいに書かず略したり、続けて書いてはいけないところを、ひと筆で続けて書いてしまったり。日常生活ならばともかく、試験や漢検などでは、減点対象になりかねませんので、楷書（かいしょ）でていねいに、正しい形の漢字を書く習慣を身につけるようにしましょう。

正確な漢字を書く

漢検発行の問題集は、「教科書体」を使用しています。「教科書体」は、

書体の違いについて

漢検では、書体による違いは、表現の差（デザインの違い）と見るべきものであり、字体（文字の骨組み）の違いではないと判断しています。

例

戸－戸戸戸
保－保保
改－改改改

ただし、字の構造や画数が変わるような書き方は認められません。

○＝薄　×＝薄

同音類字

①部首が共通しているものの例

い　【辶】しんにょう／しんにゅう

違－違反（いはん）
遺－遺跡（いせき）

手書きの文字に近いとされている書体です。これを見本として、身につけることが求められます。

正しい書き方を覚えるためには、「教科書体」を手本に、一画一画ていねいに何度も書く練習をすることが必要です。たとえ時間がかかっても、日ごろから一つ一つの点画をきちんと意識して書くように心がけましょう。

練習していて少しでも疑問や不安を感じたときには、漢字辞典や資料に当たって確認し、繰り返し書く練習を十分にしておきたいものです。

同音類字・異音類字

漢字には、偏(へん)が違うけれど旁(つくり)が同じなど、似た形の字があります。形がよく似ていて音(おん)も同じ漢字を「同音類字」、音は異なる漢字を「異音類字」と呼びます。

これらは、次のように二つに大別されます。

❶部首(意味を表す部分)が共通しているもの

同音類字＝　違(い)・遺(い)【辶】しんにょう・しんにゅう

異音類字＝　仕(し)・任(にん)【亻】にんべん

❷部首以外の部分(原則として音を表す部分)が共通しているもの

同音類字＝　侵(しん)・浸(しん)／摘(てき)・滴(てき)

異音類字＝　払(ふつ)・仏(ぶつ)／祈(き)・折(せつ)

「書き取り」問題で点を落とさないためにも、字の成り立ちや構成を意識して、偏と旁を注意深く練習することが大切です。

②部首以外の部分が共通しているものの例

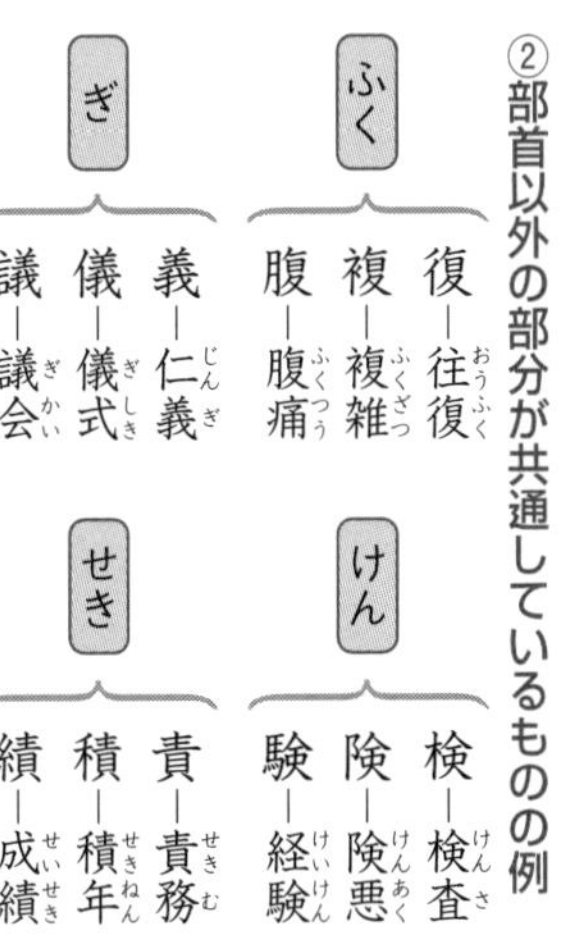
ふく
復—往復(おうふく)
複—複雑(ふくざつ)
腹—腹痛(ふくつう)

けん
検—検査(けんさ)
険—険悪(けんあく)
験—経験(けいけん)

ぎ
義—仁義(じんぎ)
儀—儀式(ぎしき)
議—議会(ぎかい)

せき
責—責務(せきむ)
積—積年(せきねん)
績—成績(せいせき)

異音類字

①部首が共通しているものの例

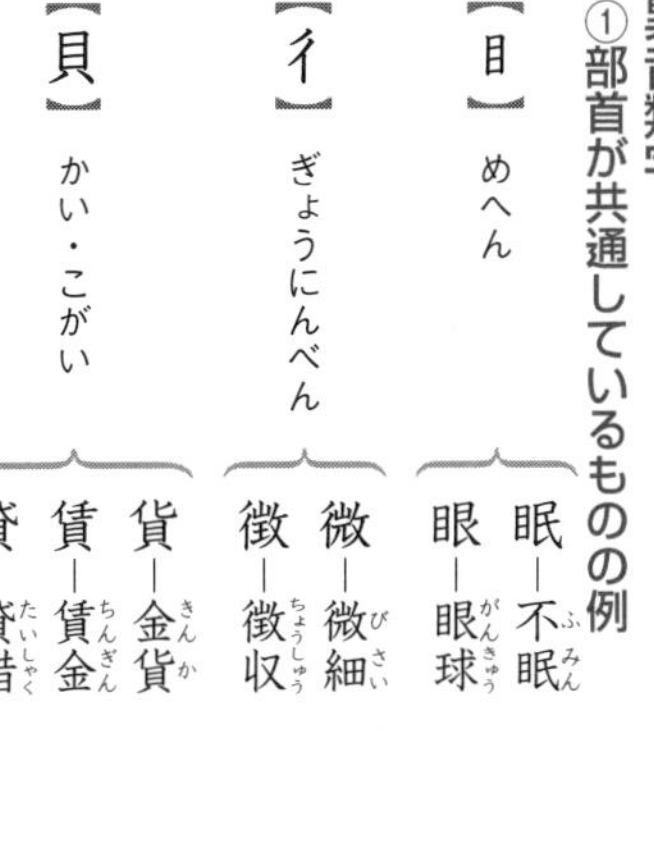
【目】めへん
眠—不眠(ふみん)
眼—眼球(がんきゅう)

【彳】ぎょうにんべん
微—微細(びさい)
徴—徴収(ちょうしゅう)

【貝】かい・こがい
貨—金貨(きんか)
賃—賃金(ちんぎん)
貸—貸借(たいしゃく)

②部首以外の部分が共通しているものの例

職—職人(しょくにん)
識—知識(ちしき)

持—持論(じろん)
待—待機(たいき)
特—特別(とくべつ)

書き取り

ウォーミングアップ

実施日

解答は別冊P.23

1 次の音と訓を持つ漢字を(ア)[　]の中から選び、(　)に記せ。また、その漢字が使われている**熟語**を(イ)[　]の中から選び、**二字の漢字に直して**[　]に記せ。

1 音 メン 訓 わた (　)[　]

2 音 ボウ 訓 ふせ(ぐ) (　)[　]

3 音 ザイ 訓 あ(る) (　)[　]

4 音 シキ 訓 お(る) (　)[　]

5 音 ヨ 訓 あま(る)・あま(す) (　)[　]

6 音 カン 訓 みき (　)[　]

7 音 ゲン 訓 かぎ(る) (　)[　]

8 音 ショウ 訓 とな(える) (　)[　]

9 音 チ 訓 お(く) (　)[　]

(ア)
限・防・唱・綿・織・置・余・幹・在

(イ)
キゲン・コンカン・セッチ・ソシキ・ソンザイ
テイショウ・ボウエイ・メンボウ・ヨハ

2 次の——線のカタカナを漢字に直せ。

1 ナマリ色の雲がたれこめてきた。（　）
2 エキ体洗剤で衣類を洗う。（　）
3 厚着のせいかアセばんできた。（　）
4 道ハバの拡張工事が行われた。（　）
5 味覚にはドン感な方だ。（　）
6 田舎から箱ヅめのリンゴが届く。（　）
7 物ゴシのおだやかな女性だ。（　）
8 庭の草花が夜ツユにぬれている。（　）
9 キワめて単純な考え方をする。（　）
10 新生活のカド出を祝う。（　）
11 ワレ先にと外へ走り出した。（　）
12 青ナをゆでて食べる。（　）
13 キヌのスカーフを買った。（　）
14 会への参加者がへり続けている。（　）
15 ようやく春がオトズれたようだ。（　）
16 志望校は合格ケン内にある。（　）
17 お早めにおメし上がり下さい。（　）
18 料理のウデ前が上がる。（　）
19 コウ鉄のような肉体を持つ。（　）
20 私鉄エン線に家を建てた。（　）
21 一ピキのネコが迷いこんできた。（　）
22 もらった子犬はオスだった。（　）
23 アンケートの空ランをうめる。（　）

ONE Point

書き取りが得意になりたい!　その①

たくさんの言葉を知っていることが大切です。本や新聞などで日ごろから多くの文章を読むようにしましょう。

練習 1

実施日 ／

解答は別冊P.23

1 次の——線のカタカナを漢字に直せ。

1 ふきそうじにセンザイを使う。（　　）
2 ウチュウ飛行士になりたい。（　　）
3 ソウが山にこもる。（　　）
4 騒音でアンミンできない。（　　）
5 古い友人の訪問をカンゲイする。（　　）
6 冬は空気がカンソウしやすい。（　　）
7 彼女はドキョウがある。（　　）
意味 物事に動じない強い心。
8 駅から店までのキョリを調べる。（　　）
9 個人のソンゲンは法で守られる。（　　）
10 課題が多くクノウは尽きない。（　　）

11 主食をゲンマイごはんに変えた。（　　）
12 シンロウはタキシード姿だった。（　　）
13 キケンながけには近寄るな。（　　）
14 道路のホシュウ工事が始まる。（　　）
15 書類に漢字でセイメイを記入した。（　　）
16 ツウヤクの仕事がしたい。（　　）
17 よくチミに恵まれた畑だ。（　　）
ヒント 飾り気がないという意味の熟語と同じ漢字。
18 別室のモニターでカンシする。（　　）
19 ネツレツなジャズファンが集う。（　　）
20 新校舎のケンチクが始まる。（　　）
21 原稿をまとめてインサツにまわす。（　　）
22 大学でユウシュウな成績を収めた。（　　）
23 彼は何かとギワクの多い人物だ。（　　）
24 新たな機械をドウニュウした。（　　）

25 運転中はラジオで**カヨウ**曲を聞く。（　　）

26 火山からの**フンエン**が空をおおう。（　　）
意味 火口からけむりのように出るガスや灰。

27 害虫の**クジョ**を業者に依頼する。（　　）

28 **ホウフ**な資源に恵まれている。（　　）

29 旅先で山海の**チンミ**をいただく。（　　）

30 彼は作家を**ジショウ**している。（　　）
意味 自分から名乗ること。

31 **キュウカ**をとって旅行したい。（　　）

32 週刊**ザッシ**が店頭に並ぶ。（　　）

33 ゲームソフトを**ハンバイ**する。（　　）

34 子どものお**ユウギ**の衣装をぬう。（　　）

35 事故の原因を**スイソク**する。（　　）

36 新社長の経営方針が**シントウ**する。（　　）
ヒント 「シン」は同音で似た字があるので注意。

37 互いの利害と目標が**ガッチ**した。（　　）

38 新製品の**センデン**に力を入れる。（　　）

39 **オンダン**な気候で育つ野菜だ。（　　）

40 **コンレイ**の日を心待ちにしている。（　　）
ヒント 結コン式と同義。

41 話の**ロンシ**が明快でわかりやすい。（　　）

42 祖父は小説を**シッピツ**している。（　　）

43 初めての海外**トコウ**が楽しみだ。（　　）

44 かつて**ボウエキ**で栄えた港町だ。（　　）

45 勝利の**シュンカン**を見逃した。（　　）

46 彼は**ビンワン**と名高い記者だ。（　　）

47 **リュウシ**が細かくきれいな写真だ。（　　）

ONE Point

書き取りが得意になりたい！　その②
知らない言葉に出会った時は、その都度、辞書で調べましょう。

練習1

解答は別冊P.23

2 次の——線のカタカナを漢字に直せ。

1 金持ちのトノサマ芸と笑われる。（　　）

意味「トノサマ芸」＝お金や時間のある人がなぐさみに覚えた芸。

2 先生の言葉が心にヒビいた。（　　）

3 領収書は漢数字の一をイチと書く。（　　）

4 忘れぬように何度も念をオす。（　　）

5 討論の場をモウける。（　　）

6 着物をカゲボししてからしまう。（　　）

7 大学卒業が人生のフシメだ。（　　）

8 青銅のツルギが発掘された。（　　）

9 サラに上を目指して努力する。（　　）

10 ヌマにハスの花が咲いている。（　　）

11 冬の海辺はヒトカゲもまばらだ。（　　）

12 ムスメの晴れ姿を写真に収める。（　　）

13 大事な皿をワってしまった。（　　）

14 花びらがイクエにもかさなる。（　　）

15 今日の午後に荷物がトドく。（　　）

16 短時間で内容のコい会議をした。（　　）

17 この地方は冬の寒さがキビしい。（　　）

18 雄とメスのインコをつがいで飼う。（　　）

19 シオドキを見て退出した。（　　）

意味 物事のころあい。

20 アルバイトをして家計をササえる。（　　）

21 部長が自ら部員に範をシメした。（　　）

22 人のナサけが身にしみる。（　　）

23 炭の入ったタワラを運ぶ。（　　）

24 道にマヨって遅刻した。（　　）

25 父はカボチャのニモノが好きだ。（　）
26 景気回復はアシブみ状態にある。（　）
27 ハリの穴に糸を通す。（　）
28 山ではサワの水をくんで使った。（　）
29 的を矢でイる。（　）
30 解答をミチビく大切なヒントだ。（　）
31 大きな志をイダいて入学する。（　）
32 友人を自宅にマネいた。（　）
33 生命のミナモトを探究する。（　）
34 庭の雑草を取りノゾいた。（　）
35 野原で色とりどりの花をツむ。（　）
36 山のミネに雲がかかっている。（　）
37 モメンのシャツを愛用している。
ヒント 熟字訓。（　）
38 親友に心のオクソコを打ち明けた。（　）

39 キリのような雨が降り続いている。（　）
40 コヨミのうえではすでに秋だ。（　）
41 冬の朝はハく息が白くなる。（　）
42 妹と私はよくニている。（　）
43 目覚まし時計の故障でネボウした。（　）
44 王の命令にシタガう。（　）
45 運よくキズは浅かった。（　）
46 事故だと聞いてムナサワぎがした。（　）
47 小さな渡しブネで川を渡る。（　）

ONE Point

漢字の書き取りでの注意点　その①

「とめ・はね・はらい」の一点・一画を楷書（かいしょ）で正確に書くようにしましょう。

漢字の読み
漢字の部首
熟語の理解
対義語・類義語
四字熟語
送りがな
同音・同訓異字
書き取り

練習1

解答は別冊P.23

3 次の――線のカタカナを漢字に直せ。

1 カンセイトウから着陸許可が出る。
意味 空港の施設（しせつ）。航空機の安全のための指示などを行う。

2 カミナリの鳴る音が聞こえる。

3 本番前に深くコキュウする。

4 試合の前に全員でエンジンを組む。

5 事件のケイイを説明する。

6 シボウ分の少ない食事をとる。

7 マズしい少年時代を過ごした。

8 書きかえ防止で2を二と書く。

9 ハマベのごみ拾いに参加した。

10 ホソウされた道は歩きやすい。
意味 道路の表面をアスファルトなどで固めること。

11 むだをハブきコストを下げる。

12 ゼンパン的に価格の高い店だ。

13 今朝、池に氷がハっていた。

14 インフルエンザがモウイを振るう。

15 天からフヨされた才能だ。
意味 配り分けあたえること。持って生まれること。

16 彼の人柄にはコウカンが持てる。

17 ごくフツウの家庭に育つ。

18 ふとページをクる手を止めた。
ヒント 順にめくる意。「クり返す」もこの漢字。

19 毎年誕生日にセタケを柱に記す。

20 タンレイな顔立ちの女優だ。
意味 形がきちんと整って美しいこと。

21 古いビルをハカイする。

22 ヒボンな才能に恵まれている。

23 ハクハツの老人に話を聞く。
ヒント 「しらが」ともいう。

24 初優勝をとげ、カンルイにむせぶ。
意味 心を強く動かされて流すなみだ。

☐ 25 鳥取**サキュウ**に観光に行く。（　　）

☐ 26 体育祭でおおいに力を**フル**った。（　　）

☐ 27 夏祭りの**ボンオドリ**に出かける。（　　）

☐ 28 新政権が**ジュリツ**した。（　　）

☐ 29 苦労して山頂に**トウタツ**した。（　　）

☐ 30 彼の語学力に**キョウタン**した。（　　）

☐ 31 有志一同で**コウデン**を包む。（　　）
意味 死んだ人に供える金品。

☐ 32 隣家では子犬を**カ**っている。（　　）

☐ 33 事実を**ウラヅ**けする証拠だ。（　　）
意味 真実であることの確かな証明。

☐ 34 火に対して**キョウフ**心を持っている。（　　）

☐ 35 優れた人材を**ハイシュツ**した。（　　）
意味 優秀な人材を世に出すこと。

☐ 36 深夜ラジオ番組を**ロクオン**する。（　　）

☐ 37 会場はすぐに**マンパイ**になった。（　　）
ヒント 容器だけでなく、収容人員いっぱいになる場合にも使う。

☐ 38 窓からの**ケシキ**がすばらしい。（　　）

☐ 39 小説を**キャクショク**して映画化する。（　　）
意味 事実にいろづけする意味だけでなく、小説を上演できるようシナリオにすることの意もある。

☐ 40 町名の**ユライ**を調べる。（　　）

☐ 41 仕事に**ボウサツ**される毎日だ。（　　）
意味 非常にいそがしいこと。

☐ 42 荷物の集配状況を**ツイセキ**する。（　　）

☐ 43 銀行の**ヨキン**額が増えた。（　　）

☐ 44 信号機の故障で電車が**チエン**した。（　　）

☐ 45 大切な仕事を**マカ**せられた。（　　）

☐ 46 会社再建のために**ジンリョク**する。（　　）

☐ 47 **ビヨク**に航空会社のマークがある。（　　）

ONE Point

漢字の書き取りでの注意点　その②

字はくずして書かないようにしましょう。

(例)「糸○—糸×」「灬○—⌒×」「口○—○×」

練習2

実施日

解答は別冊P.24

1 次の――線の**カタカナ**を**漢字**に直せ。

1 二つの商品の値段を**ヒカク**する。
2 **コクモツ**を出荷する。
3 幼児たちを先生が**インソツ**する。
4 赤ちゃんの**ボウシ**を手編みする。
5 空き地のまわりを**カナアミ**で囲む。
6 パソコンの**ソウサ**に慣れる。
7 休日の店は**コンザツ**していた。
8 **コンキョ**のない中傷を批判する。
9 **ボンジン**には理解しがたい芸術だ。
10 データファイルを**アッシュク**する。
11 油絵を**ガクブチ**に入れて飾る。
12 大雨で道路が**スンダン**された。
13 一学期は**カイキン**賞をもらった。
14 印鑑を**シュニク**につけて押す。
15 注 彼は自分の**リュウギ**で仕事をする。
16 **カセン**敷を散歩する。
17 金魚が**ユウガ**に泳いでいる。
18 **カラクサ**模様のふろしきで包む。
19 乗客の**ユソウ**は安全が第一だ。
20 注 全員の前で詩を**ロウドク**した。
21 **フキョウ**で収入が大きく減った。
22 学習に**サイテキ**な気温だ。
23 荒れ地を**カイタク**して畑をつくる。
24 飲酒運転の**バッソク**を強化する。
25 美しい**シキサイ**の料理が並んだ。
26 旅館に荷物を**アズ**けて観光した。

27 海外旅行のおミヤゲをいただいた。（　　）
28 山の空気を思い切りスう。（　　）
29 紙にはさまざまなヨウトがある。（　　）
30 かゆみがありヒフ科にかかる。（　　）
31 自然のイトナみに学ぶ事は多い。（　　）
32 県内クッシの進学校に合格する。（　　）
33 シモンは一人ひとり異なる。（　　）
34 庭のシバフの緑がまぶしい。（　　）
35 手入れされた美しいハナゾノだ。（　　）
36 技術の発展がメザましい。（　　）
37 現場のサンジョウが伝えられた。（　　）
38 文芸誌に作品をトウコウする。（　　）
39 ムナモトでボールを受けた。（　　）
40 平和な社会をキズこう。（　　）
41 砂浜に波がヨせてはかえす。（　　）

難 42 トッピョウシもない話だった。（　　）
難 43 恩師におセイボの品を贈る。（　　）
注 44 海外に日本文化をショウカイする。（　　）
45 事実がオオヤケになる。（　　）
46 入念に作戦をネる。（　　）
47 海底から石油をサイクツする。（　　）
48 家族で旅館にシュクハクする。（　　）
難 49 議場にドゴウが飛び交った。（　　）
50 かなづちのエが折れてしまった。（　　）

ONE Point

漢字の書き取りでの注意点　その③

「夂・欠・不・句」の1画目と2画目は続けて書かないようにしましょう。

練習2

解答は別冊P.24

2 次の――線のカタカナを漢字に直せ。

注 1 上司のお宅をホウモンした。（　　）

2 ベンゼツさわやかな演説だった。（　　）

注 3 冬山のセイフクに成功した。（　　）

4 買ったケーキをサッソク食べた。（　　）

5 不調のゲンキョウを調べる。（　　）

難 6 まるでドレイのような扱いだった。（　　）

7 味方のエンゴでシュートした。（　　）

8 年末年始はキョウリに帰る。（　　）

9 気ままな欲望はセイギョすべきだ。（　　）

10 台風によるサイガイに備える。（　　）

11 ポイントのカメイ店を調べる。（　　）

12 神のケシンとしてあがめられた。（　　）

13 村にジュレイ三百年の大木がある。（　　）

14 地下倉庫で野菜をチョゾウする。（　　）

15 ウモウのふとんは温かい。（　　）

16 野菜がノキナみ値上がりしている。（　　）

17 イチゴとサトウでジャムを作る。（　　）

難 18 雪解けに春のコドウを感じる。（　　）

19 新酒がシュッカされる季節だ。（　　）

20 キョガクの増資計画を発表する。（　　）

21 人工衛星からエイゾウが届く。（　　）

22 縁日でワタガシを買った。（　　）

23 新型車のテンジ会が開かれる。（　　）

24 ビフウがカーテンをゆらす。（　　）

25 おヒガンには家族で墓参りをする。（　　）

26 大雨でテイボウが決壊した。（　　）

27 先生の教えを胸にキザむ。

難 28 せみシグレに包まれる。

29 カエルが見事にチョウヤクする。

30 コガネ色の夕日が湖にはえる。

31 歯が痛くてコマる。

32 渡り鳥のムれが飛んでいく。

33 バスの優先席にスワった。

34 コンクールでメイヨな賞をもらう。

35 お年寄りをウヤマう。

36 ウツワに煮物を盛る。

難 37 長い時間をへて仲直りした。

38 事実にモトづいて報告する。

注 39 それは著作権のシンガイにあたる。

難 40 祖父のニュウワな笑顔を思い出す。

41 精鋭をヒキいて戦いにのぞんだ。

42 体力では兄よりマサる。

43 一筋のイナズマが夜空を切りさく。

44 最後までチンモクを守り通した。

45 カップにコーヒーをソソぐ。

注 46 部長のやり方にテイコウする。

47 冬はタイカン性に優れた服を着る。

48 小説のボウトウの文を引用する。

49 ハイリョに欠ける発言だった。

50 父にマフラーをアんだ。

ONE Point

漢字の書き取りでの注意点　その④

「支」の2・3画目、「隹」の3・5画目、「修」の5・6画目は続けて書かないようにしましょう。

練習 2

実施日

解答は別冊P.25

3 次の——線のカタカナを漢字に直せ。

1 司法試験はナンカンといわれる。
2 人口のカミツが問題になる。
3 本番で実力をハッキした。
4 全員でキャプテンをドウアげした。
5 弟と動物ズカンをながめた。
6 モヨりの駅まで来てください。
7 川の水がケイカイ水位をこえた。
8 （注）発表会では司会をツトめた。
9 新しいコートがホしい。
10 （難）理論のムジュンを指摘される。
11 専門用語にチュウシャクをつける。
12 社長が子会社の役員をケンムする。
13 回答をホリュウにさせてもらう。
14 世界大会に選手団をハケンする。
15 とうとうテレビがコショウした。
16 （難）ホウゲキで城壁を破った。
17 社会のハンエイを願う。
18 事件にはイッサイ関係がない。
19 要点をカジョウガきにする。
20 ヒタイに汗して働いた。
21 来月ジョウジュンには開花する。
22 勝ちイクサだと思い油断する。
23 大臣のバクダン発言が記事になる。
24 両親はトナリの部屋で寝ている。
25 （注）神社で合格をキネンした。
26 重要なコウモクに印をつける。

☐ 27 試験に合格し**シュクハイ**をあげる。（　　）
☐ 28 身の**ケッパク**を証明する。（　　）
☐ 29 ピアノの**エンソウ**に感動した。（　　）
☐ 30 **センパイ**が手取り足取り教えた。（　　）
☐ 31 **コウフン**してなかなか眠れない。（　　）
☐ 32 税制**カイカク**が叫ばれている。（　　）
☐ 33 ゆるやかな**ケイシャ**の坂を上る。（　　）
☐ 34 美術館に展示物を**ハンニュウ**する。（　　）
☐ 35 道に迷って途方に**ク**れる。（　　）
☐ 36 駅前でチラシを**クバ**っていた。（　　）
☐ 37 足りない言葉を**オギナ**う。（　　）
☐ 38 難 政治の**フハイ**を正したい。（　　）
☐ 39 第一王子が王位を**ケイショウ**した。（　　）
☐ 40 システム導入を**ケントウ**する。（　　）
☐ 41 難 **ヘンゲン**も聞きもらすまい。（　　）

☐ 42 互いに作品を**ヒヒョウ**し合った。（　　）
☐ 43 旅行はあいにく**ドンテン**だった。（　　）
☐ 44 難 パトカーが駅前を**ジュンシ**する。（　　）
☐ 45 図書館に本を**ヘンキャク**する。（　　）
☐ 46 相手の真意を**サグ**る。（　　）
☐ 47 **イリョウ**方面の仕事に就きたい。（　　）
☐ 48 たき火で**イモ**を焼いて食べる。（　　）
☐ 49 彼は**スグ**れた音楽家です。（　　）
☐ 50 次代を背負う**ワコウド**に成長した。（　　）

ONE Point

漢字の書き取りでの注意点　その⑤

「木」の2画目、「糸」の4画目は一般的に「とめ」ですが、はねても検定では○です。

練習2

実施日

解答は別冊P.25

4 次の――線のカタカナを漢字に直せ。

1 時代にギャッコウした考えだ。（　　）
2 作家のスガオに好感を持つ。（　　）
3 はるかオキにヨットが見える。（　　）
4 古いヤシキを取り壊す。（　　）
5 名刺でカタガキを確認する。（　　）
6 問題はヨウイに解決できない。（　　）
7 けがで入院した友人をミマう。（　　）
8 つぼ庭にジャリを入れる。（　　）
9 事をアラダてたくはない。（　　）
10 難 金時計につける細いクサリを買う。（　　）
11 ムラサキイロの花が咲く。（　　）
12 人に流されずテガタい商売をする。（　　）
13 地下街はメイロのようだった。（　　）
14 古風でオモムキのある宿に泊まる。（　　）
15 難 山奥でケモノミチに入り込んだ。（　　）
16 フリカエ口座に代金を入金する。（　　）
17 難 神社のケイダイで遊ぶ。（　　）
18 カンベンな方法を探す。（　　）
19 難 丸太を割ってタキギをつくる。（　　）
20 母の言葉にメガシラが熱くなる。（　　）
21 ついに犯人のミガラを確保した。（　　）
22 オウギの的に向け矢を放つ。（　　）
23 つららから水のシズクが落ちる。（　　）
24 デザートにモモを切って食べる。（　　）
25 トウゲの茶屋でひと休みする。（　　）
26 不安な気持ちがウスらいでいった。（　　）

27 **シャソウ**の風景をながめる。（　　）

28 早めに寝て**ヒロウ**を回復する。（　　）

29 宿泊の**ヒヨウ**は自己負担です。（　　）

30 火山から**ヨウガン**が流れ出る。（　　）

31 方位**ジシャク**で方角を調べる。（　　）

32 注 ごみの**シュウシュウ**日は守る。（　　）

33 **オオツブ**の涙がこぼれ落ちた。（　　）

34 家のネコの**ユクエ**が知れない。（　　）

35 彼の演奏に舌を**マ**いた。（　　）

36 **シハラ**いは現金でお願いします。（　　）

37 父は**メガネ**をかけている。（　　）

38 パソコンの修理を**イライ**する。（　　）

39 大気**オセン**は深刻な問題だ。（　　）

40 注 今年は**ギョカク**量がふるわない。（　　）

41 音信不通の友の安否を**キヅカ**う。（　　）

42 注 **アブラ**の乗ったサンマがおいしい。（　　）

43 難 初段に**ヒッテキ**する実力者だ。（　　）

44 障害物を**ジョキョ**する。（　　）

45 姉妹は**コワイロ**が似ている。（　　）

46 他校との交流が**サカ**んだ。（　　）

47 山の**イタダキ**に雪が残っている。（　　）

48 難 橋の**フクイン**を測定した。（　　）

49 **レンラクモウ**は速やかに回そう。（　　）

50 難 池の水草が**ハンモ**している。（　　）

ONE Point

漢字の書き取りでの注意点　その⑥

漢字検定での解答は、必ずＨＢ・Ｂ・２Ｂの鉛筆かシャープペンシルを使用してください。ボールペンや万年筆は厳禁です。

漢字の読み　漢字の部首　熟語の理解　対義語・類義語　四字熟語　送りがな　同音・同訓異字　書き取り

誤字訂正
ウォーミングアップ

実施日

解答は別冊P.26

1 次の**ア・イ**の文のうち、漢字が**正しく使われているもの**を選び、(　)にその**記号**を記せ。

1 ア アリの大郡が発生した。
　イ アリの大群が発生した。　(　)

2 ア 事態は好転した。
　イ 事態は好天した。　(　)

3 ア 品質を保証する。
　イ 品質を保障する。　(　)

4 ア 運賃の清算をする。
　イ 運賃の精算をする。　(　)

5 ア 避難訓練に参加する。
　イ 避難訓連に参加する。　(　)

6 ア スライドを影写する。
　イ スライドを映写する。　(　)

7 ア 勉強机を移動する。
　イ 勉強机を異動する。　(　)

8 ア 分厚い本を読破した。
　イ 分熱い本を読破した。　(　)

9 ア 器械体操の選手になる。
　イ 機械体操の選手になる。　(　)

10 ア 児童を引率する。
　イ 児童を引卒する。　(　)

11 ア 画象が乱れて見づらい。
　イ 画像が乱れて見づらい。　(　)

12 ア 漢詩を郎読した。
　イ 漢詩を朗読した。　(　)

2

次の各文にまちがって使われている**同じ読みの漢字**が**一字**ある。（　・　）の**上に誤字**を、**下に正しい漢字**を記せ。

（誤・正）

☐ 1 構堂に集合した。（　・　）

☐ 2 障害事件が起きた。（　・　）

☐ 3 休日に校庭を解放する。（　・　）

☐ 4 新近感を持つ。（　・　）

☐ 5 国語の成積が上がる。（　・　）

☐ 6 改心の一撃だった。（　・　）

☐ 7 経済を福興する。（　・　）

☐ 8 実力を発起する。（　・　）

☐ 9 偉跡を発掘する。（　・　）

☐ 10 情報を提共する。（　・　）

☐ 11 中学生には優しい問題だ。（　・　）

☐ 12 特意になって自慢する。（　・　）

☐ 13 短刀直入に話をする。（　・　）

☐ 14 美字麗句を並べる。（　・　）

☐ 15 生活水順が向上する。（　・　）

☐ 16 明確に意志表示する。（　・　）

☐ 17 非情階段から避難した。（　・　）

☐ 18 意味深重な笑いをする。（　・　）

☐ 19 彼の句調は独特である。（　・　）

☐ 20 旅行で家を明ける。（　・　）

ONE Point

次の漢字はどちらが正しい？

①
ア 機転がきく
イ 奇転がきく

②
ア 互格の戦い
イ 互角の戦い

①ア ②イ

誤字訂正 練習 1

実施日 ／

解答は別冊P.26

1 次の各文にまちがって使われている**同じ読みの漢字**が**一字**ある。（　・　）の**上に誤字**を、**下に正しい漢字**を記せ。

（誤・正）

1 史跡の特徴をまとめ観行案内図を作る。（　・　）

2 文化人類学に感心がある。（　・　）
ヒント 同音異義語のある語に注目。

3 模型の収集に霧中になる。（　・　）

4 危険を察置して物陰に隠れた。（　・　）

5 駅まで友達を贈って行った。（　・　）
ヒント 使い分け要注意の語がある。

6 健設現場では安全が第一だ。（　・　）

7 剣道の極意を殿授された。（　・　）

8 事実に立却した報道を行う。（　・　）

9 何事にも臨期応変に対処したい。（　・　）

10 示持する候補者の応援演説をする。（　・　）

11 火災で家屋は跡形もなく消失した。（　・　）

12 借りた本を図書館に帰す。（　・　）
ヒント 使い分け要注意の語がある。

13 適度な運動をするとよいと進める。（　・　）

14 百貨店が営業時間を遠長する。（　・　）

15 名刺しでの攻撃的な発言は慎む。（　・　）

16 地図を片手に道順を訪ねる。（　・　）

17 彼は宝富な話題の持ち主だ。（　・　）

18 個人消費の動行を数値化する。（　・　）

19 海外旅行の日定を調整する。（　・　）

20 初対面で二人は意気統合した。（　・　）
ヒント 個々の熟語の構成に注目。

21 各界の大物が一同に会した。（　・　）

22 無線で魚船と交信する。（　・　）

23 飛行機は深夜に空航を飛び立った。（　・　）

24 勇気を震って困難に立ち向かった。（ヒント 使い分け要注意の語がある。）（　・　）

25 市町村の境介線を変更する。（　・　）

26 与儀ない事情で欠席する。（　・　）

27 相手の失敗を厳しく否難する。（　・　）

28 会議の終わりに決を取ります。（ヒント 使い分け要注意の語がある。）（　・　）

29 修業規則通り定時に出勤する。（ヒント 文意に合わない語は？）（　・　）

30 彼女の発想はとても独奏的だ。（　・　）

31 週末に友人を家に紹待した。（　・　）

32 千羽づるに平和への願いを来める。（　・　）

33 適性な価格で販売する方針だ。（　・　）

34 選手権に向けて持及力をつけたい。（　・　）

35 彼の心はひどく掘折している。（　・　）

36 敵の術計を事前に鑑破した。（　・　）

37 昨晩は極地的な大雨を記録した。（ヒント 文意に合わない語は？）（　・　）

38 議案は万場一致で可決された。（　・　）

39 個人情報の流出を未前に防ぐ。（　・　）

40 早急に問題の解決を計る。（ヒント 使い分け要注意の語がある。）（　・　）

41 県からの助世金で研究を続けた。（　・　）

42 高校受検に向けて勉強を始めた。（　・　）

43 午後から所要で外出する。（　・　）

44 年相往の分別を身につける。（　・　）

45 公道では制元速度で運転する。（　・　）

46 この薬剤は即行性が期待できる。（　・　）

ONE Point

次の漢字はどちらが正しい？

① ア危機一発　イ危機一髪

② ア言語同断　イ言語道断

（①イ　②イ）

誤字訂正 練習 1

解答は別冊P.26

2 次の各文にまちがって使われている**同じ読みの漢字**が**一字**ある。（　・　）の**上に誤字**を、**下に正しい漢字**を記せ。

誤・正

1 親善大使として海外に波遣される。（　・　）

2 夜向性の動物の生態を観察する。（　・　）

ヒント 使い分け要注意の語がある。
3 敏腕の彼は社長に継ぐ実力者だ。（　・　）

4 発言は火に脂を注ぐ結果となる。（　・　）

5 皆の希待を背負って試合に出る。（　・　）

ヒント 同音異義語のある語に注目。
6 中学生が対照の教材を制作する。（　・　）

7 格声器を使って指示を出す。（　・　）

ヒント 文意に合わない語は？
8 野生動物は生存競走の中を生きる。（　・　）

9 現在も両国は友交関係を保っている。（　・　）

ヒント 使い分け要注意の語がある。
10 判断を謝り多大な損失を与えた。（　・　）

11 水不足は農家にとって震刻な問題だ。（　・　）

12 スイカの芽花に人工授粉を行う。（　・　）

13 予期せぬ言葉に胸を付かれる。（　・　）

14 内外の科学者の鋭知を集める。（　・　）

ヒント 文意に合わない語は？
15 大学で真理学を専攻している。（　・　）

16 強力な相坊を得て仕事は順調だ。（　・　）

17 病気の治良のため休養する。（　・　）

18 建築家が快的な住環境を提案する。（　・　）

19 管連事項は欄外に記載した。（　・　）

20 景気の停迷を打開する政策だ。（　・　）

21 研修は有意議な内容だった。（　・　）

22 日々の運動不足を通感する数値だ。（　・　）

23 製品は必ず熱所理が行われる。（　・　）

24 幼児期からの悪い習環を改善する。（　・　）
25 全国で交通安全の票語をつのった。（　・　）
26 水産物の養植技術を研究する。（　・　）
27 連勝続きで選手は有跳天になった。（　・　）
28 布を形紙通りに裁断した。（　・　）
29 お盆は避暑地で過ごす予定だ。（　・　）
30 経営不進の会社を支援する。（　・　）
31 父の元には耐えず訪問客がある。（　・　）
32 明日の試合に供えて早く寝た。（　・　）
ヒント 使い分け要注意の語がある。
33 世間から強い批反を浴びる。（　・　）
34 両家の間には昔から画執がある。（　・　）
35 案の条、彼は集合時刻に遅れた。（　・　）
36 突然の雨に急いでかさを指す。（　・　）
37 一紙乱れぬ群舞に観客は圧倒された。（　・　）

38 経験から押せば失敗が予想される。（　・　）
ヒント 使い分け要注意の語がある。
39 近隣の町工場で部品を徴達した。（　・　）
40 計画を面密に立てて実行に移す。（　・　）
41 天然原料を使用した無添化の洗剤です。（　・　）
42 夕食後は歓団の時間を過ごす。（　・　）
43 業務の合理化を勧める。（　・　）
ヒント 使い分け要注意の語がある。
44 番組内容への苦状が殺到した。（　・　）
45 部長の息子自漫は聞き慣れた。（　・　）
46 店の無責任な対応に攻議する。（　・　）

ONE Point

形の似ている漢字は、意味で区別

同じ読み、似た字形に惑わされず、正確に書き分けるようにしましょう。

「ショウ」→招待・紹介・昭和・照合

漢字の読み　漢字の部首　熟語の理解　対義語・類義語　四字熟語　送りがな　同音・同訓異字　書き取り

誤字訂正 練習 2

実施日

解答は別冊P.27

1 次の各文にまちがって使われている**同じ読みの漢字**が**一字**ある。（　・　）の**上に誤字**を、**下に正しい漢字**を記せ。

（誤・正）

1 人員を殖やして警備態勢を整えた。（　・　）

2 地方の予戦を勝ち抜いた。（　・　）

3 下流一帯に扇場地が広がる。（　・　）

注 4 会場の想像以上の熱気に気遅れする。（　・　）

5 二千人を収要する劇場が完成した。（　・　）

6 今までの努力は途労に終わった。（　・　）

7 驚偉的な記録を樹立した。（　・　）

8 自給自足の乾素な暮らしが夢だ。（　・　）

9 小鳥の使育係をくじで決めた。（　・　）

10 キリスト教の伝導師が上陸した港だ。（　・　）

11 取り扱いに最心の注意を払う。（　・　）

注 12 鑑賞用の熱帯魚を扱う店に行く。（　・　）

13 事故を起こし仕末書を提出した。（　・　）

14 提案は大多数の人の賛堂を得た。（　・　）

15 国際情勢が接迫した状況だ。（　・　）

16 病状は依然として余断を許さない。（　・　）

難 17 彼は得意気に自論を展開した。（　・　）

注 18 塩の流れが速くて水泳は危険だ。（　・　）

19 資金不足で規模を縮少した。（　・　）

注 20 最近遠近両様の眼鏡を買った。（　・　）

21 傷を負った動物を補獲し保護する。（　・　）

22 開局三週年の祭典が開かれた。（　・　）

23 大平洋上の低気圧が北上している。（　・　）

24 極秘書類の流出継路を追及する。（　・　）

難 25 公金を着腹した容疑で書類送検する。（　・　）

26 旅行の計画表を全員に回欄した。（　・　）

27 井丈高な態度が周囲の反感を買う。（　・　）

28 参考資料を準備して堤出した。（　・　）

注 29 急いで電車に飛び載った。（　・　）

30 社長の雄断で組織の大改革を行う。（　・　）

31 先入観や憶息で判断しない。（　・　）

難 32 凶悪犯罪の増加は歓心にたえない。（　・　）

注 33 新築の協同住宅に引っ越した。（　・　）

34 農村で晴耕雨読の余世を送る。（　・　）

注 35 目は視覚をつかさどる器管だ。（　・　）

36 情報通信規器の普及が目覚ましい。（　・　）

37 正月を旧歴で祝う国もある。（　・　）

38 発熱による関接痛に悩まされた。（　・　）

難 39 胸一杯に雄吐を抱いて出発した。（　・　）

40 直経十メートルの花時計が名物です。（　・　）

41 現代の世層を反映した事件だ。（　・　）

42 相手の即攻を全力で防いだ。（　・　）

注 43 線路に添って住宅が立ち並ぶ。（　・　）

44 客からの電話応待に忙殺される。（　・　）

45 待望の春の到来に心が踊る。（　・　）

46 都合よく解尺されて困った。（　・　）

ONE Point

書き取りで次のように書いても○になる①

無→無・無　戸→戸・戸・户

令→令・令　言→言・言・言

漢字の読み　漢字の部首　熟語の理解　対義語・類義語　四字熟語　送りがな　同音・同訓異字　書き取り

誤字訂正 練習 2

解答は別冊P.27

2 次の各文にまちがって使われている**同じ読みの漢字**が**一字**ある。（　・　）の**上に誤字**を、**下に正しい漢字**を記せ。

（誤・正）

1 知事選の選挙運動は浮動票の獲特に全力が注がれた。（　・　）

2 役員の歓心を買うことに執心する社長に、不振感がつのる。（　・　）

3 幼い子どもの純心さに触れて、温かい気持ちになった。（　・　）

4 （注）価値感の相違を乗り越えて豊かな人間関係を築いた。（　・　）

5 毎月五千円ずつ旅費を詰み立てて年に一度国内旅行を楽しむ。（　・　）

6 （注）試合の中盤までは優性な試合運びだったが勝利を目前に逆転された。（　・　）

7 古書の添示即売会に出かけ、掘り出し物の初版本を手に入れた。（　・　）

8 観衆は競技場に帰ってきた走者を歓誇の声で迎えた。（　・　）

9 研究発表の試料を作成するため市内の考古博物館を訪れた。（　・　）

10 彼は戦後の歌謡界を支えた作詩家として業界では名高かった。（　・　）

11 （注）中学生の学校生活の実体を調べて学校教育のあり方を再考する。（　・　）

12 モバイル機器は季節ごとに多彩な機脳を持つ新型が登場する。（　・　）

13 卒業式に隣席した保護者は我が子の成長を目にして涙した。（　・　）

14 当時の彼は確か自転車で通学していたと気憶している。（　・　）

15 この歌は変調を多用していて音低を取るのが難しい。（　・　）

16 演劇表現の幅が広がる舞台操置の導入を検討している。（　・　）

17 国内だけでは生産量に限界があるため穀物の輸入は不可決だ。（　・　）

18 冒頭の静かな調子を一転させて圧簡のラストに至る流れが見事だ。（　・　）

19 大道芸人の息を飲む技の連続に観客の拍手は成りやまなかった。（　・　）

難 20 祭りの当日は町中に陽気な歌や偉勢のいい声が響き渡る。（　・　）

21 今回の選挙で現政権が継続して国を納めることが決定した。（　・　）

22 彼女は鮮練された服装に身を包んで会場に現れ、注目を浴びた。（　・　）

23 高速道路の沿線に家を建てたので忙音設備には神経を使った。（　・　）

24 都市の緑化や野生の動植物の保護など自然環境の保善に努めたい。（　・　）

注 25 数字を見誤って答えを間違えた経験があるので今回は慎重を帰した。（　・　）

26 念願の文学賞を獲得した作家の祝賀会が都内で勢大に行われた。（　・　）

27 会議は難行して就業時間を大幅に過ぎ、精神的に疲労がたまった。（　・　）

28 有士の呼びかけで恩師を囲んだ同窓会が実現した。（　・　）

29 かつての親不幸の数々を反省して現在は両親と静かに暮らしている。（　・　）

30 状況や情勢の変化に応じて対諸できるように準備しておく。（　・　）

31 好きな作家が連載している週間誌のコラムには必ず目を通している。（　・　）

32 公共事業の受注にからむ自治体主長の汚職は許されない。（　・　）

33 海外で人気のバッグの限定販売に、多くの客が殺倒したそうだ。（　・　）

注 34 聖職者は神に使える身として厳しい戒律と精進にはげむ日々だそうだ。（　・　）

35 無党派層の動きは政権交代を含めた激的な変化を生む可能性がある。（　・　）

ONE Point

書き取りで次のように書いても○になる②

年―年・年・年　保―保・保

骨―骨・骨

4級 実力完成問題 第1回

解答には、「常用漢字表」に示された漢字の字体、読みを使用すること。旧字体での解答は認めない。

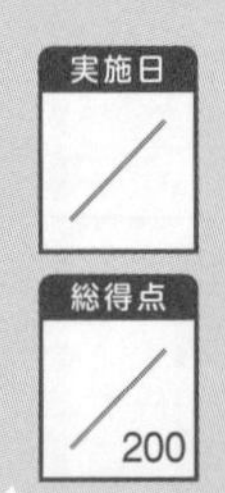

解答は別冊P.29

一 次の――線の漢字の読みをひらがなで記せ。

1 社員たちの不満が爆発した。
2 脚注を見ながら古典を読む。
3 活動の趣旨に賛同する。
4 食塩水の濃度の計算が苦手だ。
5 地盤の沈下を防止する。
6 冒頭から活発な論戦となった。
7 技術では他社を優越している。
8 うわさ話に何か作為を感じる。
9 川の水が汚濁している。
10 率先して家事を手伝う。
11 桜の芽は冬の間は休眠している。
12 国語の教科書を黙読する。
13 時代に即応したやり方をとる。
14 入賞者の栄誉をたたえる。
15 社会に寄与する仕事がしたい。
16 太陽系にある恒星は太陽のみだ。
17 レースは序盤から白熱した。
18 手さげから扇子を取り出す。
19 海水で手すりが腐食した。
20 郷里の両親に近況を伝える。
21 庭に淡雪が積もっている。
22 軒先で雨宿りをする。

23 洗い立ての敷布はよく眠れた。
24 妹はごきげん斜めのようだ。
25 受賞作に見劣りしない秀作である。
26 腰抜けと言われないよう奮闘した。
27 峰に鉛色の雲がかかってきた。
28 古い木の橋が朽ちてきた。
29 毎月、給料の幾らかを貯金する。
30 やっと肩の荷が下りた。

二 次の——線の**カタカナ**にあてはまる漢字をそれぞれの**ア〜オ**から**一つ**選び、**記号にマーク**せよ。

各2点 /30 2×15

1 ブレーキを踏み事故を回**ヒ**した。
2 **ヒ**岸を過ぎると暖かくなる。
3 **ヒ**害者の会が立ち上がった。
（ア避　イ秘　ウ彼　エ疲　オ被）

4 **カン**味料を少し加える。
5 **カン**告を受け入れることにした。
6 **カン**電池で動くおもちゃだ。
（ア甘　イ勧　ウ歓　エ環　オ乾）

7 地元チームを応**エン**する。
8 新しい脚本で公**エン**する。
9 良**エン**に恵まれて結婚した。
（ア演　イ援　ウ鉛　エ縁　オ園）

10 明るい前**ト**を祝福しよう。
11 相手の意**ト**をくみ取る。
12 真情を**ト**露した一句である。
（ア吐　イ渡　ウ登　エ図　オ途）

13 心を**コ**めて作り上げた。
14 いくつもの障害を乗り**コ**える。
15 遠くの母を**コ**いしたう。
（ア肥　イ恋　ウ込　エ粉　オ越）

1	2	3	4	5	6	7	8	9	10	11	12	13	14	15
[ア][イ][ウ][エ][オ]	[ア][イ][ウ][エ][オ]	[ア][イ][ウ][エ][オ]	[ア][イ][ウ][エ][オ]	[ア][イ][ウ][エ][オ]	[ア][イ][ウ][エ][オ]	[ア][イ][ウ][エ][オ]	[ア][イ][ウ][エ][オ]	[ア][イ][ウ][エ][オ]	[ア][イ][ウ][エ][オ]	[ア][イ][ウ][エ][オ]	[ア][イ][ウ][エ][オ]	[ア][イ][ウ][エ][オ]	[ア][イ][ウ][エ][オ]	[ア][イ][ウ][エ][オ]

二〜五の答えは[ ]内の記号にマークすること。
＊一・六〜十の答えはマークシート方式ではありません。

三

1〜5の三つの□に**共通する漢字**を入れて熟語を作れ。漢字はア〜コから**一つ**選び、**記号にマーク**せよ。

各2点　/10（2×5）

1 □風・猛□・鮮□

2 □曲・歌□・童□

3 □正・□認・□非

4 発□・□骨・□出

5 振□・大□・肩□

ア 適	イ 露	ウ 動	エ 幅	オ 是
カ 突	キ 生	ク 戯	ケ 謡	コ 烈

1	2	3	4	5
[ア][イ][ウ][エ][オ] [カ][キ][ク][ケ][コ]	[ア][イ][ウ][エ][オ] [カ][キ][ク][ケ][コ]	[ア][イ][ウ][エ][オ] [カ][キ][ク][ケ][コ]	[ア][イ][ウ][エ][オ] [カ][キ][ク][ケ][コ]	[ア][イ][ウ][エ][オ] [カ][キ][ク][ケ][コ]

四

熟語の構成のしかたには次のようなものがある。

各2点　/20（2×10）

ア　同じような意味の漢字を重ねたもの　**（岩石）**

イ　反対または対応の意味を表す字を重ねたもの　**（高低）**

ウ　上の字が下の字を修飾しているもの　**（洋画）**

エ　下の字が上の字の目的語・補語になっているもの　**（着席）**

オ　上の字が下の字の意味を打ち消しているもの　**（非常）**

次の熟語は右の**ア〜オ**のどれにあたるか、**一つ**選び、**記号にマーク**せよ。

1 師弟

2 退陣

3 継続

4 調髪

5 微増

6 未熟

7 平凡

8 尽力

9 帰途

10 利害

1	2	3	4	5
[ア][イ][ウ][エ][オ]	[ア][イ][ウ][エ][オ]	[ア][イ][ウ][エ][オ]	[ア][イ][ウ][エ][オ]	[ア][イ][ウ][エ][オ]

6	7	8	9	10
[ア][イ][ウ][エ][オ]	[ア][イ][ウ][エ][オ]	[ア][イ][ウ][エ][オ]	[ア][イ][ウ][エ][オ]	[ア][イ][ウ][エ][オ]

五 次の漢字の部首をア～エから一つ選び、記号にマークせよ。

各1点 ／10

1 隠（ア阝　イ爫　ウノ　エ心）
2 圏（ア囗　イ二　ウ大　エ己）
3 鬼（アノ　イ鬼　ウ儿　エ田）
4 示（ア一　イ二　ウ小　エ示）
5 徴（ア攵　イ山　ウ彳　エ王）
6 盾（ア厂　イ目　ウノ　エ十）
7 彩（ア彡　イ爫　ウ⺍　エ木）
8 奥（ア米　イ大　ウノ　エ冂）
9 載（ア弋　イ土　ウ戈　エ車）
10 威（ア戈　イ一　ウ女　エ厂）

1	2	3	4	5	6	7	8	9	10
[ア][イ][ウ][エ]	[ア][イ][ウ][エ]	[ア][イ][ウ][エ]	[ア][イ][ウ][エ]	[ア][イ][ウ][エ]	[ア][イ][ウ][エ]	[ア][イ][ウ][エ]	[ア][イ][ウ][エ]	[ア][イ][ウ][エ]	[ア][イ][ウ][エ]

六 後の□内のひらがなを漢字に直して□に入れ、対義語・類義語を作れ。□内のひらがなは一度だけ使い、□に一字記入せよ。

各2点 ／20 2×10

対義語

1 相違―一□
2 柔和―凶□
3 猛暑―厳□
4 客席―□台
5 参加―□脱

類義語

6 永遠―恒□
7 皮肉―風□
8 反撃―逆□
9 推量―憶□
10 身長―背□

かん・きゅう・し・しゅう・そく・たけ・ち・ぶ・ぼう・り

二～五の答えは[]内の記号にマークすること。
＊一・六～十の答えはマークシート方式ではありません。

七 次の――線のカタカナを漢字一字と送りがな（ひらがな）に直せ。 各2点 /10 2×5

〈例〉問題にコタエル。（答える）

1 悪天候のため出発日がノビル。（　）
2 灯火で足元をテラス。（　）
3 規則に基づいて取りアツカウ。（　）
4 頭をナヤマスことが多い。（　）
5 カガヤカシイ成績を残した。（　）

八 文中の四字熟語の――線のカタカナを漢字に直せ。（　）には一字記入せよ。 各2点 /20 2×10

1 昼夜ケン行で救護活動を行う。（　）
2 警察の一罰百カイが問題視される。（　）
3 いつしか自己ム盾におちいっていた。（　）
4 ドク立自尊の信念をつらぬく。（　）
5 七ナン八苦をものともしない。（　）
6 怒り狂って悪口ゾウ言を浴びせる。（　）
7 急に他人行ギな態度になった。（　）
8 祖父の言葉を後ショウ大事に守る。（　）
9 大きな天サイ地変で国民の意識が変わる。（　）
10 注意散マンがもとで大けがをした。（　）

九 次の各文にまちがって使われている同じ読みの漢字が一字ある。上の（　）に誤字を、下の（　）に正しい漢字を記せ。 各2点 /10 2×5

1 世界の頂点に立つことを目標に健実な研究を重ねたが、結局徒労に終わった。（誤）（正）
2 森林は二酸化炭素を吸集して地球の温暖化防止に多大な役割を果たしている。（　）（　）

3 医療・保健関係者や行政が一体となって在宅ケアの基盤制備を進めている。（　）（　）

4 古い町並みが残っている地域が重要伝統的建造物群保存地区に視定された。（　）（　）

5 議論百出で一時総然としたが、議長の裁量で議事日程は順調に消化された。（　）（　）

十 次の――線の**カタカナ**を**漢字**に直せ。

各2点　/40 2×20

1 要望を**カンケツ**に伝える。（　）

2 土地を**テイトウ**に資金を借りる。（　）

3 無責任な行動が**ボケツ**を掘った。（　）

4 コイの**ヨウショク**で有名な町だ。（　）

5 **マンセイ**的な疲労がたまっている。（　）

6 書類に**インカン**を押す。（　）

7 彼の**トウトツ**な発言に驚いた。（　）

8 **ショメイ**が十万人に達した。（　）

9 事故の**エイキョウ**は計り知れない。（　）

10 **フクザツ**な模様のじゅうたんだ。（　）

11 要点を**カジョウ**書きにする。（　）

12 疲労回復のために栄養**ザイ**を飲む。（　）

13 池に**ウス**い氷が張る。（　）

14 お**マワ**りさんに道を聞く。（　）

15 灯台が放つ光を**タヨ**って船が航行する。（　）

16 **オソザ**きの才能が開花したようだ。（　）

17 師の恩に**ムク**いることができた。（　）

18 洗たくして衣類が**チヂ**んだ。（　）

19 事実かどうかを**タシ**かめる。（　）

20 業界では**スジガネ**入りのやり手だ。（　）

4級

実力完成問題 第2回

解答には、「常用漢字表」に示された漢字の字体、読みを使用すること。旧字体での解答は認めない。

実施日

総得点 /200

解答は別冊P.30

一 次の――線の漢字の読みをひらがなで記せ。

各1点 /30

1 王の墓はすでに盗掘されていた。（　）
2 私達は自然の恩恵を被っている。（　）
3 縁故を頼って上京した。（　）
4 旧式の機械で耐用年数も過ぎている。（　）
5 気品と雅趣に富んだ名園である。（　）
6 合成樹脂を加工する。（　）
7 社員のやる気を鼓舞する。（　）
8 途中で勤務を交替する。（　）
9 台風の影響で飛行機の到着が遅れた。（　）
10 惨事の原因を調査する。（　）
11 威儀を正して卒業式に参列する。（　）

12 資料を添付して提出する。（　）
13 多くの役職を兼務する。（　）
14 介護の仕事にたずさわる。（　）
15 犯人が隠れていた形跡がある。（　）
16 部長は権力に迎合しやすい。（　）
17 研究の業績が称賛された。（　）
18 世界記録の更新を期待する。（　）
19 左右の握力を測定する。（　）
20 干拓事業は国の主導で行われた。（　）
21 鋭い質問の矛先をかわした。（　）
22 皆様のご意見を伺います。（　）

23 あまりの早技にびっくりした。

24 自然の造形美は神の仕業であろうか。

25 熱のせいで体の動きが鈍い。

26 庭に米粒大の白い花が咲いた。

27 堤を歩くのが日課だ。

28 あいにく一人残らず出払っていた。

29 額から汗の滴がしたたり落ちる。

30 一人娘として大切に育てられる。

二

次の――線のカタカナにあてはまる漢字をそれぞれのア〜オから一つ選び、記号にマークせよ。

各2点 /30 2×15

1 大きなハク手で迎えられた。

2 旅館に宿ハクした。

3 ハク真の演技だった。

（ア迫　イ薄　ウ博　エ拍　オ泊）

4 七月下ジュンから夏休みだ。

5 夜間のジュン回を強化する。

6 国民の生活水ジュンが高い。

（ア準　イ純　ウ巡　エ盾　オ旬）

7 パソコンは広く普キュウしている。

8 相手の要キュウを聞き入れる。

9 事件の真相をキュウ明する。

（ア久　イ及　ウ級　エ求　オ究）

10 極タンな例えに困惑する。

11 タン念に色をぬり重ねる。

12 感タンの声をあげる。

（ア丹　イ端　ウ単　エ短　オ嘆）

13 今年もヒマワリがサいた。

14 長い眠りからサめる。

15 水たまりをサけて歩く。

（ア指　イ避　ウ覚　エ咲　オ刺）

1	2	3	4	5	6	7	8	9	10	11	12	13	14	15
[ア][イ][ウ][エ][オ]	[ア][イ][ウ][エ][オ]	[ア][イ][ウ][エ][オ]	[ア][イ][ウ][エ][オ]	[ア][イ][ウ][エ][オ]	[ア][イ][ウ][エ][オ]	[ア][イ][ウ][エ][オ]	[ア][イ][ウ][エ][オ]	[ア][イ][ウ][エ][オ]	[ア][イ][ウ][エ][オ]	[ア][イ][ウ][エ][オ]	[ア][イ][ウ][エ][オ]	[ア][イ][ウ][エ][オ]	[ア][イ][ウ][エ][オ]	[ア][イ][ウ][エ][オ]

二〜五の答えは[ ]内の記号にマークすること。
＊一・六〜十の答えはマークシート方式ではありません。

三

1～5の三つの□に**共通する漢字**を入れて熟語を作れ。漢字は**ア～コ**から**一つ**選び、**記号にマーク**せよ。

各2点 /10 (2×5)

1 □技・奇□・神□

2 □翼・首□・□根

3 □産・増□・養□

4 □角・□利・精□

5 □力・□章・□自慢

ア 尾　イ 量　ウ 鈍　エ 腕　オ 微
カ 鋭　キ 特　ク 殖　ケ 妙　コ 巻

1	2	3	4	5
[ア][イ][ウ][エ][オ] [カ][キ][ク][ケ][コ]	[ア][イ][ウ][エ][オ] [カ][キ][ク][ケ][コ]	[ア][イ][ウ][エ][オ] [カ][キ][ク][ケ][コ]	[ア][イ][ウ][エ][オ] [カ][キ][ク][ケ][コ]	[ア][イ][ウ][エ][オ] [カ][キ][ク][ケ][コ]

四

熟語の構成のしかたには次のようなものがある。

各2点 /20 (2×10)

ア 同じような意味の漢字を重ねたもの　(**岩石**)
イ 反対または対応の意味を表す字を重ねたもの　(**高低**)
ウ 上の字が下の字を修飾しているもの　(**洋画**)
エ 下の字が上の字の目的語・補語になっているもの　(**着席**)
オ 上の字が下の字の意味を打ち消しているもの　(**非常**)

次の熟語は右の**ア～オ**のどれにあたるか、**一つ**選び、**記号にマーク**せよ。

1 舞踊
2 即答
3 呼応
4 劣悪
5 起稿
6 豪雨
7 拡幅
8 取捨
9 遊戯
10 不詳

1	2	3	4	5
[ア][イ][ウ][エ][オ]	[ア][イ][ウ][エ][オ]	[ア][イ][ウ][エ][オ]	[ア][イ][ウ][エ][オ]	[ア][イ][ウ][エ][オ]

6	7	8	9	10
[ア][イ][ウ][エ][オ]	[ア][イ][ウ][エ][オ]	[ア][イ][ウ][エ][オ]	[ア][イ][ウ][エ][オ]	[ア][イ][ウ][エ][オ]

五 次の漢字の**部首**をア〜エから**一つ**選び、**記号にマーク**せよ。

各1点 ／10

1 扇（ア戸　イ一　ウ尸　エ羽）
2 乱（ア十　イ口　ウ乚　エ舌）
3 奇（ア口　イ一　ウ大　エ亅）
4 賃（ア亻　イノ　ウ貝　エ士）
5 術（ア彳　イ二　ウ十　エ行）
6 戒（ア廾　イ弋　ウ一　エ戈）
7 窓（ア穴　イ宀　ウ厶　エ心）
8 属（ア尸　イ冂　ウ虫　エノ）
9 直（ア十　イ目　ウ一　エ一）
10 数（ア米　イ夂　ウ女　エ十）

1	2	3	4	5	6	7	8	9	10
[ア][イ][ウ][エ]	[ア][イ][ウ][エ]	[ア][イ][ウ][エ]	[ア][イ][ウ][エ]	[ア][イ][ウ][エ]	[ア][イ][ウ][エ]	[ア][イ][ウ][エ]	[ア][イ][ウ][エ]	[ア][イ][ウ][エ]	[ア][イ][ウ][エ]

六 後の□内のひらがなを漢字に直して□に入れ、**対義語・類義語**を作れ。□内のひらがなは一度だけ使い、□に**一字記入**せよ。

各2点 ／20 2×10

対義語

1 繁雑―□略
2 浮遊―□殿
3 新鋭―□豪
4 劣悪―優□
5 借用―返□

類義語

6 許可―□認
7 薄情―冷□
8 用心―□戒
9 風刺―皮□
10 老練―円□

かん・きゃく・けい・こ・じゅく
しょう・たん・ちん・にく・りょう

二〜五の答えは[ ]内の記号にマークすること。
＊一・六〜十の答えはマークシート方式ではありません。

七 次の――線のカタカナを漢字一字と送りがな（ひらがな）に直せ。

各2点 10 2×5

〈例〉問題にコタエル。（答える）

1 戦いはいつハテルとも知れない。（　　）
2 花の香りが部屋にミチル。（　　）
3 妹は母にアマヤカサれて育った。（　　）
4 暑さで食べ物をクサラス。（　　）
5 経験ユタカナ先輩を頼る。（　　）

八 文中の四字熟語の――線のカタカナを漢字に直せ。（　）には一字記入せよ。

各2点 20 2×10

1 物価高で家計は青息ト息だ。（　　）
2 経済が暗雲低メイしたままだ。（　　）
3 力戦フン闘するも敗退してしまう。（　　）
4 意志ケン固に最後までやり通す。（　　）
5 ギ論百出で出し物が決まらない。（　　）
6 一日千シュウの思いでこの日を待った。（　　）
7 即ダン即決でトラブルに対応する。（　　）
8 時間に追われ一コク千金と痛感する。（　　）
9 優しく強い主将は名ジツ一体だ。（　　）
10 ゼ非善悪は社会生活の中で学ぶ。（　　）

九 次の各文にまちがって使われている同じ読みの漢字が一字ある。上の（　）に誤字を、下の〔　〕に正しい漢字を記せ。

各2点 10 2×5

1 無人惑星担査機を打ち上げ、宇宙に生命体の存在する可能性をさぐる。 誤（　　）正〔　　〕
2 まずは、精神を統一して相手の番石の構えを打ち破る作戦を練った。（　　）〔　　〕

3 白雪を頂いた気高く端正な富士の有姿が静かな湖面に影を映していた。（　）（　）

4 片寄った食生活や運動不足に起因する生活習慣病が増加の傾行にある。（　）（　）

5 国会が召集され、冒頭で内閣総理大臣は所心表明演説をした。（　）（　）

十 次の――線のカタカナを漢字に直せ。

各2点 /40 2×20

1 珍しい野鳥をモクゲキした。（　）

2 人間としての尊厳をイジする。（　）

3 有名な絵画をモシャする。（　）

4 校長先生から賞状をジュヨされた。（　）

5 家元のお茶会にショウタイされた。（　）

6 里に下りたクマをホカクする。（　）

7 リンジのバスに乗り込んだ。（　）

8 カイヒン公園で潮風に吹かれる。（　）

9 窓からレンポウが一望できた。（　）

10 皆からシュクフクを受けた。（　）

11 シュイロの大きな鳥居が立っている。（　）

12 専門家が筆跡をカンテイした。（　）

13 交番で道をタズねる。（　）

14 恐怖で体がフルえた。（　）

15 子どものヨロコぶ顔が見たい。（　）

16 クワの葉を食べてカイコは成長する。（　）

17 昨日からオクバが痛い。（　）

18 美しい花がサカんに咲いている。（　）

19 農家の人が総出でイネカりをする。（　）

20 家業の旅館をツぐ決意をする。（　）

4級配当漢字表

（赤字は高校で学習する読み）

漢字	読み	部首
握	アク にぎ-る	扌
扱	あつか-う	扌
依	イ・エ	亻
威	イ	女
為	イ	灬
偉	イ えら-い	亻
違	イ ちが-う・ちが-える	辶
維	イ	糸
緯	イ	糸
壱	イチ	士
芋	いも	艹
陰	イン かげ・かげ-る	阝
隠	イン かく-す・かく-れる	阝
影	エイ かげ	彡
鋭	エイ するど-い	金
越	エツ こ-す・こ-える	走
援	エン	扌

漢字	読み	部首
煙	エン けむ-る けむり けむ-い	火
鉛	エン なまり	金
縁	エン ふち	糸
汚	オ けが-す けが-れる けが-らわしい よご-す よご-れる きたな-い	氵
押	オウ お-す・お-さえる	扌
奥	オウ おく	大
憶	オク	忄
菓	カ	艹
暇	カ ひま	日
箇	カ	竹
雅	ガ	隹
介	カイ	𠆢
戒	カイ いまし-める	戈

漢字	読み	部首
皆	カイ みな	白
壊	カイ こわ-す・こわ-れる	土
較	カク	車
獲	カク え-る	犭
刈	か-る	刂
甘	カン あま-い あま-える あま-やかす	甘
汗	カン あせ	氵
乾	カン かわ-く・かわ-かす	乙
勧	カン すす-める	力
歓	カン	欠
監	カン	皿
環	カン	王
鑑	カン かんが-みる	金
含	ガン ふく-む・ふく-める	口
奇	キ	大
祈	キ いの-る	礻

漢字	読み	部首
鬼	キ おに	鬼
幾	キ いく	幺
輝	キ かがや-く	車
儀	ギ	亻
戯	ギ たわむ-れる	戈
詰	キツ つ-める つ-まる つ-む	言
却	キャク	卩
脚	キャク・キャ あし	月（にくづき）
及	キュウ およ-ぶ およ-び およ-ぼす	又
丘	キュウ おか	一
朽	キュウ く-ちる	木
巨	キョ	工
拠	キョ・コ	扌
距	キョ	𧾷
御	ギョ・ゴ おん	彳

漢字	読み	部首
凶	キョウ	凵
叫	キョウ さけ-ぶ	口
狂	キョウ くる-う くる-おしい	犭
況	キョウ	氵
狭	キョウ せま-い せば-める せば-まる	犭
恐	キョウ おそ-れる おそ-ろしい	心
響	キョウ ひび-く	音
驚	キョウ おどろ-く おどろ-かす	馬
仰	ギョウ・コウ あお-ぐ・おお-せ	亻
駆	ク か-ける・か-る	馬
屈	クツ	尸
掘	クツ ほ-る	扌
繰	く-る	糸
恵	ケイ・エ めぐ-む	心

漢字	読み	部首
傾	ケイ かたむ-く かたむ-ける	亻
継	ケイ つ-ぐ	糸
迎	ゲイ むか-える	辶
撃	ゲキ う-つ	手
肩	ケン かた	肉
兼	ケン か-ねる	八
剣	ケン つるぎ	刂
軒	ケン のき	車
圏	ケン	囗
堅	ケン かた-い	土
遣	ケン つか-う・つか-わす	辶
玄	ゲン	玄
枯	コ か-れる・か-らす	木
誇	コ ほこ-る	言
鼓	コ つづみ	鼓
互	ゴ たが-い	二
抗	コウ	扌

漢字	読み	部首
攻	コウ せ-める	攵
更	コウ さら ふ-ける・ふ-かす	日
恒	コウ	忄
荒	コウ あら-い あ-れる あ-らす	艹
項	コウ	頁
稿	コウ	禾
豪	ゴウ	豕
込	こ-む・こ-める	辶
婚	コン	女
鎖	サ くさり	金
彩	サイ いろど-る	彡
歳	サイ・セイ	止
載	サイ の-せる の-る	車
剤	ザイ	刂
咲	さ-く	口

漢字	読み	部首
惨	サン・ザン みじ-め	忄
旨	シ むね	日
伺	シ うかが-う	亻
刺	シ さ-す・さ-さる	刂
脂	シ あぶら	月（にくづき）
紫	シ むらさき	糸
雌	シ め・めす	隹
執	シツ・シュウ と-る	土
芝	しば	艹
斜	シャ なな-め	斗
煮	シャ に-る に-える に-やす	灬
釈	シャク	釆
寂	ジャク・セキ さび さび-しい さび-れる	宀
朱	シュ	木
狩	シュ か-る・か-り	犭
趣	シュ おもむ-き	走

漢字	読み	部首
需	ジュ	⻗
舟	シュウ ふね・ふな	舟
秀	シュウ ひい-でる	禾
襲	シュウ おそ-う	衣
柔	ジュウ ニュウ やわ-らか やわ-らかい	木
獣	ジュウ けもの	犬
瞬	シュン またた-く	目
旬	ジュン・シュン	日
巡	ジュン めぐ-る	巛
盾	ジュン たて	目
召	ショウ め-す	口
床	ショウ とこ・ゆか	广
沼	ショウ ぬま	氵
称	ショウ	禾
紹	ショウ	糸
詳	ショウ くわ-しい	言
丈	ジョウ たけ	一

漢字	読み	部首
畳	ジョウ たた-む・たたみ	田
殖	ショク ふ-える・ふ-やす	歹
飾	ショク かざ-る	食
触	ショク ふ-れる・さわ-る	角
侵	シン おか-す	亻
振	シン ふ-る ふ-るう ふ-れる	扌
浸	シン ひた-す・ひた-る	氵
寝	シン ね-る・ね-かす	宀
慎	シン つつし-む	忄
震	シン ふる-う・ふる-える	⻗
薪	シン たきぎ	艹
尽	ジン つ-くす つ-きる つ-かす	尸
陣	ジン	阝
尋	ジン たず-ねる	寸
吹	スイ ふ-く	口
是	ゼ	日

漢字	読み	部首
姓	セイ・ショウ	女
征	セイ	彳
跡	セキ あと	𧾷
占	セン し-める うらな-う	卜
扇	セン おうぎ	戸
鮮	セン あざ-やか	魚
訴	ソ うった-える	言
僧	ソウ	亻
燥	ソウ	火
騒	ソウ さわ-ぐ	馬
贈	ゾウ・ソウ おく-る	貝
即	ソク	卩
俗	ゾク	亻
耐	タイ た-える	而
替	タイ か-える・か-わる	曰
沢	タク さわ	氵
拓	タク	扌

漢字	読み	部首
濁	ダク にご-る・にご-す	氵
脱	ダツ ぬ-ぐ・ぬ-げる	月(にくづき)
丹	タン	丶
淡	タン あわ-い	氵
嘆	タン なげ-く なげ-かわしい	口
端	タン はし・は・はた	立
弾	ダン ひ-く・はず-む たま	弓
恥	チ は-じる・はじ は-じらう は-ずかしい	心
致	チ いた-す	至
遅	チ おく-れる おく-らす おそ-い	辶
蓄	チク たくわ-える	艹
跳	チョウ は-ねる と-ぶ	𧾷
徴	チョウ	彳

巻末資料

漢字	読み	部首
澄	チョウ す-む・す-ます	氵
沈	チン しず-む・しず-める	氵
珍	チン めずら-しい	王
抵	テイ	扌
堤	テイ つつみ	土
摘	テキ つ-む	扌
滴	テキ しずく・したた-る	氵
添	テン そ-える・そ-う	氵
殿	デン・テン との・どの	殳
吐	ト は-く	口
途	ト	辶
渡	ト わた-る・わた-す	氵
奴	ド	女
怒	ド いか-る・おこ-る	心
到	トウ	刂
逃	トウ に-げる・に-がす のが-す のが-れる	辶
倒	トウ たお-れる・たお-す	亻

漢字	読み	部首
唐	トウ から	口
桃	トウ もも	木
透	トウ す-く す-かす・す-ける	辶
盗	トウ ぬす-む	皿
塔	トウ	土
稲	トウ いね・いな	禾
踏	トウ ふ-む・ふ-まえる	𧾷
闘	トウ たたか-う	門
胴	ドウ	月（にくづき）
峠	とうげ	山
突	トツ つ-く	穴
鈍	ドン にぶ-い・にぶ-る	金
曇	ドン くも-る	日
弐	ニ	弋
悩	ノウ なや-む・なや-ます	忄
濃	ノウ こ-い	氵
杯	ハイ さかずき	木

漢字	読み	部首
輩	ハイ	車
拍	ハク・ヒョウ	扌
泊	ハク と-まる・と-める	氵
迫	ハク せま-る	辶
薄	ハク うす-い うす-める うす-まる うす-らぐ うす-れる	艹
爆	バク	火
髪	ハツ かみ	髟
抜	バツ ぬ-く ぬ-ける ぬ-かす・ぬ-かる	扌
罰	バツ・バチ	罒
般	ハン	舟
販	ハン	貝
搬	ハン	扌
範	ハン	⺮
繁	ハン	糸
盤	バン	皿

漢字	読み	部首
彼	ヒ かれ・かの	彳
疲	ヒ つか-れる	疒
被	ヒ こうむ-る	衤
避	ヒ さ-ける	辶
尾	ビ お	尸
微	ビ	彳
匹	ヒツ ひき	匚
描	ビョウ えが-く・か-く	扌
浜	ヒン はま	氵
敏	ビン	攵
怖	フ こわ-い	忄
浮	フ う-く う-かれる う-かぶ・う-かべる	氵
普	フ	日
腐	フ くさ-る くさ-れる くさ-らす	肉
敷	フ し-く	攵
膚	フ	肉

漢字	読み	部首
賦	フ	貝
舞	ブ ま-う・まい	舛
幅	フク はば	巾
払	フツ はら-う	扌
噴	フン ふ-く	口
柄	ヘイ がら・え	木
壁	ヘキ かべ	土
捕	ホ と-らえる と-らわれる と-る つか-まえる つか-まる	扌
舗	ホ	舌
抱	ホウ だ-く いだ-く かか-える	扌
峰	ホウ みね	山
砲	ホウ	石
忙	ボウ いそが-しい	忄
坊	ボウ・ボッ	土
肪	ボウ	月（にくづき）

漢字	読み	部首
冒	ボウ おか-す	日
傍	ボウ かたわ-ら	亻
帽	ボウ	巾
凡	ボン・ハン	几
盆	ボン	皿
慢	マン	忄
漫	マン	氵
妙	ミョウ	女
眠	ミン ねむ-る・ねむ-い	目
矛	ム ほこ	矛
霧	ム きり	⻗
娘	むすめ	女
茂	モ しげ-る	艹
猛	モウ	犭
網	モウ あみ	糸
黙	モク だま-る	黒
紋	モン	糸
躍	ヤク おど-る	⻊

漢字	読み	部首
雄	ユウ お・おす	隹
与	ヨ あた-える	一
誉	ヨ ほま-れ	言
溶	ヨウ と-ける と-かす と-く	氵
腰	ヨウ こし	月（にくづき）
踊	ヨウ おど-る・おど-り	⻊
謡	ヨウ うたい・うた-う	言
翼	ヨク つばさ	羽
雷	ライ かみなり	⻗
頼	ライ たの-む たの-もしい たよ-る	頁
絡	ラク から-む から-まる から-める	糸
欄	ラン	木
離	リ はな-れる・はな-す	隹
粒	リュウ つぶ	米
慮	リョ	心

漢字	読み	部首
療	リョウ	疒
隣	リン とな-る・となり	阝
涙	ルイ なみだ	氵
隷	レイ	隶
齢	レイ	歯
麗	レイ うるわ-しい	鹿
暦	レキ こよみ	日
劣	レツ おと-る	力
烈	レツ	灬
恋	レン こ-う こい こい-しい	心
露	ロ・ロウ つゆ	⻗
郎	ロウ	阝
惑	ワク まど-う	心
腕	ワン うで	月（にくづき）

計	五級までの合計	累計（るいけい）
三一三字	一〇二六字（学習漢字）	一三三九字

四字熟語とその意味

▼あ

□愛別離苦（あいべつりく）　愛する者との別れのつらさ。

□青息吐息（あおいきといき）　非常に困ったり苦しんだりする時に吐くため息。また、そのような状態。

□悪戦苦闘（あくせんくとう）　困難を乗り越えようと苦しみながら努力すること。

□暗雲低迷（あんうんていめい）　前途不安な状態が続くこと。また、雲が低くたれこめて、なかなか晴れそうにないさま。

▼い

□異口同音（いくどうおん）　多くの人が口をそろえて同じことを言うこと。

□意志薄弱（いしはくじゃく）　自分の明確な意志を持たないさま。

□一日千秋（いちじつせんしゅう・いちにち）　大変待ち遠しいことのたとえ。

□一族郎党（いちぞくろうとう・ろうどう）　血縁関係にある者と、その従者や家臣。

□一網打尽（いちもうだじん）　ひとまとめに悪人を捕らえ尽くすたとえ。

□一挙両得（いっきょりょうとく）　一つのことをするだけで、同時に二つの利益が得られること。少ない労力で多くの利益を得ること。

□一口両舌（いっこうりょうぜつ）　以前の発言内容とくい違うことを平気で言うこと。

□一切合切（いっさいがっさい）　何もかもすべて。

□一触即発（いっしょくそくはつ）　非常に緊迫（きんぱく）した状況にさらされていること。

□一進一退（いっしんいったい）　情勢が良くなったり悪くなったりすること。

□一心同体（いっしんどうたい）　複数の人間が心を一つにして一人の人間のように固く結びつくこと。また、異なったものが一つになること。

□威風堂堂（いふうどうどう）　威厳に満ちあふれてりっぱなこと。

▼う

□有為転変（ういてんぺん・てんべん）　この世のすべての存在や現象は、常にうつろいやまないこと。この世は無常ではかないことのたとえ。

□雲散霧消（うんさんむしょう）　雲が散り、霧が消えるように、跡形もなく消えてなくなること。

▼お

□温故知新（おんこちしん）　古いものをたずね求めて、新たな事柄を知ること。

□音吐朗朗（おんとろうろう）　音声が豊かではっきりしているさま。

▼き

□危機一髪（ききいっぱつ）　非常に危ない瀬戸際（せとぎわ）。

□喜色満面（きしょくまんめん）　顔いっぱいに喜びの表情があふれている様子。

□疑心暗鬼（ぎしんあんき）　疑いの心があると、何でもないことに不安や恐怖を覚えてしまうこと。

□奇想天外（きそうてんがい）　思いもよらないような奇抜なこと。

□牛飲馬食（ぎゅういんばしょく）　むやみにたくさん飲み食いすること。

□狂喜乱舞（きょうきらんぶ）　非常に喜ぶさま。

□議論百出（ぎろんひゃくしゅつ）　さまざまな意見が出て、活発に議論されること。

▼け

□軽薄短小（けいはくたんしょう）　うすっぺらで中身のないさま。

□言行一致（げんこういっち）　口で言うことと実際に行うことが一致していること。

□現状維持（げんじょういじ）　現在の状態がそのままで変化しないこと。また、現在の状態をそのまま保つこと。

□言文一致（げんぶんいっち）　書き言葉を話し言葉に近づけて文章を書くこと。

▼こ

□好機到来（こうきとうらい）　ちょうどよい機会がくること。

□公序良俗（こうじょりょうぞく）　公共の秩序（ちつじょ）と善良な風俗・習慣のこと。

□極悪非道（ごくあくひどう）　この上なく悪くて、道義に外れていること。

□極楽往生（ごくらくおうじょう）　死後、極楽浄土（じょうど）に生まれ変わること。また、安らかに死ぬこと。

□古今東西（ここんとうざい）　いつでもどこでも。

□五風十雨（ごふうじゅうう）　世の中が平穏であるたとえ。
□五里霧中（ごりむちゅう）　物事の手がかりがつかめず戸惑うこと。

▼さ
□才色兼備（さいしょくけんび）　女性が優れた才能と美しい容姿の両方に恵まれていること。
□山紫水明（さんしすいめい）　自然の景観が清らかで美しいこと。

▼し
□自己矛盾（じこむじゅん）　同一人物の考えや行動が前後でつじつまが合わなくなること。
□志操堅固（しそうけんご）　主義や考えなどを堅く守って変えないこと。
□舌先三寸（したさきさんずん）　口先だけで誠実さがない。また、誠実さに欠ける口先だけの言葉。
□七難八苦（しちなんはっく）　ありとあらゆる苦難・災難のこと。
□縦横無尽（じゅうおうむじん）　自由自在に振る舞うさま。また、思う存分振る舞うさま。
□衆口一致（しゅうこういっち）　全員の言うことがぴったり合うこと。
□自力更生（じりきこうせい）　他人に頼らず自分の力で生活を改めていくこと。
□思慮分別（しりょふんべつ）　物事に深く考えをめぐらし判断すること。
□尋常一様（じんじょういちよう）　他と変わりなく、ごくあたりまえなさま。
□新進気鋭（しんしんきえい）　ある分野に新しく登場し、意気込みが盛んで将来性があること。
□人跡未踏（じんせきみとう）　まだ一度も人が足を踏み入れたことがないこと。
□人面獣心（じんめんじゅうしん）　冷酷（れいこく）で義理人情をわきまえない人のこと。

▼す
□頭寒足熱（ずかんそくねつ）　頭を冷やし、足をあたためること。また、その状態。健康によいとされる。

▼せ
□是非曲直（ぜひきょくちょく）　物事の善悪。
□是非善悪（ぜひぜんあく）　物事のよしあし。

□前後不覚（ぜんごふかく）　正体がなくなること。後先もわからなくなることで、酒の飲みすぎや、気を失った時などに使用する。
□前人未到（ぜんじんみとう）　今までにだれも到達していないこと。
□全知全能（ぜんちぜんのう）　神の能力。あらゆることを理解しあらゆることを実行できる能力を持っていること。
□前途多難（ぜんとたなん）　行く先に多くの困難が予想されること。
□前途有望（ぜんとゆうぼう）　将来に大いに見込みがあること。
□前途洋洋（ぜんとようよう）　将来が明るく希望に満ちていること。
□千慮一得（せんりょ（の）いっとく）　愚者（ぐしゃ）の考えの中にも一つくらいは良いものがあることのたとえ。

▼そ
□創意工夫（そういくふう）　新しいことを考え出し、いろいろ手段をめぐらすこと。
□速戦即決（そくせんそっけつ）　短時間で決着をつけること。
□即断即決（そくだんそっけつ）　間をおかず決断すること。
□率先垂範（そっせんすいはん）　人に先立って模範を示すこと。

▼た
□大器晩成（たいきばんせい）　大人物は往々にして、遅れて頭角を現すことのたとえ。
□大義名分（たいぎめいぶん）　行為などの根拠となる正当な理由や道理。
□単刀直入（たんとうちょくにゅう）　前置きなしに、いきなり本題に入ること。
□短慮軽率（たんりょけいそつ）　思慮が足りず、軽はずみなこと。

▼ち
□昼夜兼行（ちゅうやけんこう）　昼と夜の区別なく、続けて物事を行うこと。
□沈思黙考（ちんしもっこう）　静かに深く考え込むこと。

▼て
□適材適所（てきざいてきしょ）　その人の能力に適した地位や任務につけること。
□電光石火（でんこうせっか）　動作や振る舞いが非常にすばやいこと。

▼と

□当意即妙（とういそくみょう）　機転をきかせて、その場に合った対応をすること。

□同工異曲（どうこういきょく）　外見は異なるが、内容は似たり寄ったりであること。

▼な

□難攻不落（なんこうふらく）　攻めにくく簡単には陥落（かんらく）しないこと。

▼に

□二人三脚（ににんさんきゃく）　二人が互いに助け合って事に当たること。

▼は

□薄利多売（はくりたばい）　利益を少なくして品物を多く売ること。

▼ひ

□美辞麗句（びじれいく）　巧（たく）みに飾り立てた美しいことば。また、うわべだけを飾り立てた内容のないことば。

□百鬼夜行（ひゃっきやこう）　得体の知れない人々が奇怪（きかい）な振る舞いをすること。また、多くの悪人がのさばりはびこるたとえ。

□比翼連理（ひよくれんり）　男女の情愛が深く、仲むつまじいことのたとえ。

▼ふ

□不可抗力（ふかこうりょく）　人の力ではどうすることもできない、大きな外からの力のこと。

□不眠不休（ふみんふきゅう）　眠らず休まず事にあたること。

□付和雷同（ふわらいどう）　自分の主義主張がなく、他人の言動に軽々しく同調すること。

□文武両道（ぶんぶりょうどう）　学問と武芸。また、勉強とスポーツに優れていること。

▼ほ

□抱腹絶倒（ほうふくぜっとう）　腹を抱えて大笑いすること。

□本末転倒（ほんまつてんとう）　物事の大事なこととそうでないことを逆にすること。

▼む

□無為自然（むいしぜん）　何もしないで、あるがままにまかせること。

□無芸大食（むげいたいしょく）　これといった特技や才能もなく、ただ人並み以上に食べるだけのこと。

□無味乾燥（むみかんそう）　内容がなく、味わいやおもしろみがないこと。

▼め

□名実一体（めいじついったい）　名称と実質、評判と実際が一致していること。

▼も

□門外不出（もんがいふしゅつ）　秘蔵して、人に見せたり持ち出したりしないこと。

□問答無用（もんどうむよう）　問い答えをする必要がない。議論しても何の益もないこと。

▼ゆ

□優柔不断（ゆうじゅうふだん）　いつまでもぐずぐずして物事の決断ができないこと。

▼よ

□用意周到（よういしゅうとう）　心づかいが行き届いて、準備に手ぬかりのないさま。

□容姿端麗（ようしたんれい）　姿かたちの美しいこと。

▼り

□利害得失（りがいとくしつ）　利益になることと、そうでないこと。

□力戦奮闘（りきせんふんとう）　力の限り努力すること。

□離合集散（りごうしゅうさん）　離れたり集まったりすること。また、協力したり反目したりすること。

□立身出世（りっしんしゅっせ）　社会的に高い地位につき、世に認められること。

▼ろ

□論旨明快（ろんしめいかい）　議論の主旨・要旨が、はっきり筋道が通っていてわかりやすいこと。

▼わ

□和敬清寂（わけいせいじゃく）　主人と客が心を和らげて敬い、茶室など身のまわりを清らかで静かに保つこと。

学年別漢字配当表

「小学校学習指導要領」（令和2年4月実施）による。

	ア	イ	ウ	エ	オ	カ	キ	ク	ケ	コ	サ
第一学年 10級		一	右雨	円	王音	下火花貝学	気九休玉金	空	月犬見	五口校	左三山
第二学年 9級		引	羽雲	園遠		何科夏家歌画回会海絵外角楽活間丸岩顔	汽記帰弓牛魚京強教近		兄形計元言原	戸古午後語工公広交光考行高黄合谷国黒今	才細作算
第三学年 8級	悪安暗	医委意育員院飲	運	泳駅	央横屋温	化荷界開階寒感漢館岸	起期客究急級宮球去橋業曲局銀	区苦具君	係軽血決研県	庫湖向幸港号根	祭皿
第四学年 7級	愛案	以衣位茨印		英栄媛塩	岡億	加果貨課芽賀改械害街各覚潟完官管関観願	岐希季旗器機議求泣給挙漁共協鏡競極	熊訓軍郡群	径景芸欠結建健験	固功好香候康	佐差菜最埼材崎昨札刷察参産散残
第五学年 6級	圧	囲移因		永営衛易益液演	応往桜	可仮価河過快解格確額刊幹慣眼	紀基寄規喜技義逆久旧救居許境均禁	句	型経潔件険検限現減	故個護効厚耕航鉱構興講告混	査再災妻採際在財罪殺雑酸賛
第六学年 5級		胃異遺域	宇	映延沿	恩	我灰拡革閣割株干巻看簡	危机揮貴疑吸供胸郷勤筋		系敬警劇激穴券絹権憲源厳	己呼誤后孝皇紅降鋼刻穀骨困	砂座済裁策冊蚕

ノ	ネ	ニ	ナ	ト	テ	ツ	チ	タ	ソ	セ	ス	シ
	年	二日入		土	天田		竹中虫町	大男	早草足村	正生青夕石赤千川先	水	子四糸字耳七車手十出女小上森人
		肉	内南	刀冬当東答頭同道読	弟店点電	通	地池知茶昼長鳥朝直	多太体台	組走	西声星晴切雪船線前	図数	止市矢姉思紙寺自時室社弱首秋週春書少場色食心新親
農				都度投豆島湯登等動童	定庭笛鉄転	追	着注柱丁帳調	他打対待代第題炭短談	相送想息速族	世整昔全		仕死使始指歯詩次事持式実写者主守取酒受州拾終習集住重宿所暑助昭消商章勝乗植申身神真深進
	熱念		奈梨	徒努灯働特徳栃	低底的典伝		置仲沖兆	帯隊達単	争倉巣束側続卒孫	井成省清静席積折節説浅戦選然		氏司試児治滋辞鹿失借種周祝順初松笑唱焼照城縄臣信
能	燃	任		統堂銅導得毒独	停提程適		築貯張	貸態団断	祖素総造像増則測属率損	制性政勢精製税責績接設絶		士支史志枝師資飼示似識質舎謝授修述術準序招証象賞条状常情織職
納脳		乳認	難	討党糖届	敵展	痛	値宙忠著庁頂腸潮賃	退宅担探誕段暖	奏窓創装層操蔵臓存尊	盛聖誠舌宣専泉洗染銭善	垂推寸	至私姿視詞誌磁射捨尺若樹収宗就衆従縦縮熟純処署諸除承将傷障蒸針仁

学年	ハ	ヒ	フ	ヘ	ホ	マ	ミ	ム	メ	モ	ヤ	ユ	ヨ	ラ	リ	ル	レ	ロ	ワ	学年字数	累計字数
第一学年 10級	白八	百	文		木本				名	目					立力林			六		80字	80字
第二学年 9級	馬売買麦半番		父風分聞	米	歩母方北	毎妹万			明鳴	毛門	夜野	友	用曜	来	里理				話	160字	240字
第三学年 8級	波配倍箱畑発 反坂板	皮悲美鼻筆氷 表秒病品	負部服福物	平返勉	放		味		命面	問	役薬	由油有遊	予羊洋葉陽様	落	流旅両緑		礼列練	路	和	200字	440字
第四学年 7級	敗梅博阪飯	飛必票標	不夫付府阜富 副	兵別辺変便	包法望牧	末満	未民	無			約	勇	要養浴		利陸良料量輪	類	令冷例連	老労録		202字	642字
第五学年 6級	破犯判版	比肥非費備評 貧	布婦武復複仏 粉	編弁	保墓報豊防貿 暴		脈	務夢	迷綿			輸	余容		略留領		歴			193字	835字
第六学年 5級	派拝背肺俳班 晩	否批秘俵	腹奮	並陛閉片	補暮宝訪亡忘 棒	枚幕	密		盟	模	訳	郵優	預幼欲翌	乱卵覧	裏律臨			朗論		191字	1026字

級別漢字表

小学校学年別配当漢字を除く一一一〇字。

	4級	3級	準2級	2級
ア	握扱	哀	亜	挨曖宛嵐
イ	依威為偉違維緯壱 芋陰隠	慰	尉逸姻韻	畏萎椅彙咽淫
ウ			畝浦	唄鬱
エ	影鋭越援煙鉛縁	詠悦閲炎宴	疫謁猿	怨艶
オ	汚押奥憶	欧殴乙卸穏	凹翁虞	旺臆俺
カ	菓暇箇雅介戒皆壊 較獲刈甘汗乾勧歓 監環鑑含	佳架華嫁餓怪悔塊 慨該概郭隔穫岳掛 滑肝冠勘貫喚換敢 緩	渦禍靴寡稼蚊拐懐 劾涯垣核殻嚇括喝 渇褐轄且缶陥患堪 棺款閑寛憾還艦頑	苛牙瓦楷潰諧崖蓋 骸柿顎葛釜鎌韓玩
キ	奇祈鬼幾輝儀戯詰 却脚及丘朽巨拠距 御凶叫狂況狭恐響 驚仰	企忌軌既棋棄騎欺 犠菊吉喫虐虚峡脅 凝斤緊	飢宜偽擬糾窮拒享 挟恭矯暁菌琴謹襟 吟	伎亀毀畿臼嗅巾僅 錦
ク	駆屈掘繰	愚偶遇	隅勲薫	惧串窟
ケ	恵傾継迎撃肩兼剣 軒圏堅遣玄	刑契啓掲携憩鶏鯨 倹賢幻	茎渓蛍慶傑嫌献謙 繭顕懸弦	詣憬稽隙桁拳鍵舷
コ	枯誇鼓互抗攻更恒 荒項稿豪込婚	孤弧雇顧娯悟孔巧 甲坑拘郊控慌硬絞 綱酵克獄恨紺魂墾	呉碁江肯侯洪貢溝 衡購拷剛酷昆懇	股虎錮勾梗喉乞傲 駒頃痕
サ	鎖彩歳載剤咲惨	債催削搾錯撮擦暫	唆詐砕宰栽斎索酢 桟傘	沙挫采塞柵刹拶斬
シ	旨伺刺脂紫雌執芝 斜煮釈寂朱狩 シ続く	祉施諮侍慈軸疾湿 赦邪殊寿潤遵 シ続く	肢嗣賜璽漆遮蛇酌 爵珠儒囚臭愁 シ続く	恣摯餌叱嫉腫呪袖 羞蹴憧拭尻芯 シ続く

	シ続き	ス	セ	ソ	タ	チ	ツ	テ	ト	ナ	ニ	ネ	ノ	ハ
4級	趣需舟秀襲柔獣瞬 旬巡盾召床沼称紹 詳丈畳殖飾触侵振 浸寝慎震薪尽陣尋	吹	是姓征跡占扇鮮	訴僧燥騒贈即俗	耐替沢拓濁脱丹淡 嘆端弾	恥致遅蓄跳徴澄沈 珍		抵堤摘滴添殿	吐途渡奴怒到逃倒 唐桃透盗塔稲踏闘 胴峠突鈍曇		弐		悩濃	杯輩拍泊迫薄爆髪 抜罰般販搬範繁盤
3級	如徐匠昇掌晶焦衝 鐘冗嬢錠譲嘱辱伸 辛審	炊粋衰酔遂穂随髄	瀬牲婿請斥隻惜籍 摂潜繕	阻措粗礎双桑掃葬 遭憎促賊	怠胎袋逮滞滝択卓 託諾奪胆鍛壇	稚畜窒抽鋳駐彫超 聴陳鎮	墜	帝訂締哲	斗塗凍陶痘匿篤豚		尿	粘		婆排陪縛伐帆伴畔 藩蛮
準2級	酬醜汁充渋銃叔淑 粛塾俊准殉循庶緒 叙升抄肖尚宵症祥 渉訟硝粧詔奨彰償 礁浄剰壌醸津唇娠 紳診刃迅甚	帥睡枢崇据杉	斉逝誓析拙窃仙栓 旋践遷薦繊禅漸	租疎塑壮荘捜挿曹 喪槽霜藻	妥堕惰駄泰濯但棚	痴逐秩嫡衷弔挑眺 釣懲勅朕	塚漬坪	呈廷邸亭貞逓偵艇 泥迭徹撤	悼搭棟筒謄騰洞督 凸屯	軟	尼妊忍	寧		把覇廃培媒賠伯舶 漠肌鉢閥煩頒
2級	腎	須裾	凄醒脊戚煎羨腺詮 箋膳	狙遡曽爽痩踪捉遜	汰唾堆戴誰旦綻	緻酎貼嘲捗	椎爪鶴	諦溺填	妬賭藤瞳頓貪丼	那謎鍋	匂虹	捻		罵剥箸氾汎斑

	ヒ	フ	ヘ	ホ	マ	ミ	ム	メ	モ	ヤ	ユ	ヨ	ラ	リ	ル	レ	ロ	ワ
計313字 5級まで1026字 累計1339字	彼疲被避尾微匹描浜敏	怖浮普腐敷膚賦舞幅払噴	柄壁	捕舗抱峰砲忙坊肪冒傍帽凡盆	慢漫	妙眠	矛霧娘		茂猛網黙紋	躍	雄	与誉溶腰踊謡翼	雷頼絡欄	離粒慮療隣	涙	隷齢麗暦劣烈恋	露郎	惑腕
計284字 4級まで1339字 累計1623字	卑碑泌姫漂苗	赴符封伏覆紛墳	癖	募慕簿芳邦奉胞倣崩飽縫乏妨房某膨謀墨没翻	魔埋膜又	魅		滅免			幽誘憂	揚揺擁抑	裸濫	吏隆了猟陵糧厘		励零霊裂廉錬	炉浪廊楼漏	湾
計328字 3級まで1623字 累計1951字	妃披扉罷猫賓頻瓶	扶附譜侮沸雰憤	丙併塀幣弊偏遍	泡俸褒剖紡朴僕撲堀奔	麻摩磨抹	岬		銘	妄盲耗	厄	愉諭癒唯悠猶裕融	庸窯	羅酪	痢履柳竜硫虜涼僚寮倫	累塁	戻鈴		賄枠
計185字 準2級まで1951字 累計2136字	眉膝肘	訃	蔽餅璧蔑	哺蜂貌頰睦勃	昧枕	蜜		冥麺		冶弥闇	喩湧	妖瘍沃	拉辣藍	璃慄侶瞭	瑠		呂賂弄籠麓	脇

巻末資料

■中学校で学習する音訓一覧表

＊学習漢字のうち、中学校で習う読み方を学年・字音の五十音順に一覧表にした。

漢字	読み
小学校1年	
音	イン
下	もと
字	あざ
耳	ジ
手	た
出	スイ
女	ニョ め
上	のぼ(せる) のぼ(す)
生	お(う) き
夕	セキ
石	コク
川	セン
早	サッ
文	ふみ
目	ボク
小学校2年	
羽	ウ
園	その
何	カ
夏	ゲ
外	ゲ
弓	キュウ
京	ケイ
強	ゴウ し(いる)
兄	ケイ
後	おく(れる)
公	おおやけ
交	か(う) か(わす)
黄	コウ こ
谷	コク
今	キン
姉	シ
室	むろ
図	はか(る)
声	こわ
星	ショウ
切	サイ
体	テイ
茶	サ
弟	テイ デ
頭	かしら
内	ダイ
麦	バク
歩	ブ
妹	マイ
万	バン
門	かど
来	きた(る) きた(す)
小学校3年	
化	ケ
荷	カ
客	カク
究	きわ(める)
宮	グウ
業	わざ
軽	かろ(やか)
研	と(ぐ)
幸	さち
次	シ
守	も(り)
州	す
拾	シュウ ジュウ
集	つど(う)
助	すけ
商	あきな(う)
勝	まさ(る)
申	シン
神	かん
昔	シャク
相	ショウ
速	すみ(やか)
対	ツイ
代	しろ
丁	テイ
調	ととの(う) ととの(える)
度	タク たび
童	わらべ
発	ホツ
反	タン
鼻	ビ
病	や(む)
命	ミョウ
面	おも おもて
役	エキ
有	ウ
和	やわ(らぐ) やわ(らげる) なご(む) なご(やか)
小学校4年	
衣	ころも
媛	エン
街	カイ
岐	キ
器	うつわ
機	はた
泣	キュウ
競	きそ(う)
極	ゴク きわ(める) きわ(まる) きわ(み)
結	ゆ(う) ゆ(わえる)
健	すこ(やか)
香	コウ
氏	うじ
試	ため(す)
児	ニ
滋	ジ
辞	や(める)
初	そ(める)
笑	ショウ え(む)
焼	ショウ
縄	ジョウ
井	ショウ
省	かえり(みる)
静	ジョウ
浅	セン
戦	いくさ
仲	チュウ
阪	ハン
夫	フウ
望	モウ

牧	民	要	小学校5年	仮	眼	基	技	境	経	故	厚	災	財	示	似
まき	たみ	い(る)		ケ	まなこ	もと	わざ	ケイ	キョウ	ゆえ	コウ	わざわ(い)	サイ	シ	ジ

質	謝	授	修	性	精	素	率	損	貸	断	提	程	得	犯	費
シチ	あやま(る)	さず(ける) さず(かる)	シュ	ショウ	ショウ	ス	ソツ	そこ(なう) そこ(ねる)	タイ	た(つ)	さ(げる)	ほど	う(る)	おか(す)	つい(やす) つい(える)

貧	報	暴	迷	小学校6年	遺	映	我	灰	革	割	干	危	机	貴
ヒン	むく(いる)	バク	メイ		ユイ	は(える)	ガ わ	カイ	かわ	カツ さ(く)	ひ(る)	あや(うい) あや(ぶむ)	キ	たっと(い) とうと(い) たっと(ぶ) とうと(ぶ)

胸	郷	穴	厳	己	紅	鋼	砂	座	裁	若	宗	就	熟	除	承
むな	ゴウ	ケツ	おごそ(か)	キ おのれ	ク くれない	はがね	シャ	すわ(る)	た(つ)	ジャク	ソウ	つ(く) つ(ける)	う(れる)	ジ	うけたまわ(る)

傷	蒸	仁	推	盛	誠	舌	専	染	銭	装	操	蔵	探
いた(む) いた(める)	む(す) む(れる) む(らす)	ニ	お(す)	セイ さか(る) さか(ん)	まこと	ゼツ	もっぱ(ら)	セン	ぜに	ショウ	あやつ(る)	くら	さぐ(る)

値	著	敵	討	乳	認	納	背	秘	並	閉	片	暮	訪	忘	優
あたい	あらわ(す) いちじる(しい)	かたき	う(つ)	ち	ニン	ナッ トウ	そむ(く) そむ(ける)	ひ(める)	ヘイ	と(ざす)	ヘン	ボ	おとず(れる)	ボウ	やさ(しい) すぐ(れる)

欲	卵	裏	臨	朗
ほ(しい)	ラン	リ	のぞ(む)	ほが(らか)

常用漢字表　付表（熟字訓・当て字など）

＊小・中・高：小学校・中学校・高等学校のどの時点で学習するかの割り振りを示した。

※以下に挙げられている語を構成要素の一部とする熟語に用いてもかまわない。

例「河岸（かし）」→「魚河岸（うおがし）」／「居士（こじ）」→「一言居士（いちげんこじ）」

付表1

語	読み	小	中	高
明日	あす	●		
小豆	あずき		●	
海女・海士	あま			●
硫黄	いおう		●	
意気地	いくじ		●	
田舎	いなか		●	
息吹	いぶき			●
海原	うなばら		●	
乳母	うば		●	
浮気	うわき			●
浮つく	うわつく		●	
笑顔	えがお		●	
叔父・伯父	おじ		●	
大人	おとな	●		
乙女	おとめ		●	
叔母・伯母	おば		●	
お巡りさん	おまわりさん		●	
お神酒	おみき			●
母屋・母家	おもや			●
母さん	かあさん	●		
神楽	かぐら			●
河岸	かし			●
鍛冶	かじ		●	
風邪	かぜ		●	
固唾	かたず		●	
仮名	かな		●	
蚊帳	かや			●
為替	かわせ		●	
河原・川原	かわら	●		
昨日	きのう	●		
今日	きょう	●		
果物	くだもの	●		
玄人	くろうと			●
今朝	けさ	●		
景色	けしき	●		
心地	ここち		●	

語	読み	小	中	高
居士	こじ			●
今年	ことし	●		
早乙女	さおとめ		●	
雑魚	ざこ			●
桟敷	さじき			●
差し支える	さしつかえる		●	
五月	さつき		●	
早苗	さなえ		●	
五月雨	さみだれ		●	
時雨	しぐれ		●	
尻尾	しっぽ		●	
竹刀	しない		●	
老舗	しにせ		●	
芝生	しばふ		●	
清水	しみず	●		
三味線	しゃみせん		●	
砂利	じゃり		●	

語	読み	小	中	高
数珠	じゅず			●
上手	じょうず	●		
白髪	しらが		●	
素人	しろうと			●
師走	しわす（しはす）			●
数寄屋・数奇屋	すきや			●
相撲	すもう		●	
草履	ぞうり		●	
山車	だし			●
太刀	たち		●	
立ち退く	たちのく		●	
七夕	たなばた	●		
足袋	たび		●	
稚児	ちご			●
一日	ついたち	●		
築山	つきやま			●
梅雨	つゆ		●	

語	読み	小	中	高
凸凹	でこぼこ		●	
手伝う	てつだう	●		
伝馬船	てんません			●
投網	とあみ			●
父さん	とうさん	●		
十重二十重	とえはたえ			●
読経	どきょう			●
時計	とけい	●		
友達	ともだち	●		
仲人	なこうど			●
名残	なごり		●	
雪崩	なだれ		●	
兄さん	にいさん	●		
姉さん	ねえさん	●		
野良	のら			●
祝詞	のりと			●
博士	はかせ	●		

付表2

語	読み	小	中	高
二十・二十歳	はたち		●	
二十日	はつか	●		
波止場	はとば		●	
一人	ひとり	●		
日和	ひより		●	
二人	ふたり	●		
二日	ふつか	●		
吹雪	ふぶき		●	
下手	へた	●		
部屋	へや	●		
迷子	まいご	●		
真面目	まじめ	●		
真っ赤	まっか	●		
真っ青	まっさお	●		
土産	みやげ		●	
息子	むすこ		●	
眼鏡	めがね	●		

語	読み	小	中	高
猛者	もさ			●
紅葉	もみじ		●	
木綿	もめん		●	
最寄り	もより		●	
八百長	やおちょう			●
八百屋	やおや	●		
大和	やまと		●	
弥生	やよい		●	
浴衣	ゆかた			●
行方	ゆくえ		●	
寄席	よせ			●
若人	わこうど		●	

語	読み	小	中	高
愛媛	えひめ	●		
茨城	いばらき	●		
岐阜	ぎふ	●		
鹿児島	かごしま	●		
滋賀	しが	●		
宮城	みやぎ	●		
神奈川	かながわ	●		
鳥取	とっとり	●		
大阪	おおさか	●		
富山	とやま	●		
大分	おおいた	●		
奈良	なら	●		

二とおりの読み

↓のようにも読める。

「常用漢字表」（平成22年）本表備考欄による。

遺言	ユイゴン	↓	イゴン
奥義	オウギ	↓	おくギ
堪能	カンノウ	↓	タンノウ
吉日	キチジツ	↓	キツジツ
兄弟	キョウダイ	↓	ケイテイ
甲板	カンパン	↓	コウハン
合点	ガッテン	↓	ガテン
昆布	コンブ	↓	コブ
紺屋	コンや	↓	コウや
詩歌	シカ	↓	シイカ
七日	なのか	↓	なぬか
老若	ロウニャク	↓	ロウジャク
寂然	セキゼン	↓	ジャクネン
法主	ホッス	↓	ホウシュ ホッシュ
十	ジッ	↓	ジュッ
情緒	ジョウチョ	↓	ジョウショ
憧憬	ショウケイ	↓	ドウケイ
人数	ニンズ	↓	ニンズウ
寄贈	キソウ	↓	キゾウ
側	がわ	↓	かわ
唾	つば	↓	つばき
愛着	アイジャク	↓	アイチャク
執着	シュウジャク	↓	シュウチャク
貼付	チョウフ	↓	テンプ
難しい	むずかしい	↓	むつかしい
分泌	ブンピツ	↓	ブンピ
富貴	フウキ	↓	フッキ
文字	モンジ	↓	モジ
大望	タイモウ	↓	タイボウ
頬	ほお	↓	ほほ
末子	バッシ	↓	マッシ
末弟	バッテイ	↓	マッテイ
免れる	まぬかれる	↓	まぬがれる
妄言	ボウゲン	↓	モウゲン
面目	メンボク	↓	メンモク
問屋	とんや	↓	といや
礼拝	ライハイ	↓	レイハイ

注意すべき読み

「常用漢字表」（平成22年）本表備考欄による。

語	読み
三位一体	サンミイッタイ
従三位	ジュサンミ
一羽	イチわ
三羽	サンば
六羽	ロッぱ
春雨	はるさめ
小雨	こさめ
霧雨	きりさめ
因縁	インネン
親王	シンノウ
勤王	キンノウ
反応	ハンノウ
順応	ジュンノウ
観音	カンノン
安穏	アンノン
天皇	テンノウ
身上	シンショウ シンジョウ （読み方により意味が違う）
一把	イチワ
三把	サンバ
十把	ジッ（ジュッ）パ

漢検 4級 分野別問題集 改訂三版

2022年8月30日 第1版第1刷 発行
編　者　公益財団法人日本漢字能力検定協会
発行者　山崎　信夫
印刷所　株式会社 太洋社
製本所　株式会社 渋谷文泉閣

発行所　公益財団法人日本漢字能力検定協会
〒605-0074　京都市東山区祇園町南側551番地
☎(075)757-8600
ホームページ　https://www.kanken.or.jp/

Printed in Japan
ISBN978-4-89096-484-0 C0081

漢検

漢検
分野別問題集

改訂三版

別冊 標準解答

4級

※「標準解答」をとじているはり金でけがをしないよう、
気をつけてください。

700484 (1-1)

ウォーミングアップ P.10・11

1 P.10

1 導・胴（順不同）
2 努・奴（順不同）
3 針・薪（順不同）
4 輝・貴（順不同）
5 旬・春（順不同）

2

1 ボウ　帽・亡・暴（順不同）
2 ヨク　欲・翌（順不同）
3 フ　負・父・富（順不同）
4 トウ　糖・討（順不同）
5 ショウ　象・称（順不同）

3 P.11

1 けいけん
2 きょう
3 こせい
4 きしょう
5 ゆうり
6 うちょうてん
7 きぼう
8 ほんもう
9 ごはん
10 ぼうぎょ
11 ばち
12 ばつ
13 じゅうどう
14 にゅうわ
15 せんきょ
16 しょうこ
17 しゅうねん
18 しっとう

練習1 P.12〜15

1 P.12・13

1 こくもつ
2 きょうちゅう
3 とうさい
4 ひひょう
5 うちゅう
6 がくそう
7 まく
8 とうらい
9 じゅうおう
10 ごてん
11 じびか
12 しまい
13 そっちょく
14 けっきょ
15 こうよう
16 しゅっか
17 ごくじょう
18 うもう
19 せいだい
20 せいえん
21 げんかん
22 らんかん
23 ぼう
24 みんぞく
25 かしょ
26 こくそ
27 だくりゅう
28 きょだい
29 だげき
30 くし
31 れんあい
32 たいきけん
33 えっとう
34 ちぶ
35 そうしょく
36 こちょう
37 りんじん
38 しんろう
39 かいほう
40 そうぜん
41 たいこ
42 きょうふ
43 こうれい
44 えいい
45 たんせい
46 れっせい

2 P.14・15

1 れんらく
2 えんせい
3 ひろう
4 たいこう
5 おめい
6 はくとう
7 さきゅう
8 きゃっこう
9 とうし
10 こうすい
11 せんこう
12 かんし
13 とうぼう
14 かんそう
15 じこう
16 ぎょうぎ
17 しょうじん
18 のうむ
19 いさい
20 えんぴつ
21 せんぷう
22 へんこう
23 ごうかい
24 せいか
25 しがいせん
26 れいじゅう
27 やくざい
28 いんぜん
29 しょうしゅう
30 まんぜん
31 たいきゅう
32 えんぎ
33 えんじん
34 しんけん
35 げんこう
36 ないじゅ
37 きおく
38 しんこう
39 しゅう
40 きじょう
41 けっかい
42 かんげい
43 じょうご
44 ゆし
45 ばくおん
46 きはん

練習2 P.16〜19

1 P.16・17

1 めいわく
2 えんらい
3 きょうい
4 あんもく
5 はくしゃ
6 かんさ
7 こうれい
8 ひなん
9 ふくしょく
10 こし
11 しゅび
12 いそん（いぞん）
13 ふだん
14 きばん
15 ぶよう
16 かんぷ
17 てんが
18 ぼん
19 じんい
20 ぼうし
21 はんしゅつ
22 きさい
23 ひがい
24 すいそうがく
25 かんしょう
26 たんすい
27 びんかん
28 もうい
29 はんろ
30 そっけつ
31 ふしん
32 つうれつ
33 きせき
34 どうよう
35 いんえい
36 びみょう
37 ぞうふく
38 ぜひ
39 げんきゅう
40 ふくつ
41 きしょう
42 こうはい
43 かんたく
44 いよう
45 けいしょう
46 どうせい
47 かんたん
48 こうたく
49 ちえ
50 せいれき

練習2 1

スキルアップ

2 「遠雷(えんらい)」は、遠くで鳴っている雷のこと。

4 「暗黙(あんもく)」は、考えや気持ちを言葉に表さないこと。

10 「枯死(こし)」は、草木が枯れ果てること。

16 「完膚(かんぷ)」は、傷のない皮膚のこと。転じて、欠点・傷のない部分の意味。「完膚なきまでに」は徹底的(てってい)に、の意。

17 「典雅(てんが)」は、きちんと整っていて上品なこと。

22 「鬼才(きさい)」は、人間とは思えないほど優れた才能のこと。また、その才能の持ち主。

29 「販路(はんろ)」は、商品を売りさばく方面のこと。

30 「そくけつ」と読まないように注意。

31 「腐心(ふしん)」は、あれこれ考えて悩むこと。

39 「言及(げんきゅう)」は、あることにまで話がおよぶこと。

44 「偉容(いよう)」は、優れて立派な姿。

---

2 P.18・19

1 てんぷ
2 わんぱく
3 しゅみ
4 まんしん
5 たんせい
6 いじ
7 とうとつ
8 しゅ
9 ひかく
10 かんこく
11 ちんちゃく
12 さいげつ
13 しょうちょう
14 きゃっか
15 りゅうし
16 かいしゃく
17 ぎきょく
18 じゅうい
19 ようし
20 しゅうさい
21 ほくい
22 ろぼう
23 しゃめん
24 きょうさく
25 くりょ
26 きょうき
27 げきど
28 とほう
29 きょり
30 ぼうさつ
31 ひさん
32 いち
33 くはい
34 ぜっきょう
35 とうなん
36 むじゅん
37 むてっぽう
38 じょうきょう
39 りょうよう
40 じゅんかん
41 に
42 こんやく
43 てんぽ
44 いっしゅん
45 はもん
46 へいさ
47 へいぼん
48 ていしょく
49 れいく
50 しょはん

練習2 2

スキルアップ

1 「天賦(てんぷ)」は、天から与えられたもののこと。

2 「腕白(わんぱく)」は、子どもがいたずらで手に負えないこと。また、そういう子ども。

4 「慢心(まんしん)」は、おごりたかぶる心。

5 「端整(たんせい)」は、顔立ちや容姿が整って美しいこと。

7 「唐突(とうとつ)」は、不意で思いもよらないさま。

8 「朱(しゅ)を入れる」は、文章のまちがいを正しく直すこと。

11 「沈着(ちんちゃく)」は、底などに残り付着すること。また、物事に動じないで落ち着いた態度のこと。

12 「としつき」ではない。常用漢字表には「歳」に「とし」の読みはない。

17 「戯曲(ぎきょく)」とは演劇の脚本・台本のこと。

25 「苦慮(くりょ)」は、あれこれと心の中で考えて悩むこと。

30 「忙殺(ぼうさつ)」は、非常に忙しいこと。

33 「苦杯(くはい)」とは苦い酒の入った杯のことで、「苦杯をなめる」で苦い経験・つらい経験をする、という意味になる。

40 ここでの「旬」の読みは「しゅん」でなく「じゅん」なので注意。「旬刊(じゅんかん)」は、十日ごとに新聞・雑誌などを刊行すること。または、そのような刊行物のこと。

48 「抵触(ていしょく)」は、法律や規則で禁じられていることに触れること。

50 「諸般(しょはん)」は、いろいろ、ということ。

漢字の読み 訓読み ▼本誌 P.20〜27

ウォーミングアップ P.20・21

1 P.20

1 さくら
2 うめ
3 つるぎ
4 くら
5 みき
6 たて
7 たまご
8 わた
9 しお
10 かいこ

2

1 いも
2 おに
3 もも
4 こよみ
5 つばさ
6 たきぎ
7 おうぎ
8 くさり
9 なまり
10 おもむき
11 むらさき
12 かみなり

3 P.21

1 かろ
2 かる
3 わり
4 わ
5 おとず
6 たず
7 し
8 と
9 うし
10 おく
11 きた
12 き
13 あや
14 あぶ
15 ゆか
16 とこ
17 のが
18 に
19 よご
20 きたな
21 せま
22 せば

練習1 P.22・23

1

1 そ
2 ちぢ
3 いただき
4 たっと（とうと）
5 うつ
6 さず
7 す
8 ふ
9 うやま
10 く
11 こいぶみ
12 おおやけ
13 い
14 あやま
15 まさ
16 はか
17 みそ
18 わざ
19 はなぞの
20 おごそ
21 わざ
22 かどで
23 ため
24 ふ
25 むく
26 ち
27 さか
28 かわ
29 た
30 しず
31 はし
32 にご
33 く
34 はず
35 くれない
36 こ
37 つか
38 かざ
39 か
40 あわ
41 ふ
42 か
43 おおさわ
44 あつか
45 うった
46 あま

練習2 P.24〜27

1 P.24・25

1 えが（か）
2 ほこさき
3 う
4 くる
5 ふ
6 さかずき
7 おそ
8 おか
9 いわむろ
10 くさ
11 のきした
12 こわ
13 う
14 はじ
15 あぶら
16 いそが
17 いか
18 つぶ
19 さ
20 かた
21 し
22 め
23 からくさ
24 おどろ
25 す
26 にこ
27 こ
28 たて
29 ふ
30 あらなみ
31 おそ
32 あお
33 つか
34 めばな
35 まど
36 か
37 けものみち
38 せ
39 こ
40 めぐ
41 たたか
42 さら
43 よつゆ
44 はしわた
45 ぬす
46 ほこ
47 むか
48 か
49 つ
50 と

練習2 1

スキルアップ

2 「矛」の訓は「ほこ」。「矛(ほこ)先(さき)」は、議論や非難の目標・勢いの意味で使われる。

6 「杯」の訓は「さかずき」。

15 「脂(あぶら)」は、動物の脂肪のこと。「油」との使い分けに注意。

17 「怒」には、「いかーる」「おこーる」の訓がある。文脈から読みとると「おこーり」とはいわない。

28 「盾(たて)に取る」は、あることを自分の立場を守る手段とすること。

34 「雌花(めばな)」を、「めすばな」と読まないように注意。

37 「獣道(けものみち)」は、獣の往来によって、いつの間にかできた山の中の道のこと。

43 「夜」の読み方に注意。「夜(よ)露(つゆ)」は、夜の間に降りた露のこと。

---

2 P.26・27

1 よんひき
2 かがや
3 かみ
4 えら
5 あしこし
6 す
7 こわ
8 ぬま
9 おど
10 たくわ
11 きり
12 あとかた
13 あた
14 おき
15 せたけ
16 するど
17 むすめ
18 いど
19 えもの
20 たたみ
21 つ
22 ねいき
23 かげ
24 うらな
25 こかげ
26 こうむ
27 すす
28 うで
29 かわ
30 だま
31 いくひさ
32 とうげ
33 つか
34 おと
35 つ
36 あし
37 はら
38 なげ
39 か
40 さ
41 あみ
42 ふち
43 さわ
44 え
45 およ
46 お
47 お
48 しば
49 おくゆ
50 ふね

練習2 2

スキルアップ

12 「跡形(あとかた)」は、以前そこに何かがあったことを示すしるしのこと。

19 「獲物(えもの)」は、「獲」「物」とも訓読みをする熟語。

25 「木」を「き」と読まないように注意。「木立」「木の葉」と同様に、「木陰(こかげ)」の場合も「こ」と読む。

26 「被(こうむ)る」は、災難などを自分の身に受けること。また、許しや恵みなどをいただく、という意味もある。

31 「幾久(いくひさ)しく」は、いつまでも、という意味。

44 「柄」には、「がら」と「え」という訓がある。手で持てるように器具につけた細長い部分のことを「柄(え)」といい、「ひしゃくの柄」などと使う。

49 「奥行(おくゆ)き」は、表から奥までの長さの意味のほかに、比喩(ひゆ)的に人柄や知識、考えの奥深さの意味で用いることもある。

漢字の読み　特別な読み

▼本誌 P.28〜31

ウォーミングアップ P.28

1

1 きょう・こんにち
2 きのう・さくじつ
3 あす・みょうにち
4 ことし・こんねん
5 はかせ・はくし
6 めがね・がんきょう
7 もみじ・こうよう
8 しらが・はくはつ
9 つゆ・ばいう
10 みやげ・どさん（とさん）
（いずれも順不同）

2

1 いっさい
2 たいせつ
3 さっそく
4 そうちょう
5 けいだい
6 しんきょう
7 したく
8 たびかさ
9 ぶしょう
10 せいしん
11 こわだか
12 うたごえ

練習1 P.29

1

1 てつだ
2 かわら
3 けしき
4 むら
5 しみず(きよみず)
6 きょうだい
7 るす
8 さらいねん
9 さんだい
10 だいず
11 やおや
12 はつか
13 まいご
14 くとうてん
15 ゆきがっせん
16 あま
17 しにせ(ろうほ)
18 くだもの
19 なごり
20 もよ

練習2 P.30・31

1

1 もめん
2 かな
3 ふぶき
4 つか
5 はたち
6 たち
7 さみだれ
8 ゆくえ
9 ひょうし
10 ぼっ
11 しんこう
12 さつき
13 じゃり
14 いくじ
15 の
16 しない
17 うなばら
18 ここち
19 てんじょう
20 いなか
21 でし
22 きそう(きぞう)
23 かわせ
24 はとば
25 こがね
26 むすこ
27 せいぼ
28 あずき
29 しゃみせん
30 におう
31 しぐれ
32 ひよりみ
33 うわ
34 いなさく
35 さかも
36 わこうど
37 うば
38 やまと
39 かのじょ
40 ふなうた
41 しんく
42 くふう
43 しばふ
44 まわ
45 まじめ

スキルアップ 練習2 1

4 「差し支える」は、何かをするのにさまたげになるということ。

6 「太刀打ち」は、太刀で切り合うことの意味から、張り合って競争すること。

9 「拍子抜け」は、待ち構えていたのに、その必要がなくなってがっかりすること。

14 「意気地」は、「いきじ」が転じたものだが、「いきじなし」とはいわない。

15 「立ち退く」は、今いる場所、住んでいる所からほかの場所に移ること。

31 「時雨」は、秋の終わりから冬の初めごろに降る、降ったりやんだりする小雨。

32 「日和見」は、天気の様子を見るという意味から、なりゆきをうかがって、自分の態度をはっきりさせないことをいう。

40 「舟歌」は、船頭や水夫などが船をこぎながら歌う歌のこと。

漢字の読み 同字の音訓 ▼本誌 P.32～41

ウォーミングアップ P.32・33

1 P.32

1 (音)フン [訓]ふる－う
2 (音)シ [訓]すがた
3 (音)スイ [訓]お－す
4 (音)ハイ [訓]そむ－く
5 (音)ダン [訓]たま
6 (音)トウ [訓]いね

2

1 おおごと
2 だいじ
3 ひとめ
4 いちもく
5 ふんべつ
6 ぶんべつ
7 いちじ
8 ひととき
9 いっとき
10 へた
11 しもて
12 したて

3 P.33

1 ゆうせん
2 すぐれる
3 りしょく
4 ふえる
5 でんか
6 とのさま
7 じしん
8 ふるえる
9 ほしゅ
10 とらえる
11 しんにゅう
12 おかす
13 はっかん
14 あせみず
15 かんしょく
16 さわる
17 らくるい
18 なみだごえ

練習1 P.34〜37

1 P.34・35

1 げきどう
2 はげ
3 だん
4 あたた
5 こんなん
6 むずか
7 ようちゅう
8 おさな
9 きほん
10 もと
11 せんそう
12 いくさ
13 かくにん
14 みと
15 かせん
16 かわ
17 たんさ
18 さぐ
19 せいい
20 まこと
21 めいしん
22 まよ
23 しゅうしん
24 つ
25 しょくよく
26 ほ
27 きじょう
28 つくえ
29 しょう
30 かえり
31 まんざ
32 すわ
33 どくぜつ
34 した
35 きよう
36 うつわ
37 じゅよ
38 さず
39 はへん
40 かたがわ

---

2 P.36・37

1 あくしゅ
2 にぎ
3 れんさい
4 の
5 しょうほう
6 くわ
7 ちんちょう
8 めずら
9 ばつぐん
10 ぬ
11 はんも
12 しげ
13 いってき
14 しずく
15 こうりょう
16 かお
17 びょうしゃ
18 えが(か)
19 はくりょく
20 せま
21 てんじょう
22 そ
23 とうみん
24 ねむ
25 ちょうば
26 は
27 がんちく
28 ふく
29 りんか
30 となり
31 どんじゅう
32 にぶ
33 えいきょう
34 ひび
35 えんとつ
36 つちけむり
37 よか
38 ひま
39 しんとう
40 ひた

練習2 P.38～41

1 P.38・39

1 ふうし
2 さ
3 かいもく
4 みな
5 くのう
6 なや
7 ぼうけん
8 おか
9 じんじょう
10 たず
11 かんげん
12 あま
13 ていぼう
14 つつみ
15 かいりつ
16 いまし
17 けいはく
18 うすぎ
19 ゆうべん
20 おす
21 どんてん
22 くも
23 けいこう
24 かたむ

25 かいひん
26 はまべ
27 せいじゃく
28 さび
29 しんらい
30 たよ
31 りりく
32 はな
33 あっとう
34 たお
35 いんたい
36 かく
37 めいよ
38 ほま
39 やっき
40 おど
41 だつぼう
42 ぬ
43 ちこく
44 おく
45 しんせん
46 あざ
47 せんりょう
48 し

練習2 1 スキルアップ

3 「皆目」は、下に打ち消しの言葉をともなって、全く・全然という意味を表す。

8 「おか-す」は同訓異字が多いので、使い分けに注意。「冒す」は、困難なことをあえてするの意味。

11 「甘言」は、相手の心をひきつける、口先だけのうまい言葉のこと。

19 「雄弁」は、力強く説得力のある言い方のこと。

35 「隠退」は、社会的な仕事を一切やめ、静かに暮らすこと。

39 「躍起」は、あせってむきになること。

41 「脱帽」は、(敬意を表すために)帽子を脱ぐことの意味だが、特に自分よりも力量が上だと認めた相手に敬意を表す時に用いる場合がある。

---

2 P.40・41

1 きがん
2 いの
3 そうご
4 たが
5 すいようえき
6 と
7 ふくいん
8 はば
9 けんよう
10 か
11 はっくつ
12 ほ
13 しんちょう
14 つつし
15 ていはく
16 と
17 とせん
18 わた
19 ふんすい
20 ふ
21 ぶたい
22 ま
23 れんぽう
24 みね

25 ふきゅう
26 く
27 ほうふ
28 かか
29 だいたい
30 か
31 こうてん
32 あら
33 とろ
34 は
35 じんりょく
36 つ
37 てきよう
38 つ
39 へきが
40 かべ
41 とうは
42 ふ
43 じゅんかい
44 めぐ
45 ひっち
46 いた
47 はけん
48 こづか

練習2 2 スキルアップ

7 「幅員」は、船・車両・橋・道路などの幅のこと。

9 「兼用」は、一つの物を二つ以上の用途に使うこと。または、二人以上で使うこと。

17 「渡船」は、渡し船のこと。「渡船場」は、渡し船が発着する場所のこと。

25 「不朽」は、後世まで価値がなくならないで残ること。

31 「荒天」は、風雨の激しい悪い天候のこと。

33 「吐露」は、心の中に思っていることを包み隠さず口にすること。

36 「筆舌に尽くしがたい」は、言葉や文章では表しようがないということ。

37 「摘要」は、要点を抜き書きすること。または、その抜き書きのこと。

41 「踏破」は、困難な道や長い道のりを歩き通すこと。

45 「筆致」は、文字や文章の書きぶりのこと。

漢字の部首

▼本誌 P.48～57

ウォーミングアップ P.48・49

1 P.48

1 糸
2 扌
3 言
4 艹
5 止
6 木
7 羊
8 扌

2

1 イ
2 エ
3 イ
4 ア
5 ウ
6 イ
7 ア
8 イ
9 ウ
10 エ

3 P.49

1 亻
2 ○
3 車
4 皿
5 ○
6 ○
7 力
8 刂
9 斗
10 ○
11 鳥
12 巛
13 ○
14 ○
15 青
16 心
17 ○
18 糸
19 耳
20 麦
21 士
22 ○

練習1 P.50～53

1 P.50

1 う・オ
2 お・ア
3 こ・エ
4 え・キ
5 け・ク

2

1 う・ケ
2 い・オ
3 あ・ウ
4 き・イ
5 お・カ

3 P.51

1 お・キ
2 け・イ
3 い・カ
4 こ・ア
5 う・エ

4

1 か・ケ
2 き・ア
3 え・ク
4 お・ウ
5 け・コ

5 P.52・53

1 エ
2 ウ
3 エ
4 ア
5 ウ
6 ア
7 ア
8 ウ
9 ア
10 エ
11 イ
12 エ
13 エ
14 エ
15 ウ
16 エ
17 イ
18 ア
19 ア
20 ウ
21 ア
22 イ
23 イ
24 ア
25 ア
26 エ
27 ウ
28 ア
29 エ
30 ア
31 イ
32 イ
33 ア
34 ア
35 ウ
36 イ
37 イ

練習2 P.54〜57

1 P.54・55

1 ア　2 ウ　3 ウ　4 ウ　5 イ　6 ウ　7 エ　8 ア　9 イ　10 ア　11 エ　12 ウ　13 エ　14 エ　15 イ　16 ウ　17 ウ　18 ウ　19 イ　20 イ　21 エ

22 ウ　23 ウ　24 ア　25 ア　26 イ　27 エ　28 ア　29 ウ　30 ア　31 エ　32 イ　33 ウ　34 ア　35 エ　36 イ　37 ア　38 ア　39 ア　40 ウ　41 エ　42 イ

スキルアップ

練習2 **1**

3 「隶」は、「れいづくり」という部首。常用漢字でこの部首に属するのは「隷」のみ。

5 「鹿」は、「しか」という部首で、常用漢字でこの部首に属するのは「麗」「鹿」の二字のみ。

7 「夂」は、「すいにょう・ふゆがしら」という部首。

13 「禾(のぎへん)」ではないので注意。「利」は、もとは鋭い刃物やすきで農地を耕すの意味。

14 「鼓」は、「つづみ」という部首。常用漢字でこの部首に属するのは「鼓」のみ。

16 「貝(かい・こがい)」ではないので注意。「員」の部首は、「口(くち)」。

23 「幕」は、おおいかくす布という意味。「艹(くさかんむり)」ではないので注意。「巾(はば)」は、布に関係する意味の部首。

26 「幺」は、「よう・いとがしら」という部首。

27 「亠(なべぶた・けいさんかんむり)」ではないので注意。「裏」は、もとは着物の内側の意味。

32 「髟」は、「かみがしら」という部首。常用漢字でこの部首に属するのは「髪」のみ。

35 「至」は、その漢字自体が部首になっている。部首名は「いたる」。

39 「⺍」は、「つかんむり」という部首。この部首の漢字にはほかに「巣」「営」「厳」がある。

41 「豕」は、「ぶた・いのこ」という部首。

42 「舗」の部首は「舌(した)」。旧字「舖」の「舌」の部分からきた部首。

2 P.56

1 ア　2 ア　3 エ　4 イ　5 エ　6 イ　7 エ　8 ア　9 イ　10 ア　11 ア

12 エ　13 エ　14 エ　15 イ　16 ア　17 ア　18 エ　19 ア　20 ア　21 ウ　22 エ

練習2 ❷

スキルアップ

4 「黙」の部首は「黒(くろ)」。部首の部分が「黙」の中ではそのままの形になっていないので注意。

8 「ノ」は、「の・はらいぼう」という部首。常用漢字でこの部首に属するのは「乗」「久」「乏」の三字のみ。

9 「巾」は、「はばへん・きんべん」という部首。

12 「戈(ほこづくり・ほこがまえ)」としないように注意。

14 「干」は、「かん・いちじゅう」という部首。

18 「疋」は、「ひき」という部首。「匕(ひ)」としないように注意。

22 「斗」は、「とます」という部首。常用漢字でこの部首に属するのは「斜」「料」と「斗(と)」の三字のみ。

---

❸ P.57

1 木 2 日 3 山 4 香 5 犭 6 舛 7 肉 8 月 9 隹 10 心 11 二 12 玄 13 頁 14 臣 15 見 16 日 17 舟 18 卜

19 刂 20 穴 21 耳 22 鼻 23 乙 24 車 25 力 26 八 27 立 28 工 29 日 30 弋 31 禾 32 殳 33 ⺮ 34 一 35 土 36 氵

練習2 ❸

スキルアップ

1 「柔」は、もとは折れないしなやかな木という意味があり、木に関係する漢字。

6 「舛」は、「まいあし」という部首。常用漢字でこの部首に属するのは「舞」のみ。

11 「二」は、「に」という部首。意味からではなく、形の上から部首に立てられている。この部首の漢字にはほかに「五」「井」「互」「亜(あ)」などがある。

14 「臣」は「しん」という部首。

22 「鼻」は、その漢字自体が部首になっている。

26 「八」は、「はち」という部首。

28 「工」は、「え・たくみ」という部首。

31 「禾」は「のぎ」という部首。常用漢字でこの部首に属するのは「秀」のみ。

熟語の理解

熟語の構成

▼本誌 P.64～69

ウォーミングアップ P.64

❶

1 当落 2 漁場 3 外食 4 終演

5 議題 6 現状 7 直訴 8 遅刻

❷

1 無 2 未 3 不 4 未 5 不 6 未

7 未 8 不 9 非 10 未 11 不 12 不

練習1 P.65

1
1 イ
2 ウ
3 エ
4 ア
5 ウ
6 イ
7 エ
8 ウ
9 エ
10 ア
11 イ
12 エ
13 ウ
14 ア
15 エ
16 オ

練習2

1 P.66・67
1 エ
2 エ
3 ア
4 オ
5 イ
6 エ
7 エ
8 ウ
9 オ
10 イ
11 エ
12 ウ
13 ア
14 エ
15 イ
16 ア
17 ウ
18 イ
19 ア
20 ウ
21 イ
22 イ
23 エ
24 オ
25 エ

P.66～69
26 ウ
27 ア
28 イ
29 オ
30 オ
31 ア
32 ア
33 イ
34 エ
35 オ
36 イ
37 ア
38 ウ
39 ウ
40 ア
41 ア
42 エ
43 エ
44 イ
45 ア
46 ウ
47 エ
48 エ
49 ア
50 オ
51 エ
52 ウ
53 イ
54 エ
55 ウ
56 ア
57 ウ
58 ア
59 エ
60 ウ
61 イ
62 ウ
63 ウ
64 オ

スキルアップ（練習2 1）

28 「授」はさずける、「受」はうけるという意味。形が似ていて、音が同じだが、反対の意味を表しているので注意。

60 「歓」は、よろこぶという意味を持つ。

2 P.68
1 キ
2 オ
3 ア
4 イ
5 ク
6 エ
7 ウ
8 カ

スキルアップ（練習2 2）

3 「巨」も、おおきいという意味を持つ。

3
1 エ
2 オ
3 キ
4 イ
5 ウ
6 ア
7 ク
8 カ

スキルアップ（練習2 3）

2 「浮沈（ふちん）」は、浮き沈み、特に栄えることとおとろえることとの意味で用いられる。

8 「賞」はほめること、「罰」は罰することの意味。

4 P.69

1 ウ
2 ア
3 ア
4 エ
5 イ
6 ウ
7 ウ
8 ア
9 ア
10 ア
11 エ
12 ア
13 ウ
14 イ

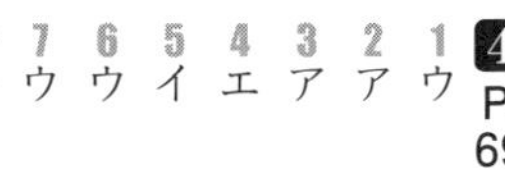

スキルアップ

3 「離合」は離れたり一緒になったりすること。

4 「不惑」は四十歳という意味もあるが、ここでは「迷いがないこと」と考える。

9 「皮」「膚」ともに、からだの表面をおおっているものの意。

11 「需」にはもとめる、「給」にはあたえるの意味がある。「需要」「供給」という対義語を考えてみるとよい。

熟語の理解　熟語の作成

▼本誌P.70〜75

ウォーミングアップ　P.70

1

1 徴
2 釈
3 忙
4 威
5 陣
6 違
7 襲
8 紋

練習1　P.71

1

1 寸暇
2 隷属
3 露出
4 匹敵
5 依頼
6 越境
7 基盤
8 光陰
9 怒号
10 代替

2

1 入・出
2 売・下
3 談・待
4 追・言・波
5 入・紹・在

（いずれも順不同）

練習2　P.72〜75

1 P.72

1 ク
2 ア
3 キ
4 エ
5 ウ

練習2 1 **スキルアップ**

4 「執心」は、一つのことに心をうばわれること。

5 「突端」は、「とったん」または「とっぱし」と読む。意味はつき出たはしのこと。「とっぱな」という読みもあるが、常用漢字表外の読み方になる。

2

1 キ
2 エ
3 コ
4 ケ
5 オ

練習2 2 **スキルアップ**

1 「皆目」は、後に打ち消す言葉をともなって、全く・全然の意味を表す。

5 「枯淡」は、あっさりしている中にも深い味わいがあること。

---

3 P.73

1 オ
2 ク
3 キ
4 エ
5 コ

練習2 3 **スキルアップ**

3 「物騒」は、何が起こるかわからない危険な状態のこと。

4 「賦与」は、分け与えること。才能などが生まれつき備わっている意味でも用いる。

4

1 ウ
2 ク
3 ア
4 オ
5 コ

練習2 4 **スキルアップ**

1 「踏査」は、実際にその土地に出かけていって調べること。

3 「浸食」は、(流れや風雨などの)水がしみ込んで、岩や土をけずりとっていくこと。

4 「散会」は、会合が終わり人々が別れ去ること。

練習2

5 P.74

1 オ
2 ク
3 ケ
4 コ
5 エ

練習2 5 スキルアップ

1 「浮説」は、よりどころのないうわさのこと。
3 「販路」は、商品を売る方面、売れ口のこと。
5 「砲煙」は、大砲をうったときに出る煙のこと。

6

1 オ
2 ク
3 エ
4 コ
5 キ

練習2 6 スキルアップ

1 「舗道」は、舗装された道のこと。
4 「訴状」は、裁判所に提出する、訴えの内容を記した文書のこと。
5 「薄着」は、訓読みの熟語。

---

7 P.75

1 e
2 a
3 e
4 d
5 f
6 a
7 c
8 d
9 e
10 b
11 c
12 a
13 f
14 b

練習2 7 スキルアップ

4 「雅趣」は、風雅なおもむきということ。
7 「非認」は誤り。否定し認めないことの意味の熟語は「否認」。
8 「自漫」ではなくて、「自慢」。同音類字の「漫」と「慢」の使い分けに注意。
9 「筆触」は、絵などで、筆さばきでできた色調やリズムのこと。
10 「雄図」は、勇ましく大きな計画のこと。「雄飛」は、意気盛んに活躍すること。「雄偉」は、優れて立派なこと。
12 「途次」は、ある所へ行く途中。道すがら。
13 「躍気」は誤り。むきになることは「躍起」。
14 「摘記」は、重要箇所を選び出して書くこと。また、それを書いたもの。

対義語・類義語 ▼本誌P.82〜91

ウォーミングアップ P.82・83

1 P.82

1 鋭
2 緯
3 満
4 建
5 弁
6 普
7 違
8 与

2

1 悲鳴
2 遠洋
3 単純
4 歳末
5 断絶
6 原則
7 革新
8 濃密
9 中断
10 好調
11 白昼
12 加熱

3 P.83

1 沈
2 剣
3 導
4 巨
5 宝
6 任
7 堅
8 切
9 即
10 精

4
1 容易
2 責務
3 模範
4 理由
5 栄光
6 難儀
7 汚名
8 他界
9 準備
10 思案

練習1 P.84〜87

1 P.84
1 ア きしょう イ 寝
2 ア しんげき イ 却
3 ア きょうきゅう イ 需
4 ア りえき イ 損
5 ア かいほう イ 鎖
6 ア じょがい イ 含
7 ア けいそつ イ 慎
8 ア のうしゅく イ 釈
9 ア かいらく イ 痛
10 ア きょか イ 禁
11 ア こうが イ 俗
12 ア だんねん イ 執

2 P.85
1 ア せんゆう イ 占
2 ア がいけん イ 裁
3 ア ごうかく イ 及
4 ア おもに イ 担
5 ア けいしょう イ 踏
6 ア へいそ イ 常
7 ア すじみち イ 絡
8 ア げんいん イ 機
9 ア かいかつ イ 朗
10 ア さいしん イ 丹
11 ア かいてい イ 更

3 P.86
1 ア・イ
2 ア・エ
3 イ・ウ
4 ア・ウ
5 ア・エ
6 ウ・エ
7 ウ・エ
8 ア・イ
9 イ・エ
10 イ・エ
11 ア・エ
12 ア・ウ
（いずれも順不同）

4 P.87
1 イ・エ
2 ア・エ
3 イ・ウ
4 ア・ウ
5 ア・イ
6 ウ・エ
7 ア・イ
8 ア・ウ
9 ウ・エ
10 ア・エ
11 イ・ウ
12 ア・エ
（いずれも順不同）

練習2 P.88〜91

1 P.88
1 透
2 争
3 違
4 減
5 誕
6 勤
7 屈
8 拠
9 尋
10 仰

スキルアップ 練習2 1

3 「適法（てきほう）」は、法律にかなっているということ。

9 「尋常（じんじょう）」は、よく「非常な」という意味で「尋常でない」という使い方をするが、「尋常」自体は「特別でない・当たり前のこと」の意。

10 「仰天（ぎょうてん）」は、天を仰ぐほど驚くという意味から、ひどく驚くということ。

練習2

2 P.88

1 相　2 熟　3 就　4 従
5 凶　6 朽　7 賛　8 豪
9 達　10 途

練習2 2 スキルアップ

1 「相対（そうたい）」は、他との関係を持ち合って存在・成立すること。
9 「栄達（えいたつ）」は、高い地位にのぼること。

3 P.89

1 劣　2 丈　3 式　4 兼
5 離　6 援　7 絶　8 突
9 到　10 搬

練習2 3 スキルアップ

5 「結束（けっそく）」は団結すること。「離反（りはん）」は従っていたものが離れ背くこと。
9 「周到（しゅうとう）」は、細かいところまで行き届いていること。

4

1 隣　2 尊　3 属　4 齢
5 是　6 縁　7 盤　8 著
9 独　10 岸

練習2 4 スキルアップ

4 「齢」を「令」としないように注意。
10 二語とも「海」があるが「うみ」「かい」と違う読みで使用されているので、片方の読みに惑わされないようにしよう。

5 P.90

1 避　2 敏　3 跡　4 借
5 嘆　6 踏　7 傍　8 慢
9 介　10 寸

練習2 5 スキルアップ

8 「慢」を「漫」と書き誤らないように注意。

6

1 統　2 微　3 濃　4 徴
5 戒　6 趣　7 互　8 匹
9 留　10 敬

練習2 6 スキルアップ

1 「正統（せいとう）」を「正当」と誤らないようにしよう。
6 「道楽（どうらく）」は、本業以外の楽しみのこと。

7 P.91

1 短縮　2 精神　3 濁流　4 詳細　5 猛暑
6 手柄　7 草稿　8 冒頭　9 熱狂　10 傾向

練習2 7 スキルアップ

4 「大略（たいりゃく）」は、おおよそという意味。
7 「草稿（そうこう）」は、文章の下書きのこと。

8
1 平易
2 模型
3 恒例
4 闘争
5 圧勝
6 遺品
7 忠告
8 備蓄
9 奇抜
10 方法

スキルアップ

9 「奇抜(きばつ)」も「突飛(とっぴ)」も、ふつうとは違っていること、人の意表をつくことの意味を持つ。
10 「手段(しゅだん)」の類義語には「方策(ほうさく)」もある。

四字熟語 ▼本誌P.96〜107

ウォーミングアップ P.96・97

1 P.96
1 キ
2 イ
3 オ
4 ウ
5 カ
6 コ
7 ア
8 ク
9 ケ
10 エ

2 P.97
1 百
2 三
3 十
4 一
5 七
6 百
7 千
8 四
9 六
10 一
11 千
12 九
13 五
14 一
15 二
16 八

練習1 P.98〜101

1 P.98・99
1 ア
2 エ
3 イ
4 ウ
5 ア
6 イ
7 ウ
8 エ
9 ア
10 ウ
11 ウ
12 エ
13 ウ
14 イ
15 ア
16 エ
17 ア
18 ア
19 イ
20 ウ
21 エ
22 イ
23 ア
24 エ
25 ウ
26 イ

---

2 P.100・101
1 離
2 到
3 令
4 承
5 古
6 飛
7 処
8 眠
9 害
10 喜
11 極
12 更
13 用
14 鋭
15 投
16 麗
17 退
18 雲
19 致
20 工
21 件
22 疑
23 左
24 起
25 抱
26 朗
27 耳
28 実
29 存
30 難
31 終
32 復
33 奇
34 威
35 発
36 壁
37 専
38 薄
39 異
40 乾
41 罰
42 乱
43 機
44 背
45 文

練習2　P.102〜107

1 P.102・103

1 慮　2 致　3 即　4 私　5 達　6 常　7 紫　8 災　9 後　10 妙　11 維　12 狂　13 強　14 道　15 来　16 霧　17 俗　18 吐　19 翼　20 鬼　21 想　22 辞

23 信　24 刀　25 闘　26 給　27 口　28 沈　29 敏　30 汚　31 難　32 船　33 環　34 避　35 機　36 尽　37 専　38 兼　39 門　40 雷　41 創　42 曲　43 範　44 針　45 未

スキルアップ

練習2 **1**

1 「思慮分別(しりょふんべつ)」は、物事に深く考えをめぐらし判断すること。

5 「上意下達(じょういかたつ)」は、上の者の意志や命令を、下の者によく徹底(てってい)させること。「下意上達(かいじょうたつ)」という対義語がある。

6 「無常(むじょう)」を「無情」としないように注意。

7 「山紫水明(さんしすいめい)」は、自然の景観が清らかで美しいこと。

10 「妙計奇策(みょうけいきさく)」は、人の意表をついた奇抜で優れたはかりごとのこと。

13 「博覧強記(はくらんきょうき)」は、広く書物に親しみ、内容をよく記憶していること。また、知識が豊富なこと。

16 「雲散霧消(うんさんむしょう)」は、跡形もなく消えてなくなること。

18 「音吐朗朗(おんとろうろう)」は、声がはっきりと響きわたるさま。

19 「比翼連理(ひよくれんり)」は、男女の情愛が深く、仲むつまじいことのたとえ。

25 「悪戦苦闘(あくせんくとう)」は、困難を乗り越えようと非常な努力をすること。

27 「異口(いく)」を「異句」としないように注意。

32 「南船北馬(なんせんほくば)」は、あちこち旅行すること。中国では、南は川が多いので船を使い、北は山が多いので馬で往来したことによる。

35 「好機(こうき)」を「好期」「好季」と誤らないよう注意。

37 「独断専行(どくだんせんこう)」は、自分一人の判断で勝手に物事を行うこと。

38 「兼愛無私(けんあいむし)」は、区別なく広く人を愛すること。

40 「付和雷同(ふわらいどう)」は、自分の主義主張がなく他人の言動に軽々しく同調すること。「付和」は軽々しく他人の意見に賛成すること。「雷同」は雷が鳴ると物がそれに応じて響くこと。

43 「率先垂範(そっせんすいはん)」は、人に先立って模範を示すこと。

44 「針小棒大(しんしょうぼうだい)」は、物事を実際より大げさに言う、という意味。

2 P.104・105

1 暗鬼
2 石火
3 単刀
4 翼翼（翼々）
5 即妙
6 径行
7 雲煙
8 大義
9 移植
10 依然
11 応変
12 黙考
13 多端
14 起死
15 清寂
16 無根
17 急転
18 闘志
19 白日
20 同床
21 半解
22 頭寒

23 晴耕
24 優柔
25 立身
26 驚天
27 整然
28 無欠
29 平身
30 湯池
31 薄利
32 破顔
33 輩出
34 漫言
35 玉条
36 明鏡
37 露宿
38 本位
39 二鳥
40 晩成
41 馬食
42 大同
43 固定
44 前途
45 混交

スキルアップ

練習2 **2**

1 「疑心暗鬼」は、疑いの心があると、なんでもないことにまで不安や恐怖を覚えるようになってしまうこと。

3 「単刀」を「短刀」としないように注意。

6 「直情径行」は、周囲の状況や相手の気持ちにかまわず、自分の思った通りに振る舞うこと。

7 「雲煙過眼」は、物事に深く執着しないことのたとえ。

13 「多事多端」は、仕事が多くて非常に忙しいこと。「多事」を「他事」としないように注意。

15 「和敬清寂」は、千利休の茶道の精神を象徴した言葉で、主人と客が心をやわらげて敬い、茶室など身のまわりを清らかで静かに保つこと。

17 「急転直下」は、事態・情勢が急に変化して、物事が解決し、決着がつくこと。

19 「青天白日」は、晴れわたった青空と日の光で快晴、という意味から転じて、心にやましいことが全くないことをたとえる言葉。無罪が明らかになることにもいう。

21 「一知半解」は、自分のものになっていない生半可な知識や理解のこと。同じような意味の表現に「半知半解」がある。

23 「晴耕雨読」は、晴れた日は畑を耕し、雨の日は家にこもって読書をするという意味から、田園で自分の望み通りに心静かな生活を送ること。

26 「驚天動地」は、世間をおおいに驚かせること。

30 「金城湯池」は、ほかから攻め込まれない堅固な備えという意味。

34 「漫言放語」は、言いたい放題という意味。

35 「金科玉条」は、自分の主張や立場などの絶対的なよりどころとなる教訓や信条のこと。「金」「玉」は大切なものの意味。「科」「条」は法律や規定の条文のこと。

36 「明鏡止水」は、邪念がなくすっきりと澄みきった心境という意味。「明鏡」は一点のくもりもないきれいな鏡のこと。「止水」は静止して澄みきった水のこと。

37 「草行露宿」は、草の生い茂った野原を分けて進み、野宿しながら旅をすること。

45 「玉石混交」は、価値のあるものとないものが入り交じっている様子。

練習2

3 P.106

1 背　2 壊　3 戸　4 画　5 有

6 断　7 深　8 致　9 失　10 徒

練習2 3　スキルアップ

3 「門戸開放」は、制限をなくし自由にすること。「開放」を「解放」としないように注意。

4 「自画」を「自我」としないように注意。

5 「有象無象」は、形があるものないものすべてという意味から転じて、数は多いが種々雑多なつまらない人やもののこと。

7 「深長」を「慎長」「慎重」としないように注意。

9 「千慮一失」は、どんな賢者にも多くの考えの中には一つぐらい誤りがあるという意味。

4

1 鎖　2 即　3 剣　4 砲　5 亡

6 半　7 温　8 清　9 率　10 跡

練習2 4　スキルアップ

2 「色即是空」は、仏教の教義で、この世の一切の物質的なものは、固有の本質はないことを表した語。

5 「危急存亡」は、危険が迫っていて、生きるか死ぬかの瀬戸際のこと。

6 「一言半句」は、ほんの少しの短い言葉の意味。

7 「三寒四温」は、冬季に寒い日が三日続くと、そのあと四日暖かい日が続くというような気候現象をいう。気候がだんだん暖かくなることにも用いる。

5 P.107

1 氷　2 倒　3 舞　4 覚　5 髪

6 豊　7 恒　8 欲　9 逆　10 鬼

練習2 5　スキルアップ

1 「月下氷人」は、仲人のこと。

5 「一髪」を「一発」としないように注意。

10 「鬼面仏心」は、恐ろしい外見に反して仏のように優しい心を持つこと。またその人。

6

1 端　2 尋　3 兼　4 操　5 老

6 薄　7 抗　8 実　9 果　10 優

練習2 6　スキルアップ

1 「容姿端麗」は、姿かたちが美しいこと。「端麗」は、整っていて美しいこと。

4 「志操堅固」は、主義や考えなどを堅く守って変えないこと。「志操」は、堅く守って変えない志のこと。

6 「軽薄短小」は、うすっぺらで中身のない様子を表す。人の性格、構造物などについていう。

9 「因果応報」は、人の行いの善悪に応じてその報いがあらわれること。

送りがな

▼本誌P.112〜119

ウォーミングアップ P.112・113

1

1 イ
2 イ
3 イ
4 イ
5 イ
6 イ
7 ア
8 イ
9 イ
10 イ
11 イ
12 ア
13 ア
14 ア
15 ア
16 ア
17 イ
18 イ
19 ア
20 ア
21 イ
22 ア
23 イ
24 ア
25 ア

練習1 P.114・115

1 P.114

1 もうける
2 ほこる
3 きずく
4 くもる
5 いそがしい
6 ひびく
7 くわしい
8 あわい
9 いたる
10 たたかう
11 はらう
12 もとづく
13 めずらしい
14 おさない
15 つかえる
16 こころよい
17 かがやく
18 するどい
19 えらい
20 やぶれる
21 のぞく
22 ひきいる
23 おびる
24 ささえる
25 となえる
26 あらそう

2 P.115

1 乱れる
2 勢い
3 違う
4 汚す
5 垂れる
6 並べる
7 恵み
8 鈍い
9 尽きる
10 甘い
11 済ます
12 捨てる
13 狭い
14 授かる
15 畳む
16 激しい
17 戒める
18 閉ざす
19 縮める
20 弾む

練習2 P.116・117

1 P.116〜119

1 襲う
2 握る
3 供える
4 抱える
5 慎む
6 交われ
7 描く
8 悩ましい
9 逃す
10 訴える
11 嘆く
12 跳ねる
13 含む
14 拝む
15 惑わす
16 恋しい
17 遅い
18 渡る
19 盗ん
20 驚く
21 傾く
22 眠る
23 隠す
24 濁る
25 迎える
26 占う
27 煮える
28 斜め
29 枯れる
30 浮かべる
31 泊まる
32 添える
33 沈む
34 脱げる
35 黙る
36 劣る
37 及ぼす
38 寝かす
39 与える
40 怒り
41 叫ぶ
42 刺さる
43 寂しい
44 頼る
45 細かく
46 最も
47 幸い
48 険しい
49 燃やす
50 再び

スキルアップ 練習2 1

3 神や仏にささげるという意味の場合は「供える」。

7 「描く」と書いた場合、「えがく」とも「かく」とも読める。

9 「のがす」は「逃す」と送るが、「にがす」の場合は「逃がす」と送ることにも注意。

31 「とまる」の同訓異字には「止まる」「留まる」があるが、文脈から「泊まる」と判断する。

32 「添える」を「沿う」と混同しないように注意。

40 「怒」の訓には「いかる」「おこる」があるが、ともに「怒る」と送る。

46 副詞・連体詞・接続詞は最後の音節を送るのが本則。

練習2

2 P.118・119

1 壊れる
2 載せる
3 勇ましい
4 互い
5 危うい
6 慣れる
7 兼ねる
8 越える
9 攻める
10 謝る
11 認める
12 仰ぐ
13 巡る
14 厳かに
15 震える
16 腐る
17 豊かな
18 蓄える
19 乾かす
20 伺う
21 報いる
22 忘れる
23 澄ます
24 捕まえる
25 迫る
26 避ける
27 背ける
28 望ましい
29 茂る
30 従う
31 異なる
32 怖い
33 浸る
34 離れる
35 倒れる
36 透ける
37 抜ける
38 被る
39 鮮やかな
40 贈る
41 恥じる
42 裁く
43 誉れ
44 改める
45 踏まえ
46 疲れる
47 志す
48 飾る
49 軽やかに
50 朽ちる

スキルアップ 練習2 2

2 「載せる」を同訓異字の「乗せる」としないよう注意。

10 「謝る」を同訓異字の「誤る」としないよう注意。

14 活用語尾(「厳かだ」の場合は「だ」)の前に、「か」「やか」「らか」を含む形容動詞は、その「か」「やか」「らか」から送るので「厳かに」となる。

33 「浸」を似た字形の「侵」と誤らないように注意。

47 名詞「志」の場合は送りがなはつけない。

同音・同訓異字 ▼本誌P.122〜129

ウォーミングアップ P.122・123

1 P.122

1 ア
2 イ
3 ア
4 イ
5 イ
6 ア
7 ア
8 イ
9 イ
10 ア
11 イ
12 ア
13 ア
14 イ
15 イ
16 ア

2 P.123

1 ア
2 イ
3 ア
4 イ
5 イ
6 ア
7 イ
8 ア
9 ア
10 イ
11 イ
12 ア
13 ア
14 イ

練習1 P.124・125

1 P.124・125

1 エ
2 ウ
3 オ
4 ア
5 エ
6 ア
7 ウ
8 オ
9 イ
10 ア
11 オ
12 イ
13 ア
14 エ
15 イ
16 オ
17 ウ
18 ウ
19 エ
20 イ
21 ア
22 エ
23 ウ
24 イ
25 オ
26 ウ
27 エ
28 イ
29 ウ
30 ウ
31 エ
32 イ
33 オ
34 ア
35 イ

練習2 P.126〜129

1 P.126・127

1 オ 2 イ 3 ア 4 オ 5 エ 6 ア 7 オ 8 ウ 9 イ 10 ウ 11 オ 12 エ 13 ウ 14 エ 15 イ 16 エ 17 ア 18 イ 19 イ 20 オ 21 エ

22 ウ 23 イ 24 オ 25 エ 26 オ 27 イ 28 イ 29 エ 30 ウ 31 ア 32 ウ 33 エ 34 エ 35 ア 36 ウ 37 ウ 38 ア 39 エ 40 ウ 41 エ 42 ア

スキルアップ 練習2 1

4〜6 目的のものを得ようと追い求めることを意味するのは「追求（ついきゅう）」。深く調べて解き明かそうとすることを意味するのは「追究（ついきゅう）」。追い詰めることを意味するのは「追及（ついきゅう）」。

9 「感冒（かんぼう）」は、かぜのこと。

15 「鑑別（かんべつ）」は、鑑定して見分けること。

18 「威光（いこう）」は、人が自然におそれ敬い、従うような力のこと。

35 「唐突（とうとつ）」は、突然で、前後のつながりのない様子。「唐」は、もとはおおげさな言葉という意味を持つ漢字。

41 国会を開くために国会議員を呼び集める場合は「招集（しょうしゅう）」ではなく「召集（しょうしゅう）」。

2 P.128

1 ウ 2 ア 3 エ 4 エ 5 ア 6 イ 7 オ 8 イ 9 エ 10 イ 11 エ

12 ア 13 ウ 14 オ 15 ア 16 ア 17 ウ 18 イ 19 オ 20 ア 21 エ

スキルアップ 練習2 2

4 「採血（さいけつ）」という熟語があることを思い出すとよい。

5 「執筆（しっぴつ）」という熟語があることを思い出すとよい。

7 「片腕（かたうで）」は、最も信頼でき、助けとなってくれる人のこともいう。

9 「肩入れ（かたい）」は、ひいきにして力を貸すこと。

3 P.129

1 偉 2 為 3 新調 4 深長 5 慎重 6 固辞 7 誇示 8 考証 9 口承 10 意向 11 移行 12 以降

13 初 14 染 15 刈 16 駆 17 狩 18 触 19 振 20 冒 21 侵 22 吹 23 噴

スキルアップ 練習2 3

3 「新調（しんちょう）」は、衣服などを新しく作ること。

8 「考証（こうしょう）」は、文書などを調べ、それをもとに昔のことを明らかにすること。

16 「駆（か）る」は、走らせるという意味。

書き取り ▼本誌P.132〜147

ウォーミングアップ P.132・133

1 P.132

1 綿・綿棒
2 防・防衛
3 在・存在
4 織・組織
5 余・余波
6 幹・根幹
7 限・期限
8 唱・提唱
9 置・設置

2 P.133

1 鉛
2 液
3 汗
4 幅
5 鈍
6 詰
7 腰
8 露
9 極
10 門
11 我
12 菜
13 絹
14 減
15 訪
16 圏
17 召
18 腕
19 鋼
20 沿
21 匹
22 雄
23 欄

練習1 P.134〜139

1 P.134・135

1 洗剤
2 宇宙
3 僧
4 安眠
5 歓迎
6 乾燥
7 度胸
8 距離
9 尊厳
10 苦悩
11 玄米
12 新郎
13 危険
14 補修
15 姓名
16 通訳
17 地味
18 監視
19 熱烈
20 建築
21 印刷
22 優秀
23 疑惑
24 導入
25 歌謡
26 噴煙
27 駆除
28 豊富
29 珍味
30 自称
31 休暇
32 雑誌
33 販売
34 遊戯
35 推測
36 浸透
37 合致
38 宣伝
39 温暖
40 婚礼
41 論旨
42 執筆
43 渡航
44 貿易
45 瞬間
46 敏腕
47 粒子

2 P.136・137

1 殿様
2 響
3 壱
4 押
5 設
6 陰干
7 節目
8 剣
9 更
10 沼
11 人影
12 娘
13 割
14 幾重
15 届
16 濃
17 厳
18 雌
19 潮時
20 支
21 示
22 情
23 俵
24 迷
25 煮物
26 足踏
27 針
28 沢
29 射
30 導
31 抱
32 招
33 源
34 除
35 摘
36 峰
37 木綿
38 奥底
39 霧
40 暦
41 吐
42 似
43 寝坊
44 従
45 傷
46 胸騒
47 舟(船)

3 P.138・139

1 管制塔
2 雷
3 呼吸
4 円陣
5 経緯
6 脂肪
7 貧
8 弐
9 浜辺
10 舗装
11 省
12 全般
13 張
14 猛威
15 賦与
16 好感
17 普通
18 繰
19 背丈
20 端麗
21 破壊
22 非凡
23 白髪
24 感涙
25 砂丘
26 奮
27 盆踊
28 樹立
29 到達
30 驚嘆
31 香典
32 飼
33 裏付
34 恐怖
35 輩出
36 録音
37 満杯
38 景色
39 脚色
40 由来
41 忙殺
42 追跡
43 預金
44 遅延
45 任
46 尽力
47 尾翼

練習2

P.140〜147

1 P.140・141

1 比較
2 穀物
3 引率
4 帽子
5 金網
6 操作
7 混雑
8 根拠
9 凡人
10 圧縮
11 額縁
12 寸断
13 皆勤
14 朱肉
15 流儀
16 河川
17 優雅
18 唐草
19 輸送
20 朗読
21 不況
22 最適
23 開拓
24 罰則
25 色彩

26 預
27 土産
28 吸
29 用途
30 皮膚
31 営
32 屈指
33 指紋
34 芝生
35 花園
36 目覚
37 惨状
38 投稿
39 胸元
40 築
41 寄
42 突拍子
43 歳暮
44 紹介
45 公
46 練
47 採掘
48 宿泊
49 怒号
50 柄

スキルアップ　練習2 1

3 「率」を同音類字の「卒」としないように注意。

15 「流儀(りゅうぎ)」の「儀」を「義」「議」としないように注意。

16 「河川敷(かせんしき)」は、河岸の敷地のことで、河道と堤防を合わせた区域を指す。

18 「唐草模様(からくさもよう)」は、つる草がからみ合う様子を描いた曲線やうず巻きによる柄。

20 「朗」を同音類字の「郎」としないように注意。

43 「歳」を「せい」と読む熟語は「歳暮(せいぼ)」のみ。

44 「紹介(しょうかい)」の同音異義語には「照会」があるが、文脈から判断しよう。

49 「怒号(どごう)」は、怒って大声でどなることやその声。

2 P.142・143

1 訪問
2 弁舌
3 征服
4 早速
5 元凶
6 奴隷
7 援護
8 郷里
9 制御
10 災害
11 加盟
12 化身
13 樹齢
14 貯蔵
15 羽毛
16 軒並
17 砂糖
18 鼓動
19 出荷
20 巨額
21 映像
22 綿菓子
23 展示
24 微風
25 彼岸

26 堤防
27 刻
28 時雨
29 跳躍
30 黄金
31 困
32 群
33 座
34 名誉
35 敬
36 器
37 経
38 基
39 侵害
40 柔和
41 率
42 勝
43 稲妻
44 沈黙
45 注
46 抵抗
47 耐寒
48 冒頭
49 配慮
50 編

スキルアップ　練習2 2

1 「訪問(ほうもん)」の「問」を「門」としないように注意。

2 「弁舌(べんぜつ)」は、話しぶりのこと。

18 「鼓動(こどう)」は、心臓の音。また、気持ちなどが動き出すこと。

26 「堤」を同音類字の「提」としないように注意。

28 「せみ時雨(しぐれ)」は、多くのセミが鳴くさまを時雨にたとえた語。

39 「侵」を同音類字の「浸」としないように注意。

43 「稲妻(いなずま)」を構成する漢字「妻」は「つま」と読むが、内閣告示の「現代仮名遣い」にて、熟語「稲妻」になった時は「いなずま」の読みを本則とするとしている。なお「いなづま」も許容されている。

46 「抵」を同音類字の「低」としないように注意。

練習2

3 P.144・145

1 難関
2 過密
3 発揮
4 胴上
5 図鑑
6 最寄
7 警戒
8 務
9 欲
10 矛盾
11 注釈
12 兼務
13 保留
14 派遣
15 故障
16 砲撃
17 繁栄
18 一切
19 箇条書
20 額
21 上旬
22 戦
23 爆弾
24 隣
25 祈念

26 項目
27 祝杯
28 潔白
29 演奏
30 先輩
31 興奮
32 改革
33 傾斜
34 搬入
35 暮
36 配
37 補
38 腐敗
39 継承
40 検討
41 片言
42 批評
43 曇天
44 巡視
45 返却
46 探
47 医療
48 芋
49 優
50 若人

スキルアップ（練習2 3）

3 「揮」を同音類字の「輝」としないように注意。

8 ある役目をするという意味の場合は「務める」。

10 「矛盾」は、つじつまが合わないこと。中国の故事からできた言葉。

28 「潔白」は、後ろめたいことがない様子。

37 「補う」は、送りがなにも気をつけて覚えたい。

41 「片言」は、わずかな言葉、ひとこと、という意味。

44 「巡視」は、見回ること。

4 P.146・147

1 逆行
2 素顔
3 沖
4 屋敷
5 肩書
6 容易
7 見舞
8 砂利
9 荒立
10 鎖
11 紫色
12 手堅
13 迷路
14 趣
15 獣道
16 振替
17 境内
18 簡便
19 薪
20 目頭
21 身柄
22 扇
23 滴
24 桃
25 峠

26 薄
27 車窓
28 疲労
29 費用
30 溶岩
31 磁石
32 収集
33 大粒
34 行方
35 巻
36 支払
37 眼鏡
38 依頼
39 汚染
40 漁獲
41 気遣
42 脂
43 匹敵
44 除去
45 声色
46 盛
47 頂
48 幅員
49 連絡網
50 繁茂

スキルアップ（練習2 4）

12 「手堅い」の「堅い」を「固い」としないように注意。

18 「簡便」は、簡単で便利な様子。

22 「扇」は「羽」のように開いたり閉じたりする「戸」を表した字。

25 「峠」は国字。峠が山の「上」りと「下」りの境であることからできた漢字。

40 「漁獲」の「漁」を「魚」としないように注意。

42 固体のあぶらは「脂」を使用する。

43 「匹」は「対等なこと」、「敵」は「つり合う・かなう」の字義があるため「匹敵」で「同じような力量」を意味する。

48 「幅員」は、はばのこと。

50 「繁茂」は、植物が生い茂ること。

書き取り　誤字訂正

▼本誌P.148～157

ウォーミングアップ　P.148・149

1 P.148

1 イ
2 ア
3 ア
4 イ
5 ア
6 イ
7 ア
8 ア
9 ア
10 ア
11 イ
12 イ

2 P.149

1 構・講
2 障・傷
3 解・開
4 新・親
5 積・績
6 改・会
7 福・復
8 起・揮
9 偉・遺
10 共・供
11 優・易
12 特・得
13 短・単
14 字・辞
15 順・準
16 志・思
17 情・常
18 重・長
19 句・口
20 明・空

練習1　P.150～153

1 P.150・151

1 行・光
2 感・関
3 霧・夢
4 置・知
5 贈・送
6 健・建
7 殿・伝
8 却・脚
9 期・機
10 示・支
11 消・焼
12 帰・返
13 進・勧
14 遠・延
15 刺・指
16 訪・尋
17 宝・豊
18 行・向
19 定・程
20 統・投
21 同・堂
22 魚・漁
23 航・港
24 震・奮
25 介・界
26 与・余
27 否・非（批）
28 取・採
29 修・就
30 奏・創
31 紹・招
32 来・込
33 性・正
34 及・久
35 掘・屈
36 鑑・看
37 極・局
38 万・満
39 前・然
40 計・図
41 世・成
42 検・験
43 要・用
44 往・応
45 元・限
46 行・効

2 P.152・153

1 波・派
2 向・行
3 継・次
4 脂・油
5 希・期
6 照・象
7 格・拡
8 走・争
9 交・好
10 謝・誤
11 震・深
12 芽・雌
13 付・突
14 鋭・英
15 真・心
16 坊・棒
17 良・療
18 的・適
19 管・関
20 停・低
21 議・義
22 通・痛
23 所・処
24 環・慣
25 票・標
26 植・殖
27 跳・頂
28 形・型
29 署・暑
30 進・振
31 耐・絶
32 供・備
33 反・判
34 画・確
35 条・定
36 指・差
37 紙・糸
38 押・推
39 徴・調
40 面・綿
41 化・加
42 団・談
43 勧・進
44 状・情
45 漫・慢
46 攻・抗

練習2 P.154〜157

1 P.154・155

1 殖・増
2 戦・選
3 場・状
4 遅・後
5 要・容
6 途・徒
7 偉・異
8 乾・簡
9 使・飼
10 導・道
11 最・細
12 鑑・観
13 仕・始
14 堂・同
15 接・切
16 余・予
17 自・持
18 塩・潮
19 少・小
20 様・用
21 補・捕
22 週・周
23 大・太
24 継・経
25 腹・服

26 欄・覧
27 井・居（威）
28 堤・提
29 載・乗
30 雄・勇
31 息・測
32 歓・寒
33 協・共
34 世・生
35 管・官
36 規・機
37 歴・暦
38 接・節
39 吐・図
40 経・径
41 層・相
42 即・速
43 添・沿
44 待・対
45 踊・躍
46 尺・釈

練習2 1 スキルアップ

4 「気後れする」は、自信がなく、相手を恐れてしりごみすること。

12 動植物を見て、楽しみ味わうのは「観賞」。芸術作品を見たりきいたりして味わうのは「鑑賞」。

17 「持論」は、常に持っている自分の意見のこと。

25 「着服」は、こっそり盗んで自分のものにすること。

27 「居丈高」は、人に威圧的な態度をとるさまのこと。「威丈高」とも書く。

32 「寒心」は、ぞっとすること。「かんしん」の同音異義語は多いので、文脈から正しい語を読み解こう。

39 「雄図」は、勇ましく大きな計画のこと。「雄途」は、雄々しく勇ましい出発のこと。ここでは文の意味から「雄図」。

45 喜びや期待による心の動きには「躍る」を使う。

2 P.156・157

1 特・得
2 振・信
3 心・真
4 感・観
5 詰・積
6 性・勢
7 添・展
8 誇・呼
9 試・資
10 詩・詞
11 体・態
12 脳・能
13 隣・臨
14 気・記
15 低・程
16 操・装
17 決・欠
18 簡・巻

19 成・鳴
20 偉・威
21 納・治
22 鮮・洗
23 忙・防
24 善・全
25 帰・期
26 勢・盛
27 行・航
28 士・志
29 幸・孝
30 諸・処
31 間・刊
32 主・首
33 倒・到
34 使・仕
35 激・劇

練習2 2 スキルアップ

4 「観」は、ものの見方・考え方の意味を持つ。

8 「歓呼」は、喜びに声をあげること。

11 「実態」は、ありのままの様子・状態のこと。「実体」は、本体や正体の意。

27 「難航」は困難な航行だけでなく、障害で物事がはかどらない時にも使う。

28 「有志」は、ともに何かを行おうとする気持ち。多くの場合、その人々を指す。

33 「倒」と「到」は同音類字なので、熟語単位で正しく覚えたい。

実力完成問題 第1回

▼本誌P.158〜163

一
1 ばくはつ
2 きゃくちゅう
3 しゅし
4 のうど
5 ちんか
6 ぼうとう
7 ゆうえつ
8 さくい
9 おだく
10 そっせん
11 きゅうみん
12 もくどく
13 そくおう
14 えいよ
15 きよ
16 こうせい
17 じょばん
18 せんす
19 ふしょく
20 きんきょう
21 あわゆき
22 のきさき
23 しきふ
24 なな
25 みおと
26 こしぬ
27 なまりいろ
28 く
29 いく
30 かた

二
1 ア
2 ウ
3 オ
4 ア
5 イ
6 オ
7 イ
8 ア
9 エ
10 オ
11 エ
12 ア
13 ウ
14 オ
15 イ

三
1 コ
2 ケ
3 オ
4 イ
5 エ

四
1 イ
2 エ
3 ア
4 エ
5 ウ
6 オ
7 ア
8 エ
9 ウ
10 イ

五
1 ア
2 ア
3 イ
4 エ
5 ウ
6 イ
7 ア
8 イ
9 エ
10 ウ

六
1 致
2 暴
3 寒
4 舞
5 離
6 久
7 刺
8 襲
9 測
10 丈

七
1 延びる
2 照らす
3 扱う
4 悩ます
5 輝かしい

八
1 兼
2 戒
3 矛
4 独
5 難
6 雑
7 儀
8 生
9 災
10 漫

九
1 健↓堅
2 集↓収
3 制↓整
4 視↓指
5 総↓騒

十
1 簡潔
2 抵当
3 墓穴
4 養殖
5 慢性
6 印鑑
7 唐突
8 署名
9 影響
10 複雑
11 箇条
12 剤
13 薄
14 巡
15 頼
16 遅咲
17 報
18 縮
19 確
20 筋金

実力完成問題 第2回

▼本誌P.164〜169

一
1 とうくつ
2 おんけい
3 えんこ
4 たいよう
5 がしゅ
6 じゅし
7 こぶ
8 こうたい
9 とうちゃく
10 さんじ
11 いぎ
12 てんぷ
13 けんむ
14 かいご
15 けいせき
16 げいごう
17 しょうさん
18 こうしん
19 あくりょく
20 かんたく
21 ほこさき
22 うかが
23 はやわざ
24 しわざ
25 にぶ
26 こめつぶ
27 つつみ
28 ではら
29 しずく
30 むすめ

二
1 エ
2 オ
3 ア
4 オ
5 ウ
6 ア
7 イ
8 エ
9 オ
10 イ
11 ア
12 オ
13 エ
14 ウ
15 イ

三
1 ケ
2 ア
3 ク
4 カ
5 エ

四
1 ア
2 ウ
3 イ
4 ア
5 エ
6 ウ
7 エ
8 イ
9 ア
10 オ

五
1 ア
2 ウ
3 ウ
4 ウ
5 エ
6 エ
7 ア
8 ア
9 イ
10 イ

六
1 箇
2 沈
3 古
4 良
5 却
6 承
7 淡
8 警
9 肉
10 熟

七
1 果てる
2 満ちる
3 甘やかさ
4 腐らす
5 豊かな

八
1 吐
2 迷
3 奮
4 堅
5 議
6 秋
7 断
8 刻
9 実
10 是

九
1 担→探
2 番→盤
3 有→雄
4 行→向
5 心→信

十
1 目撃
2 維持
3 模写
4 授与
5 招待
6 捕獲
7 臨時
8 海浜
9 連峰
10 祝福
11 朱色
12 鑑定
13 尋
14 震
15 喜
16 蚕
17 奥歯
18 盛
19 稲刈
20 継

ふろく

都道府県名

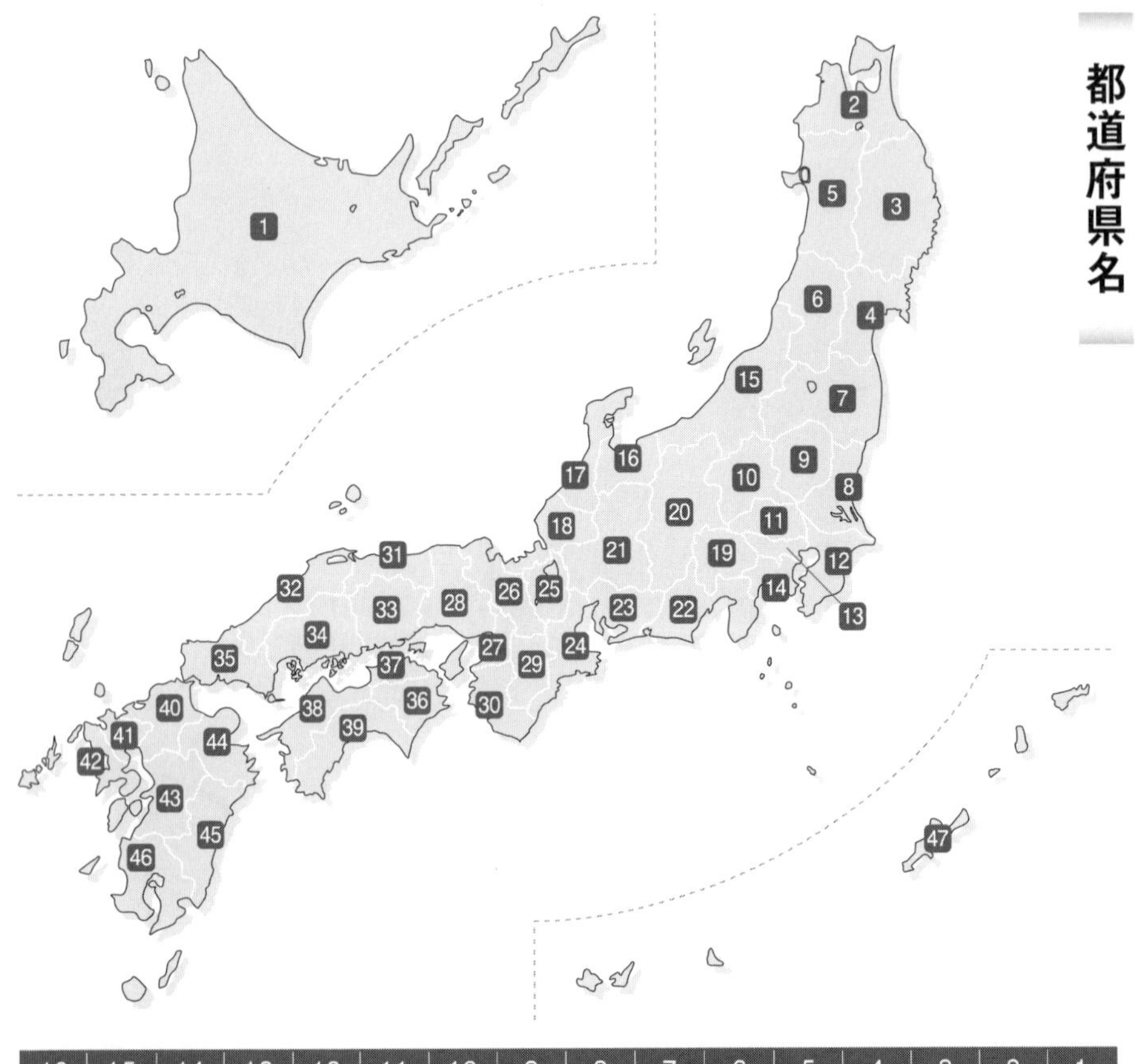

1	2	3	4	5	6	7	8	9	10	11	12	13	14	15	16
北海道（ほっかいどう）	青森県（あおもりけん）	岩手県（いわて）	宮城県（みやぎ）	秋田県（あきた）	山形県（やまがた）	福島県（ふくしま）	茨城県（いばらき）	栃木県（とちぎ）	群馬県（ぐんま）	埼玉県（さいたま）	千葉県（ちば）	東京都（とうきょうと）	神奈川県（かながわ）	新潟県（にいがた）	富山県（とやま）

17	18	19	20	21	22	23	24	25	26	27	28	29	30	31	32
石川県（いしかわ）	福井県（ふくい）	山梨県（やまなし）	長野県（ながの）	岐阜県（ぎふ）	静岡県（しずおか）	愛知県（あいち）	三重県（みえ）	滋賀県（しが）	京都府（きょうとふ）	大阪府（おおさか）	兵庫県（ひょうご）	奈良県（なら）	和歌山県（わかやま）	鳥取県（とっとり）	島根県（しまね）

33	34	35	36	37	38	39	40	41	42	43	44	45	46	47
岡山県（おかやま）	広島県（ひろしま）	山口県（やまぐち）	徳島県（とくしま）	香川県（かがわ）	愛媛県（えひめ）	高知県（こうち）	福岡県（ふくおか）	佐賀県（さが）	長崎県（ながさき）	熊本県（くまもと）	大分県（おおいた）	宮崎県（みやざき）	鹿児島県（かごしま）	沖縄県（おきなわ）